Der Tod und die schönen Frauen

Gert Kaiser

Der Tod und die schönen Frauen

Ein elementares Motiv der europäischen Kultur

Campus Verlag
Frankfurt/New York

Redaktion: Gisela Klose, Frankfurt

Die Deutsche Bibliothek – CIP-Einheitsaufnahme

Kaiser, Gert:
Der Tod und die schönen Frauen : ein elementares Motiv der
europäischen Kultur / Gert Kaiser. – Frankfurt/Main ; New
York : Campus Verlag, 1995
ISBN 3-593-35363-6

Das Werk einschließlich aller seiner Teile ist urheberrechtlich geschützt. Jede Verwertung ist ohne Zustimmung
des Verlags unzulässig. Das gilt insbesondere für Vervielfältigungen, Übersetzungen, Mikroverfilmungen und
die Einspeicherung und Verarbeitung in elektronischen Systemen.
Copyright © 1995 Campus Verlag GmbH, Frankfurt/Main
Satz: Leingärtner, Nabburg
Druck und Bindung: Friedrich Pustet, Regensburg
Gedruckt auf säurefreiem und chlorfrei gebleichtem Papier.
Printed in Germany

Inhalt

Einleitung 7

1. Edvard Munch, *Das Mädchen und der Tod* (1894) 11
2. Erotik, Sexualität und Tod 16
3. Totentänze im Mittelalter 21
4. Niklaus Manuel, Totentanz-Gemälde und Einzelblatt 24
5. Der Raub der Proserpina 28
6. Die schöne Enite bietet sich dem Tod an (1180) 30
7. Niklaus Manuel und Hans Baldung Grien (1517) 33
8. Hans Sebald Beham, *Der Tod und das Mädchen* (1548) 37
9. Miguel de Cervantes, Die schöne Frau und der Tod vor Don Quijote (1605/15) 40
10. Matthias Claudius, *Der Tod und das Mädchen* (1775) 43
11. Franz Schubert, *Der Tod und das Mädchen* (1817/24) 46
12. Gottfried August Bürger, *Lenore* (1773) 50
13. Heinrich Heine, *Die Jungfrau schläft in der Kammer* (1826) 55
14. Der Walzer – der Tanz der Sünde 58
15. *Madame Bovary* (1857) – ein Totentanz? 62
16. Max Slevogt, *Totentanz* (1896) – Tanz im Mittelalter 65
17. Die *Salome* von Oscar Wilde, Aubrey Beardsley und Richard Strauss . . 71

18. Arthur Schnitzler, *Reigen* (1896/97) 80

19. August Strindberg, *Totentanz* (1901) 83

20. Die Mädchen und die Vampire 86

21. Bram Stoker, *Dracula* (1897) 89

22. Rainer Maria Rilke, *Toten-Tanz* (1908) 95

23. Arminius Hasemann, *Eros Thanatos* (1921) 98

24. Thomas Mann, Totentanz auf dem *Zauberberg* (1924) 102

25. Walpurgisnacht – Mädchen, Tod und Narren 107

26. Die schönen, aber schon toten Frauen 116

27. Sexualität, Tod und Totentanz 120

28. Sexualität und Tod – Sexualität und Gewalt 125

29. Salvador Dalí, *Der Tod und das Mädchen* (1967) 129

30. Horst Janssen, Tote im Liebesrausch (1984) 132

31. Tomi Ungerer, Die Frau ist stärker (1983) 139

32. Jean Tinguely, *Mengele* (1986) 145

33. Ariel Dorfman, *Der Tod und das Mädchen* (1991) 149

34. Die schönen Frauen und der Tod suchen sich ihre Künstler . . . 154

35. Die schönen Frauen und der Tod gehen öfter ins Museum . . . 170

36. Die schönen Frauen und der Tod erobern wieder die Volkskultur 173

Schluß 178

Abbildungsnachweis 180

Weitere bildliche Darstellungen zum Thema Tod und Frau 182

Quellen und Literatur 188

Einleitung

Wenn die jungen schönen Frauen und der Tod einander begegnen, dann ist das eine kulturelle Extremsituation. In ihr ist – anders als man glaubt – alles möglich. Merkwürdig auch, daß diese Begegnung in fast allen Epochen und fast allen Künsten sich ereignet, auch in jenen, die nichts oder nichts mehr wissen von den grausig-schönen Wandgemälden der Totentänze des ausgehenden Mittelalters.

So sind diese Begegnungen gewiß ein Zeugnis für die seelische Verfassung einer Zeit oder Epoche – wie denn überhaupt der Bilder- und Motivvorrat einer Epoche diese meist genauer kennzeichnet, als sie es selbst weiß oder wissen will. Als Bilder, als poetische oder musikalische Motive vermögen sie oft mehr auszusagen, als die jeweilige Epoche mit intellektuellen Mitteln von sich sagen kann. Aber mehr noch: Die wirklich dauerhaften Motive beziehen sich meist auf elementare Empfindungen – auf Triebe, Wünsche, Ängste. Eine Motivgeschichte, die sich dieser Bilder annimmt, zeigt mehr als nur die jeweilige historische Ausprägung solch elementarer Lebensäußerungen und Lebensdeutungen. Sie deckt stets auch etwas auf über uns und über unsere Zeit.

Wenn die jungen schönen Frauen und der Tod einander begegnen, dann treffen Leben und Tod in sehr radikaler Weise aufeinander. Denn die junge fruchtbare Frau ist ein starkes Bild für das Leben, ungleich stärker – weil sie der Inbegriff seiner dauernden Fortsetzung ist – als etwa das Kind, das – als Gegenbild zum Tod – lediglich ein längeres Leben vor sich hat.

Der Gegensatz zum Tod wird im Bild der jungen Frau nicht nach Lebensjahren gedacht, sondern biologisch im Sinne der Überlebenschancen der Gattung. Es ist offenbar ein tiefsitzendes anthropologisches Motiv. Das mag einer der heimlichen Gründe sein, warum die Begegnung der Mädchen mit dem Tod so nachhaltig die europäische Kultur durchzieht: Von den europäischen Gründermythen bis in die Kunst, ja auch und gerade in die Alltagskultur der Gegenwart ist dieses Zusammentreffen stets präsent. Und es ist – auf den zweiten Blick – allemal ein rätselhaftes Zeitzeichen.

Die Literatur- und die Alltagssprache, aber auch die zuständigen Wissenschaften haben sich angewöhnt, für diese Begegnung das Wort »Totentanz« zu verwenden. Diese höchst suggestive Wortbildung wird meist in einem sehr weiten und übertragenen Sinne gebraucht – oft ist dafür weder der Tanz noch die Todesgestalt vonnöten.

So zeigt etwa Thomas Manns *Zauberberg* mit seinen ungewöhnlich zahlreichen Tod-und-Mädchen-Motiven und einem eigenen »Totentanz« überschriebenen Kapitel, daß der Begriff eine Fülle von konkreten Erscheinungen umfängt. Deshalb wird sich dieses Buch zwar auf jene Fälle konzentrieren, in denen eine leibhaftige Todesfigur einer jungen Frau begegnet, aber es wird sich nicht darauf beschränken. Wir müßten sonst auf all jene Werke und Zeugnisse verzichten, die mit der Motivik spielen, ohne zu der Direktheit etwa der Totentänze zu gelangen, müßten also nicht nur den *Zauberberg* weglassen, sondern auch Strindbergs *Totentanz* oder Bram Stokers *Dracula*. Wir hätten um der Reinheit der Kriterien willen die interessantesten Werke ausgeschlossen. Das wäre gewiß unsinnig.

So konnten keine vorgängigen Ausschlußkriterien festgelegt werden – einfach deshalb, weil nie vorherzusehen war, ob nicht ein zunächst unbedeutend erscheinendes Seitenmotiv in einer neuen Umgebung plötzlich interessant würde. Ich hätte zu Beginn nie gedacht, daß ich Vampiren und Zombies begegnen und daß ich sie am Ende sogar – in Maßen – aufregend finden könnte. Dieses Buch ist eher eine Wanderschaft durch die Motivlandschaften, auf der an jeder Wegbiegung ein überraschendes Zusammentreffen stattfinden konnte.

Im Laufe der Wanderschaft aber zeigte sich auch, daß eine Reihe von Motiven gar nicht in den Blick der Untersuchung gerieten: Es gibt in Literatur und bildender Kunst einen Fundus ausgesucht schöner weiblicher Leichen mit erheblicher erotischer Ausstrahlung. Sie gehören meist nicht zu den Mädchen und Frauen dieses Buches, weil sie die »Begegnung« mit dem Tod nicht zum Thema haben. Sie haben diese Begegnung bereits hinter sich. Deshalb gehört auch ein Werk wie des Johannes von Tepl *Ackermann aus Böhmen* nicht hierher: Es ist ein Streitgespräch zwischen Tod und Ackermann *über* seine verstorbene Frau. Auch kommt das Thema der Gewalt gegen Frauen nur dann ins Blickfeld, wenn es als eine Begegnung mit dem Tod erscheint. Schließlich gehören die explizit bedrohlichen Frauen vom Typ der Femme fatale meist nicht zu der Sorte, die die Begegnung von Mädchen und Tod thematisieren – mit der bedeutsamen Ausnahme Salomes.

Im Laufe der Untersuchung zeigte sich, daß die Begegnungen der schönen Frauen mit dem Tod häufig sexuell oder erotisch grundiert sind. Das ist ein wichtiger Aspekt dieses Buches geworden. Deshalb habe ich den ursprünglichen Titel *Die Mädchen und der Tod* auch geändert in *Der Tod und die schönen Frauen*.

Einleitung

Auf diese Weise sind die, wie ich glaube, Höhepunkte eines Motivs zusammengekommen, eines Motivs, das offenkundig zu den Elementarformen unserer Welterfahrung gehört. Ich habe dabei eine »europäische Exemplarität« der behandelten Werke angestrebt. Daß dennoch ein leichtes Übergewicht deutscher Texte und bildender Kunst dabei entstanden ist, muß man wohl dem subjektiven Erfahrungshorizont des Autors zurechnen.

Bisher ist das Motiv noch nicht im größeren Zusammenhang der Künste, Medien und Epochen wahrgenommen worden. Vereinzelt taucht es jetzt im Blickfeld vor allem feministischer Literaturdeutung auf, deren sensibler Scharfblick sich auch hier bewährt. Allerdings begegnet unser Motiv dort noch nicht dem möglichen Reichtum dieser Perspektive, oft erfährt es eher eine Schnell-Verurteilung nach dem Muster: Männer machen Motive – um sich von ihren Ängsten vor dem anderen Geschlecht zu befreien. In unserem Fall hieße das dann: Die schöne Frau ist für Männer gefährlich; also wird für sie eine Begegnung mit dem Tod inszeniert, um einerseits sich an der Angst der schönen Frau zu weiden, um andererseits sie durch diese Begegnung unschädlich zu machen. Diese Deutung muß nicht immer falsch sein, keineswegs aber ist sie immer hinreichend oder gar richtig.

Überhaupt lag mir daran, daß das Motiv vom Tod und den schönen Frauen nicht gleich ins Schlepptau eines der konkurrierenden Kultur- und Gesellschaftsmodelle gerät, in denen Sexualität, Erotik, Liebe und Tod eine Rolle spielen. Es würde leicht ein eigenes Buch daraus, sie auch nur zu skizzieren. Dieses Buch aber will lieber beobachten als deuten, will lieber entdecken als debattieren. Dennoch will es nicht den Gestus arroganter Naivität annehmen, sondern im einzelnen belegen, was es seinen Anregern, seinen Quellen und seinen Gesprächspartnern verdankt.

Wäre eine Untersuchung wie diese auf Vollständigkeit bedacht, würde daraus leicht ein Kompendium und Lexikon. Man würde sie nicht mehr als – hoffentlich aufregende – abendländische Selbsterfahrung lesen, sondern bestenfalls in ihr nachschlagen, um Seminararbeiten anzureichern. Damit wäre dieses schöne und wichtige Thema endgültig begraben im Beinhaus der Gelehrsamkeit. Das sollte vermieden werden. So bin ich den schwierigen Weg einer Vollständigkeit des Exemplarischen gegangen. Dabei gibt es Kapitel über Werke, die eher am Rand des Motivbezirks stehen – etwa Schnitzlers *Reigen;* nicht in die Betrachtung aufgenommen sind einige Werke, die lediglich in einem bildungssprachlich übertragenen Sinne oft als »Totentanz« bezeichnet werden – etwa *Don Giovanni*. Die Zahl der Arbeiten zu dem Motiv in der bildenden Kunst ist so groß, daß nur ein kleiner Teil davon aufgenommen werden konnte. Ich habe in einem Anhang wenigstens aufgeschrieben, wo mir das Motiv noch begegnet ist. So kann der Leser mit dem Autor über dessen Entscheidungen rechten.

Ein ärgerlicher Mangel dieses Buches liegt in der Vernachlässigung der musikalischen Werke. Hier konnte ich mich nicht auf eigene Kompetenz verlassen und habe deshalb nur Schuberts Lied und Quartett sowie Richard Strauss' *Salome* aufgenommen.

Noch ein Wort zu den Abbildungen und Zitaten. Das Buch sucht auch solche Leser, die nicht bei jedem neuen Kapitel in ihre oder eine fremde Bibliothek laufen wollen, um das besprochene Bild oder Werk herauszusuchen und danebenzulegen. Deshalb ist es auch Bilderbuch und Textanthologie. Die besprochenen Bilder und Gedichte werden abgedruckt, längere Prosatexte werden, wo nötig, nacherzählt und ausreichend zitiert. Wem das überflüssig ist, der möge sich darüber freuen. Auch kann sich der Autor Leser dieses Buches vorstellen, die ein ästhetisches oder kulturgeschichtliches Interesse haben, aber nicht gleich ein wissenschaftliches. Deshalb ist der gelehrte Apparat so weit wie nötig in den Fußnoten aufbewahrt.

Eva Schuster, der Kustodin der Graphiksammlung »Mensch und Tod« an der Heinrich Heine-Universität Düsseldorf danke ich für zahlreiche Hinweise. Mein Sohn Hanno Kaiser hat das Manuskript kritisch gelesen; ihm danke ich für hilfreiche Gespräche.

Ich widme das Buch den Germanisten am German Department der University of California at Davis. Sie hatten mich Anfang 1993 für drei Monate auf die Max Kade-Gastprofessur eingeladen. Das hat den Beginn dieses Buches ermöglicht.

Düsseldorf, im Mai 1995

1
Edvard Munch, *Das Mädchen und der Tod* (1894)

Die Kaltnadelradierung ist 1894 entstanden. Sie ist eine der anrührendsten und zugleich rätselhaftesten Darstellungen: Tod und Mädchen offensichtlich im Liebesakt. Das Mädchen schlingt seinen Arm um den Hals des Gerippes, ist im Kusse des Totenschädels versunken und preßt seinen Körper dem Tod entgegen. Dieser öffnet mit seinem skelettierten Bein die Schenkel des Mädchens und zieht mit beiden Armen ihren Unterleib an den seinen. Daß der Kontrast der Totengestalt den Mädchenleib besonders hervorhebt, ist hier nicht nur metaphorisch richtig: Vor dem schwarzen Gerippe zeichnen sich Gesicht, Arm, Brust und Becken deutlich ab.

Es ist offenkundige künstlerische Intention, eine reale Liebesvereinigung darzustellen. Wie anders wären sonst die Samenfäden am rechten und linken Bildrand zu verstehen? Aber was bedeuten die embryonalen Köpfe an der unteren Bildleiste?

Hier wird das alte Motiv in seinem Kern begriffen. Die Ambivalenz, aber auch Irritation dieses Motivs besteht seit dem Mittelalter darin, daß nicht auf ein individuelles Sterben verwiesen wird: Die Stände des Totentanzes verweisen auf das »Jedermann! Everyman!« – das ist die Botschaft der Totentänze. Munchs Bild radikalisiert diese Botschaft auf unerhörte Weise. Die junge fruchtbare Frau ist der Inbegriff für Fortpflanzung und damit für die menschliche Gattung überhaupt. Ihre Todesnähe ist die Bedrohung der Spezies. Das geht weit über die mittelalterliche Bedeutungsmöglichkeit hinaus.

In dieser Radierung ist die Gattungsfrage in letzter Eindringlichkeit gestellt – und womöglich beantwortet. Die Verschmelzung von Mädchen und Tod mag ihren »individuellen« Tod bedeuten. Aber da sind die »außerhalb des Rahmens« dieser Hingabe fließenden Spermien und Embryoköpfe. Die Gattung ist offensichtlich nicht auszurotten.

Munch ist meines Wissens der einzige Künstler, der bewußt die Begegnung von Mädchen und Tod in den Kontext von Zeugung und Gattungserhalt gestellt hat.

Abb. 1: Edvard Munch, *Das Mädchen und der Tod* (1894)

Er hat damit – wie sich zeigen wird – die in diesem Motiv liegenden Möglichkeiten, seine elementare anthropologische Dimension ausgeschöpft.

Wie ein Beleg dafür wirkt die fünf Jahre später entstandene Lithographie *Todeskuß*.

Abb. 2: Edvard Munch, *Todeskuß* (1899)

Hier begegnen wir demselben Mädchentyp. Es stirbt nicht. Sein langes Haar umweht die Todesgestalt und füllt die ganze Breite des Bildes aus. Sein Haupt ist erhoben, und die Augen blicken träumerisch in die Ferne. Es scheint unberührt von dem Totenkopf, der sich ihm fordernd entgegenhebt. So wie das Mädchen in der Radierung von 1894 den Tod umarmt, also die Initiative ergreift, so ist es auch jetzt die beherrschende, die dominierende Gestalt.

Munch hat in seinen Bildern von den Mädchen und dem Tod etwas dargestellt, was die Evolutionsbiologie hundert Jahre später wird erklären können (s. Kap. 2).

Das Mädchen und der Tod aber entdeckt einen weiteren Aspekt, den wir nicht erwartet haben: die offensichtlich lustvolle Hingabe des Mädchens, die starke erotische Stimmung. Sie drängt sich an das Skelett, zieht den Totenschädel an ihren Mund, hebt das rechte Bein an, um die Schenkel zu öffnen.

Für Munch ist das Thema der jungen fruchtbaren Frau immer eng mit der Todesmotivik verbunden. Die Lithographie, die das berühmte Gemälde variiert, das er bisweilen *Madonna* nennt, bisweilen auch *Liebende,* hat als Rahmen dieselben Spermien und Föten wie *Das Mädchen und der Tod* – der Frauenleib als Sinnbild der Fruchtbarkeit:

Abb. 3: Edvard Munch, *Madonna*, Lithographie (1895)

Das Gemälde *Madonna* hat offenbar eine literarische Verewigung gefunden. In der Novelle *Gladius Dei* schildert Thomas Mann, wie der fanatisch-religiöse Jüngling Hieronymus von einer Reproduktion dieses Bildes im Schaufenster der Kunsthandlung M. Blüthenzweig am Münchener Odeonsplatz geplagt wird: »Die große, rötlichbraune Photographie stand, mit äußerstem Geschmack in Altgold gerahmt, auf einer Staffelei inmitten des Fensterraumes. Es war eine Madonna, eine durchaus modern empfundene, von jeder Konvention freie Arbeit. Die Gestalt der heiligen Gebärerin war von berückender Weiblichkeit, entblößt und schön. Ihre großen, schwülen Augen waren dunkel umrändert, und ihre delikat und seltsam lächelnden Lippen standen halb geöffnet.« (Mann 1966, S. 197)

Das Bild verfolgt den ernsten jungen Mann, der inmitten des kunstsinnig-heiteren Münchener Frühsommers stets »mit einem Ausdruck von Wissen, Begrenztheit und Leiden« (ebd., S. 196) umherblickt, bis in seine Nächte hinein. Schließlich: »In der dritten Nacht aber geschah es, daß ein Befehl und Ruf aus der Höhe an Hieronymus erging, einzuschreiten und seine Stimme zu erheben gegen leichtherzige Ruchlosigkeit und frechen Schönheitsdünkel.« (Ebd., S. 199 f.) Er sucht die Kunsthandlung auf und hält dort ein flammendes Strafgericht über das Gemälde: »Sie wissen sehr wohl, daß es das Laster selbst ist, das ein Mensch dort gemalt hat ... die entblößte Wollust.« (Ebd., S. 204) Der Bilderstürmer wird schließlich vom massigen Packer vor die Ladentür gesetzt – und die literarische Welt ist um eine ironische Pointe zum Thema Kunst und Leben reicher.

Man hat das Geschäft des Herrn Blüthenzweig und die ausgestellte Reproduktion identifiziert: »Die Kunsthandlung ist die Galerie Thannhauser, das Bild Munchs *Madonna*. Diese mit *Der Schrei* berühmteste Bilderfindung Munchs galt als die Verkörperung des ›Sündigen‹ schlechthin.«[1]

Das Miteinander von schöner Frau, Fruchtbarkeit und Tod hat Munch später in einige Verse gebracht, die er der Lithographie *Madonna* beigesellt:

> »Die Pause, in der die Welt ihren Lauf anhält
> Dein Angesicht enthält die ganze Schönheit des Erdreiches
> Deine Lippen karmesinrot wie die kommende Frucht
> gleiten voneinander wie im Schmerz
> Das Lächeln einer Leiche
> Jetzt reicht das Leben dem Tod die Hand
> Die Kette wird geknüpft, die tausend Geschlechter
> der Toten verbindet mit den tausend Geschlechtern, die kommen.«[2]

»Jetzt reicht das Leben dem Tod die Hand, die Kette wird geknüpft«, das ist die ins Allgemeine entrückte Sentenz (wie sie sich etwa auch in den Gemälden und Lithos *Metabolismus, Fruchtbarkeit, Tod und Leben* formuliert) zu dem spannenden Besonderen: der Begegnung der schönen Frau mit dem Tod.

Eros und Sexualität im Verhältnis von schöner Frau und Tod? Ist das Ausdruck von Munchs komplizierten Verhältnissen zu Frauen?[3] Oder ist es der Zeitgeist, die Lust am Morbiden und an der dämonischen Frau, wie das Fin de siècle sie liebte? Oder ist es doch mehr, was ist womöglich durch die Zeiten hindurch in dem Motiv angelegt? Wir werden der Spur nachgehen.

---

1 *Ausstellungskatalog Edvard Munch*, 1987/88, Nr. 41; Arne Eggum, Madonna, in: Katalog Kunsthalle Bielefeld 1980, S. 31-34. Siehe auch Forssmann 1993. Leider geht Forssmann nicht auf die Lithos und Gemälde zum Thema »Mädchen und Tod« ein.
2 *Ausstellungskatalog Edvard Munch* 1987/88, Nr. 41.
3 Für Munch scheint ja in der Tat zu gelten, was für psychoanalytische Literatur zur stehenden Einsicht wurde: die Furcht des Mannes gerade vor schönen Frauen – wie sie exemplarisch in *Marats Tod* oder auch in seinen Vampyr-Bildern deutlich wird.

2
Erotik, Sexualität und Tod

Der abendländische Musterfall für das innige Miteinander von Liebe und Tod ist freilich die Sterbeszene von Romeo und Julia im Grab der Capulets. Aber erst die europäische Romantik hat Erotik und Tod zum Paar gemacht, hat das Motiv lustvoll umspielt und zugleich zum Gegenstand der Reflexion werden lassen. Damit vollzieht sich eine sehr erfolgreiche Ausprägung des motivlichen Miteinanders von Liebe und Tod, aber sie ist spürbar anders als in der Begegnung der jungen schönen Frau mit dem Tod. Es ist nötig, diese Differenz in Erinnerung zu halten, wenn wir zunächst den kulturellen Siegeszug der romantisch-ekstatischen Spielart des Motivs von Liebe und Tod verfolgen.

Walter Rehm hat diese Motivvariante in seinem großen Buch *Der Todesgedanke in der deutschen Dichtung vom Mittelalter bis zur Romantik* plastisch herausgearbeitet (vgl. bes. S. 368 ff.):

> »In der bräutlichen Nacht, im Rausch der höchsten Wollust den Tod zu erleiden und den Genuß durch den Tod ins Unendliche auszudehnen, das ist also die *eine* Form von des Todes Entzückungen, der eigentliche Liebestod. Und dann die *andere* Form: daß der Tod dem Liebenden zur Brautnacht wird, weil er ihn mit der ihm entrissenen Geliebten vereinigt. Der Tod ist also wiederum als Liebesvereinigung gedacht, nur in dem anderen Sinne, als eigentliche Gleichsetzung: Tod wird mit Liebe, mit Brautnacht wesenseinig. Hier und dort aber erscheint der Liebestod als Übergang zur erwünschten Unsterblichkeit.« (S. 377 f.)

In Novalis' *Hymnen an die Nacht* verfließt Liebeswollust in Todeswollust: »Verbindung, die für den Tod geschlossen ist, ist eine Hochzeit, die uns eine Genossin für die Nacht gibt. Im Tod ist die Liebe am süßesten; für den Liebenden ist der Tod eine Brautnacht, ein Geheimnis süßer Mysterien.« (Ebd., S. 378)

Von hier führen offensichtlich Wege zur Liebestod-Mystik in Richard Wagners *Tristan und Isolde*. In der berühmten 2. Szene des 2. Aufzuges erinnern Isolde und Tristan ihre anfängliche Absicht, gemeinsam in den Tod zu gehen. Noch auf dem Schiff und kurz vor der Ankunft in Cornwall hatten sie widerstrebend ihre Liebe zueinander entdeckt. Und sogleich hatten sie sich in dem unausgesprochenen Einverständnis gefunden, den gemeinsamen Tod zu wählen: Isolde, weil sie nun nicht mehr Markes Gattin werden wollte und konnte, und Tristan, weil er nicht seinem Herrn die geliebte Frau überbringen wollte und konnte. Dort auf dem Schiff, das sie nach Cornwall bringen sollte, hatten sie zu dem Trank gegriffen, den sie für den Todestrank hielten:

»Tristan:
[…] den Becher nehm ich nun,
daß ganz ich heute genese.
[…] Ew'ger Trauer
einz'ger Trost:

Vergessens güt'ger Trank, –
dich trink ich sonder Wank!
er setzt an und trinkt

Isolde: Betrug auch hier?
Mein die Hälfte!«

Der gemeinsame Tod sollte sie vereinen, bevor Vertrag, Loyalität und Ehre sie für immer trennen würde:

»Isolde: […]
dem Licht des Tages
wollt' ich entfliehn,
dorthin in die Nacht
dich mit mir ziehn,
wo der Täuschung Ende
mein Herz mir verhieß;
wo des Trugs geahnter
Wahn zerrinne;
dort dir zu trinken
ew'ge Minne,
mit mir dich im Verein
wollt' ich dem Tode weihn.

Tristan: In deiner Hand
den süßen Trank,
als ich ihn erkannt,
den sie mir bot;
als mir die Ahnung
hehr und gewiß
zeigte, was mir
die Sühne verhieß:
da erdämmerte mild
erhab'ner Macht
im Busen mir die Nacht;
mein Tag war da vollbracht.«

Aber es ist nicht der Todestrank, den sie trinken:

»Isolde: Doch ach, dich täuschte
der falsche Trank,
daß dir von neuem
die Nacht versank;
dem einzig am Tode lag,
den gab er wieder dem Tag!

Tristan: O Heil dem Tranke!
Heil seinem Saft!

Heil seines Zaubers
hehrer Kraft!
Durch des Todes Tor,
wo er mir floß,
weit und offen
er mir erschloß,
darin ich sonst nur träumend gewacht,
das Wunderreich der Nacht.«

Sie hatten – dort auf dem Meer – das tödliche Gift zu trinken begehrt, aber sie tranken nicht den Todes-, sondern den Liebestrank, tranken nicht den Tod, sondern die Liebe – und damit den Tod. Die »unio mystica« ist Nacht und Liebe und Tod:

»Beide: O sink hernieder,
Nacht der Liebe,
daß ich lebe; gib Vergessen,
nimm mich auf

in deinen Schoß,
löse von
der Welt mich los!«

Ihr beider einzige Sehnsucht ist der Liebestod:

»Tristan: So starben wir,
um ungetrennt,
ewig einig
ohne End',
ohn' Erwachen,
ohn' Erbangen,
namenlos
in Lieb' umfangen,
ganz uns selbst gegeben,
der Liebe nur zu leben! [...]

Beide: Holder Tod,
sehnend verlangter
Liebestod!
In deinen Armen,
dir geweiht,
urheilig Erbarmen,
von Erwachens Not befreit!«

Und hier werden wiederum Motive erinnert – bewußt oder unbewußt –, die schon Gottfrieds von Straßburg *Tristan* anklingen ließ. Peter Wapnewski, durch dessen Wagner-Studien wir den musikdramatischen Riesen des 19. Jahrhunderts als den großen »Mittler des Mittelalters« begreifen gelernt haben, weist darauf hin:

»Es mag [...] sein, daß diese Überhöhung des Dramas durch den Todesgedanken, so sehr sie Wagners eigenste Tat ist, dennoch von Gottfried angeregt wurde. Denn Gottfrieds Brangaene ruft, nachdem der Trank, anders als bei Wagner, unabsichtlich und nicht durch sie, sondern durch eine belanglose Dienerin vertauscht ist und Brangaene den furchtbaren Fehlgriff erkannt hat, verzweiflungsvoll aus:

ouwe Tristan unde Isot,
diz tranc ist iuwer beider tot! (V. 11705 f.)

(Übersetzung von Kurz: ›o weh, Tristan, und o weh, Isot,/ Der Trank ist euer beider Tod!‹)« (Wapnewski 1978 a, S. 50)

Die erotische Literatur des 18. Jahrhunderts genießt das Thema Erotik und Tod oft sehr unmittelbar bis hin zur Konkretheit von Bett und Bahre – der Mönch, der die schöne Frauenleiche beschläft, ist das Paradigma. Baudelaire hat dieses Mit- und Ineinander ins klare lyrische Wort gefaßt:

»Ausschweifung und Tod sind zwei liebenswürdige Mädchen [...]
Und die Bahre und das Bett, an Lästerungen fruchtbar,
bieten eins um das andere, wie zwei barmherzige Schwestern,
schreckliche Lüste und grause Zärtlichkeiten.«[1]

Indes: Der gemeinsame Liebestod, das Verschmelzen gar von Liebesrausch und Todesekstase, auch das einander nachsterbende Liebespaar im Mausoleum – das sind Motive, die man zu einer Art erotischem Heroismus zählen kann: Die Liebe ist so mächtig und ewig wie der Tod.

Ganz anders, viel elementarer und keine Spur »romantisch« ist dagegen die Begegnung des Mädchens mit dem Tod. Neuere naturwissenschaftliche Einsichten

---

[1] *Fleurs du Mal*, Übersetzung von F. Kemp, Frankfurt 1962; gefunden in: Ariès 1976, S. 102.

legen die Vermutung nahe, daß die erotische Tönung dieser Begegnung mitnichten eine dekadente Erfindung ist, sondern offenbar tief in vorkulturelle Schichten der Evolution von höherem Leben überhaupt hineinreicht.

Die Naturwissenschaften haben sich des Verhältnisses von Sexualität und Tod auf ihre Weise angenommen. Der Biologe Jacques Ruffié führt dazu aus:

>»Unter anderem ist die Dynamik der Evolution auf zwei Voraussetzungen angewiesen. Zunächst einmal verlangt sie eine Fortpflanzungsweise, die die vorhandenen genetischen Kombinationen in Frage stellt. Diese ›Neuverteilung der Karten‹ ist eine Conditio sine qua non der Evolution. Sie erlaubt jeder Generation, sich unter den neuen Kombinationen die Genausstattungen auszuwählen, die für die Nutzung des Milieus am besten geeignet sind. Diese Fortpflanzungsweise, die für eine ständig erneuerte Vielfalt im Erbgut der Individuen sorgt, ist ohne Sexualität nicht möglich.« (Ruffié 1990, S. 23)

So ist Sexualität bei allen höheren Lebewesen die Voraussetzung für eine – im Sinne genetischer Vielfalt – wünschenswerte Wahl des Geschlechtspartners, ist damit evolutionsbiologisch die Voraussetzung für erfolgreiche Anpassung und für Überleben der Gattung. Hinzu kommt eine weitere elementare Notwendigkeit: »Die zweite Bedingung, die die Evolution braucht, um ihren Weg verfolgen zu können, ist die Verdrängung der älteren durch die neuen Generationen.« (Ebd., S. 26) Das bedeutet:

>»Sexualität und Tod sind die beiden Pole eines Lebenszyklus, der die Generationen miteinander verbindet. So entsteht eine lange Kette, die sich im Dunkel der Zeit verliert. Die beiden Phänomene sind eng miteinander verbunden, ergänzen sich und besitzen beide einen beträchtlichen Selektionsvorteil – das gilt weniger für das Individuum (man quält sich, wenn man liebt; und leidet, wenn man stirbt) als für die Art oder, genauer, für die Populationen, aus denen sich die Art zusammensetzt.« (Ebd., S. 28)

Oder, pointierter noch: »Sexualität und der Tod sind die beiden Tribute, die wir für den evolutionären Fortschritt entrichten. Die beiden Phänomene sind einander komplementär, aber auch erstaunlich entgegengesetzt.« (Ebd., S. 352)

Diese evolutionsbiologische Grundlegung heißt für uns nicht mehr und nicht weniger, als daß unser Motiv vom Tod und der schönen Frau gerade dort, wo das Thema Sexualität und Erotik hereinspielt, das künstlerische Gewand für die beiden Pole von Leben und Evolution überhaupt ist. Es ist die kulturelle Ausprägung des grundlegenden factum brutum aller höheren Lebewesen – während die romantische Todesmystik davon allenfalls ein exaltierter Sonderfall ist.

Das gibt dem Motiv vom Tod und den schönen Frauen eine neue Bedeutung. Es läßt jedenfalls ahnen, warum das anscheinend so ausgefallen-morbide Thema durch die Kulturgeschichte hindurch stets und kraftvoll präsent bleibt.

Freilich will für jeden Einzelfall geprüft werden, wo eine Art Unschuldsvermutung zu gelten hat, wo also Erotik und Sexualität nicht in Bildidee und -wirkung hineinspielen, wo Vanitas eher und Memento mori die leitenden Motive sind. Und doch: Noch die unschuldigste Schöpfungsintention kann sich nicht sicher sein, ob sie nicht an einem Kontext webt, den sie sich nicht eingestehen kann oder will.

3
Totentänze im Mittelalter

Wenn sich Tod und junge schöne Frau im alteuropäischen Totentanz begegnen, wissen sie offenbar nicht, daß diese Begegnung schon in einer Tradition steht. Und sie können auch nicht wissen, daß sie eine fruchtbare gemeinsame Zukunft haben sollten.

Für die Totentänze seit dem 14. und 15. Jahrhundert ist das Mädchen eine Gestalt neben vielen, die vom Totenskelett in ihrer letzten Stunde aufgesucht wird, um Gaffern und Hörern der Totentanzdarstellungen die Allgegenwart des Todes eindringlich vor Augen zu führen.

Auf den großen Wandgemälden an den Klostermauern und Friedhofsarkaden (und ihren späteren Schrumpfungen aufs Buchformat) passieren die geistlichen und weltlichen Stände Revue, der Tod zieht den Papst und den König ebenso in seinen Tanz wie den Bauern und den Bettler, den Kardinal und den Herzog ebenso wie den Mönch und den Bäcker, aber auch die Kaiserin, die Gräfin, die Bürgerin und die Nonne. Um die völlige Gleichheit vor dem Tod zu repräsentieren, werden auch die nicht-ständischen und berufsunspezifischen Lebensalter in diesen Tanz des Todes gezogen, der Greis, die Mutter, der Jüngling, das Kind – und eben auch das Mädchen.

Bei den frühesten Totentänzen deutet nichts auf eine Sonderbehandlung gerade dieses Paares etwa in der Weise hin, daß die erotische Motivik für das Mädchen aufgespart wäre. Im Gegenteil: Eitelkeit, Lebensfreude, Wollust finden sich sogar eher bei den verheirateten Frauen von der Königin bis zur Bürgerin.[1]

Der wohl früheste deutsche Totentanz, der sogenannte »Oberdeutsche vierzeilige Totentanz«, kennt unter seinen 27 Holzschnitten (wie sie im Heidelberger Blockbuch von 1465 überliefert sind)[2] das Mädchen noch gar nicht, sondern ledig-

---

1 Siehe dazu die Totentänze in Kaiser 1993 a.
2 Vgl. ebd., S. 276.

lich die Kaiserin (»Stolz lebt' ich dem Genusse und der Lust«), die Edelfrau, die Nonne (»Was hilft mir nun mein Beten?«) und die Mutter.

Erst der spätere Basler Totentanz, der das Muster der Gattung wurde, hat die Jungfrau (s. *Abb. 4*). Da ist die Totenfigur auch sogleich der Galan: Er trägt ein

Abb. 4: Basler Totentanz, *Jungfrau*

»krenzel« wie auch die Jungfrau, fordert den »Vortantz« und hält dem Mädchen vor, daß sie »gern mit jungen knaben« gesprungen sei:

> »Ach Jungfraw euwer roter Mund
> Wird bleich jetzund zu dieser Stund:
> Ihr sprungen gern mit jungen Knaben/
> Mit mir mußt ihr den Vortantz haben.«

Allerdings wird die Jungfrau deutlich widerstrebend in den Tanzschritt gezwungen, und der Tod äfft die Rolle des Galans nur nach. Das ist die Konvention: der höhnisch das Leben nachäffende Tod. Und doch ist gerade darin ein erotisches Moment präsent: indem es zitierend verhöhnt wird, vor allem durch den gemeinsamen Schmuck als Liebespaar, durch die Allusion auf den roten Mund und die jungen Männer. Zudem: Wenn die Einladung zum Tanz je adäquat ist, dann hier beim jungen schönen Mädchen.

In dem Augenblick also, in dem der Tod zum ersten Mal mit dem Mädchen tanzt, wird eine mächtige und langwirkende Tradition gestiftet. Alles deutet darauf hin, daß die Totentänze des späten Mittelalters die Begegnung des Todes mit dem Mädchen neu erfunden haben. Und doch scheint in diesem prägnanten Motiv ein schon lange bestehendes Bildbedürfnis endlich befriedigt. Jedenfalls haben spätere Zeiten das Motiv immer wieder so erzählt, als sei in ihm die Begegnung zwischen einer heidnisch-vorchristlichen Sexualität und einer spezifisch christlichen Bändigung derselben dargestellt. Der Tod und das Mädchen wäre dann eines der zentralen Bilder einer christlichen Pädagogik: Schönheit, Erotik, Sexualität sind Blendwerk des Teufels angesichts der Unausweichlichkeit von Tod, Jenseits und Jüngstem Gericht.

Aber Bilder haben ihre eigene Logik, die sich oft nicht um die Absichten ihrer Erfinder schert. So steht die Erfindung des Motivs ganz in der Logik der Gattung: mors certa, hora incerta est. Aber kaum in die Welt gesetzt, emanzipiert es sich aus den Verpflichtungen der Gattung – ohne sich dabei auf ältere und schickliche Vorbilder zu berufen.

4
Niklaus Manuel, Totentanz-Gemälde und Einzelblatt

Niklaus Manuel Deutsch (ca. 1484-1530), Zeitgenosse Albrecht Dürers, ist der Maler des künstlerisch bedeutendsten Totentanzes, des Berner Kolossalgemäldes auf den Kirchhofsmauern des Dominikanerklosters, einer farbenprächtigen Todesrevue von 41 Großszenen, zusammen etwa 80 Meter lang.

Abb. 5: Niklaus Manuel, *Dochter und der Tod*

Da die Kirchhofsmauer samt Gemälde 1660 für eine Straßenerweiterung eingerissen wurde, ist nur eine Wasserfarbenkopie von 1649 des Malers Albrecht Kauw erhalten. Man wird sich die Wirkung auf eine oft illiterate Menge nicht eindringlich genug vorstellen können. Unter diesen Wandgemälden ist auch das hier abgebildete, das den Tod und das Mädchen darstellt.

Das Mädchen ist offenkundig schöner als in sonstigen Totentänzen, was natürlich auch mit der künstlerischen Kraft Manuels zu tun hat. Das Paar bleibt in den Gattungsvorschriften verhaftet – und das heißt vor allem: der unauflösbaren Einheit von Bild und Text. Zum Totentanz-Wandbild gehört wesentlich der Text. Ohne ihn ist das Bild unvollständig, fast überflüssig. Dieser Text hält das Verwesungs- und Vergänglichkeitsmotiv fest, das das Grundmotiv des Totentanzes ist und das allen späteren Bildern – auch der Manuelischen Zeichnung (*Abb. 6*) – verlorenging. So spricht der Tod das Mädchen an:

> »Dochter jetzt ist schon hie din Stund,
> Bleich wird werden din roter Mund;«

und dann, in bösen kurzen Worten, wird dieser Leib der Verwesung überantwortet:

> »Din Lyb, din Angsicht, din Har und Brüst
> Mus alles werden ein fuler Mist.«

Leib, Gesicht, Haare, Brüste werden zu faulem Mist. Das ist der Sinn des Totentanzbildes, und der Text läßt niemanden aus dieser Bedeutung.

Gewiß – die Szene vom Tod und der Tochter war wohl der Blickfang des Berner Totentanzes, und doch ist eine andere Rezeption, die womöglich die schockierende Konfiguration von Tod und Mädchen nur genießt, zutiefst illegitim (s. dazu Kaiser 1993 a, S. 21 f.). Denn das große Wandgemälde ist vergleichbar der mittelalterlichen Bußpredigt, die die Hörer zum gemeinsamen Hören zusammenzwang. Dabei ist stets der Vorrang des Wortes, des Textes vor dem Bild erstrebt. Daß wir Menschen Augenwesen sind, hat das Mittelalter nur widerwillig akzeptiert. Bilder sind allenfalls Hilfsmittel, die als Unterweisung des Schriftunkundigen seit Gregor dem Großen toleriert werden.

Niklaus Manuel hat das Motiv vom Tod und dem Mädchen noch einmal aufgegriffen – und zwar in einer bestürzend anderen, einer »modernen« Sehweise. In dem Bild *Tod und Mädchen* umarmt das halbverweste Gerippe das Mädchen, küßt es und greift ihm mit der Linken zwischen die Schenkel; das Mädchen scheint ihm dabei noch behilflich; von Abwehr oder Entsetzen keine Spur – eine Darstellung, die die schockierende Konfiguration von Tod und Mädchen offensichtlich genießt, wenn auch mit ein wenig angenehmem Ekel.

Natürlich ist das Bild deutbar als Warnung: Die schöne junge Frau ist durch die Kniebänder, das tiefe Dekolleté und das üppige Kleid als putz-, gefall- und vergnü-

Abb. 6: Niklaus Manuel, *Tod und Mädchen*, Einzelblatt (1517)

gungssüchtig gekennzeichnet. Deshalb hat die schockierte kunstgeschichtliche Zunft auch schon bald in dem Mädchen ein Freudenmädchen erkennen wollen. Dann taugt es sogar noch als Abschreckung für die eigenen Töchter: Wer sich den erotischen Ausschweifungen hingibt, vor denen das Bild eindringlich warnen will, küßt immer schon den Tod.

Es bleibt dabei: Diese Darstellung ist, gemessen an der Sinnverpflichtung des Totentanzes, zutiefst illegitim – und ist doch nur die Befreiung der in der Bildidee liegenden erotischen Möglichkeiten. Das ästhetische Reizpotential ist gelöst von den einstigen normativen Vorgaben.

Der Bruch mit der Sinntradition wird augenfällig auch durch das andere Medium. Das Motiv ist vom »öffentlichen« Totentanz-Wandgemälde auf das intime Buchformat des Einzelblatts geschrumpft. Das bedeutet eine gänzlich andere Wahrnehmung durch den Betrachter. Der vereinzelte, allein gelassene Betrachter vor der Zeichnung – das ist die Wahrnehmung der Zukunft, die individuelle Wahrnehmung. Diese Situation erst ermöglicht die Emanzipation des Motivs aus seinem verpflichtenden Gattungskontext.

Emanzipation bedeutet in unserem Falle also, daß sich das Motiv aus seinem ursprünglichen Zusammenhang, dem Totentanz, gelöst hat, daß seine Bildidee den Memento-mori-Rahmen sprengt und eine eigene, deutlich erotische Ausstrahlung gewinnt. Die Augen- und Sinnenlust an der schönen Frau, die Lust am gewagten erotischen Motiv tritt aus dem Hintergrund in den Vordergrund. Man könnte zwischen diesen beiden Manuelischen Bildern den Graben zwischen mittelalterlicher und neuzeitlicher Kunstauffassung ziehen.

Das ist aber auch der Ort, wo die Bildidee in einen anderen, größeren und weiteren Motivzusammenhang tritt oder treten könnte. Indem das erotische Interesse in den Vordergrund drängt, indem der Gattungszusammenhang Totentanz verlassen wird, tritt das Motiv in den großen und an Seitentrieben reichen Traditionskontext der Begegnung des Mädchens mit dem Tod; vom Raub der Proserpina durch den Herrn der Unterwelt bis zum Grafen Dracula und seinem Appetit auf englische Neuverlobte.

Vor allem im deutschen Spätmittelalter erlebt das Motiv eine erstaunlich reiche Blüte.[1] Ob den Zeitgenossen Manuels dieser größere Kontext und damit die Möglichkeit antiker Legitimation bewußt war, ist unsicher, aber eher unwahrscheinlich. Sonst wäre die Motivnähe in irgendeiner Form aufgegriffen worden. Bei Hans Holbeins Holzschnitten ist ein ganz ähnlicher Vorgang wie bei Manuel zu beobachten: auch dort eine Befreiung des Motivs aus dem (eigenen) Totentanzkontext und offenbar keine Berufung auf ältere Traditionen.

Das Manuelische Einzelblatt, auf welchem der Tod dem Mädchen unter den Rock greift, ist von besonderer Deutlichkeit, aber es ist offensichtlich nicht die Erfindung einer erotischen oder galanten Beziehung zwischen Tod und Mädchen. Der Aspekt spielt vielmehr von Anfang an mit, ist schon in der antiken Mythologie das tragende Motiv.

---

1 Siehe dazu Wirth 1979. Dort die These, daß der Geschmack der Deutschen am Makabren auf die Fortdauer einer »gothique international toujours plus raffiné et minutieux« (S. 169) zurückzuführen sei, während sich Italien bereits dem schönen Menschenbild der Antike hingegeben habe.

5
Der Raub der Proserpina

Die Zeit der großen Totentänze hat bereits ihr klassisches Vorbild vom Zusammentreffen des blühenden Mädchenleibes mit dem Herrn des Todesreiches – und hat es doch nie zitiert: der vielfach beschriebene und oft dargestellte Raub der Proserpina durch Pluto. Homers Hymnus auf Ceres gibt dem Urbild Gestalt. Hier die Fassung in Karl Kerényis Mythologie:

> »Hades raubte die Tochter der Demeter. Zeus hatte sie ihm gegeben, ohne daß die Mutter davon gewußt hätte. Das Mädchen spielte mit den Töchtern des Okeanos und pflückte Blumen: Rosen und Krokus, Veilchen und Iris und Hyazinthen auf der üppigen Wiese. Fast hätte es auch die Narzisse gepflückt, die die Göttin Gaia aus List, um das Mädchen mit dem Knospengesicht zu verführen, dem Unterweltsgott zuliebe wachsen ließ, ein strahlendes Wunder. Es staunten alle, die die Blume erblickten, Götter und Menschen. Hundert Blüten sprossen aus der Wurzel, süßer Duft verbreitete sich, und es lachten der Himmel, die Erde und die salzige Flut des Meeres. Mit beiden Händen griff das erstaunte Mädchen nach jener einzigen, wie nach einem Spielzeug und Schatz. Auf tat sich die Erde; ein Abgrund öffnete sich auf dem nysäischen Gefilde; hervor sprang der Herr der Unterwelt mit unsterblichen Rossen, der Sohn des Kronos, der Gott mit vielen Namen. Er hob das widerstrebende Mädchen auf den goldenen Wagen und entführte die Wehklagende.
> Mit schrillem Ton rief sie den Vater, den Sohn des Kronos, den höchsten Herrscher. Weder Gott noch Mensch hörte die Stimme; kein Ölbaum regte sich. […] Solange sie noch die Erde und den gestirnten Himmel, das Meer und die Sonne sah, hoffte die Göttin, ihre Mutter wiederzusehen und die ewigen Götter. So lange hegte sie noch Hoffnung in ihrem Weh. Die Gipfel der Berge und die Tiefen des Meeres widerhallten vom Klang ihrer unsterblichen Stimme. Die Herrin, ihre Mutter, vernahm sie. Scharfe Pein griff ihr ins Herz; sie riß den Kopfschmuck vom unsterblichen Haar, dunkles Gewand ließ sie herabfallen von den Schultern und flog wie ein Vogel über Wasser und Erde, auf der Suche nach ihrem Kind.« (Kerényi 1966, S. 183 f.)

Seit Homer finden sich alle wichtigen Motive bereits versammelt, die Ovids *Metamorphosen* dann dem europäischen Mittelalter vermachen werden: das schöne und begehrenswerte Mädchen, das mit den Gefährtinnen Blumen bricht; die Erde, die sich auftut; der Herr des Totenreiches, der seine widerstrebende Beute ergreift;

das vergeblich bittende Mädchen, das die Blumen verliert (!), als es hinweggeführt wird. Der Tod erscheint als Liebhaber, und die gebrochenen Blumen[1] sind die Insignien für die Urszene von Eros und Tod.

Und doch wollen die beiden so ähnlichen Traditionen nichts voneinander wissen. Der Tod und das Mädchen des Totentanzes haben eine eigene, vom Raub der Proserpina unabhängige Eros- und Vanitas-Bedeutung entwickelt. Und auch das Proserpina-Motiv bleibt offenbar unabhängig von der breiten und populären Tod-und-Mädchen-Motivik, die sich aus dem Totentanz entwickelt.[2]

Man wird über eine Reihe von Gründen dafür spekulieren können. Zum einen natürlich die getrennten Rezeptionssphären: das Proserpina-Motiv in der Welt der Gebildeten, die sich die Antike christlich anverwandelten, und das Totentanz-Paar in der Welt der Volkspredigt durch die Bettelorden. Außerdem ist Proserpina in der Blütezeit des Totentanzes gar nicht mehr das blumenpflückende Mädchen, sondern die eher düstere Göttin der Unterwelt wie auch der Fruchtbarkeit: »Pluto und Proserpina (sind) in christlicher Allegorese als dämonisiertes Herrscherpaar der Unterwelt« die herrschende Vorstellung (Anton 1967, S. 14). Und wo sich gegen diese christliche Dämonisierung schließlich Ovid durchsetzt und mit ihm der ästhetische Eigenwert eines erotischen Motivs, da erscheinen Pluto und Proserpina eben als klassisches Götterliebespaar – und das ist weit von der aus dem Totentanz sich entwickelnden Motivvorstellung entfernt.

Der übliche Verbindungsgang zwischen antiker Unterwelt und mittelalterlicher Hölle, die christliche Allegorese, hat zwar Pluto in die Nähe von Luzifer geführt (und damit in die Nähe der Todes-/Teufelsgestalt), nicht aber die einst blumenpflückende Proserpina in die Nähe unseres Mädchens.

Das einzige Verbindungsglied zwischen diesen beiden Bilder- und Bedeutungswelten scheint ein rühriger Verleger zu sein: Der Pariser Antoine Vérard druckt 1493 eine Prosakompilation des »Ovid moralisé« und des »Ovid moralizatus«, die sogenannte *Bible des poètes,* mit der Proserpina-Geschichte nach (ebd., S. 16) und verlegt im selben Jahr den berühmten und nach ihm benannten Vérard-Totentanzbilderbogen.[3]

---

1 Vgl. dazu die Blumen im Basler Totentanz (*Abb.* 4) und in Dalís Radierung (*Abb.* 37).
2 Jedenfalls findet sich in der Standard-Arbeit zum Proserpina-Stoff kein Hinweis: Siehe Anton 1967.
3 Auch die beigegebenen Holzschnitte sind sehr ähnlich und könnten vom selben Künstler stammen.

6
Die schöne Enite bietet sich dem Tod an (1180)

Der Königssohn Erec, der seine schöne Ehefrau Enite für eine vorlaute Bemerkung strafen will[1] und deshalb mit ihr eine gefährliche Abenteuerfahrt unternimmt, wird im Kampf mit einem Riesen so schwer verletzt, daß er – kaum ist der Riese getötet – selber kopfüber vom Pferd stürzt. Enite hält ihn für tot, und ein wilder Schmerz zerreißt ihr Herz. Sie schreit ihren Kummer in den Wald, aber nur das Echo antwortet ihr. Schließlich hat sie nur noch einen Wunsch: an der Seite des geliebten Mannes zu sterben. Sie fleht die wilden Tiere an, sie doch zu zerreißen, vergeblich. Und dann kommt es zu einer bemerkenswerten Klageform und Bitte:

»si sprach: ›lieber herre,	»Sie sprach: ›Lieber Herr!
sit ich dich muoz verliesen,	Da ich dich verlieren muß,
so wil ich hie verkiesen	will ich fortan keinen
alle man immer mêre	Mann mehr ansehen,
wan einen den ich sêre	außer einem, den ich heiß
in mînem herzen minne	in meinem Herzen liebe
von allem mînem sinne.	von ganzem Gemüte.
dem bin ich gâhes worden holt.	In den habe ich mich plötzlich verliebt.
haete ich umbe den versolt	Könnte ich es um den verdienen,
daz im geviele mîn lîp,	daß ich ihm gefiele,
dem wolde ich sîn ein staetez wîp.	dem wollte ich eine treue Frau sein.
vil lieber Tôt, nu meine ich dich.	Liebster Tod, dich meine ich.
von dîner liebe kumt daz ich	Von meiner Liebe zu dir kommt es,

---

1 Zur Vergegenwärtigung: Der mittelhochdeutsche Artusroman *Erec* des alemannischen Ministerialen Hartmann von Aue ist kurz vor 1200 verfaßt und stellt eine freie Übertragung des altfranzösischen Romans *Erec et Enide* des champagnischen Autors Chrestien de Troyes dar. Die Handlung bis zum Beginn unserer Episode: Nachdem Erec die schöne Enite im Kampf gewonnen und eine aufwendige Hochzeit gefeiert hatte, verliebt er sich dermaßen in seine Frau, daß er darüber seine ritterlichen Pflichten vergißt: Er *verligt* sich, wie es anschaulich heißt. Enite klagt heimlich über den damit verbundenen Verlust an *ere*. Erec belauscht sie dabei und bricht, tiefverletzt, sofort nach neuen Abenteuern auf. Enite aber muß ihn begleiten. Bei Strafe ist ihr verboten, ihn vor möglichen Gefahren zu warnen. Nach einem nur knapp siegreichen Kampf wird er verwundet und gerät – wie oben geschildert – an den Rand des Todes.

Die schöne Enite bietet sich dem Tod an (1180)

alsô verkêre den site	daß ich so sehr wider die Sitte handle,
daz ich wîp mannes bite.	und als Frau um einen Mann werbe.
nach dîner minne ist mir so nôt.	Nach deiner Liebe verlange ich.
nu geruoche min vil reiner Tôt.	Nimm dich meiner an, liebster Tod.
ouwê wie wol ich arme	Ach, wie steht mir Armen
gezim an dînem arme!	deine Umarmung!
du bist vil wol ze mir gehît.	Ich bin eine passende Braut für dich.
wan nimestu mich enzît?	Warum nimmst du mich nicht gleich?
sît daz du mich doch nemen muost,	Da du mich ja doch einmal nehmen mußt,
so râte ich daz duz iezuo tuost.	so rate ich, daß du es jetzt tust.
ich gezim dir wol ze wîbe:	Ich bin die richtige Frau für dich:
ich hanz noch an dem lîbe,	Ich bin doch noch schön und jung
beide schoene unde jugent,	und bin vortrefflich.
ich bin an der besten tugent.	
dir enmac mit mir niht wesen ze gâch.	Du kannst es gar nicht eilig genug mit mir haben.
nu waz touc ich dir her nâch,	Was tauge ich dir denn später,
so beide alter unde leit	wenn Alter und Kummer
mir schoene unde jugent verseit?	mir Schönheit und Jugend geraubt haben?
nu waz sol ich dir danne?	Was soll ich dir denn dann?
noch zaeme ich gutem manne.« (Vers 5875-5907)	Jetzt passe ich noch zu einem edlen Mann.«

(Übertragung von Thomas Cramer)

In ihrer Verzweiflung will sich Enite – buchstäblich – dem Tod in die Arme werfen (5893). Es entsteht eine Art Verführungsszene mit zahlreichen erotisch gefärbten Wendungen. Sie gibt vor, den Tod »von allem mînem sinne«, mit all ihren Sinnen, zu lieben. Sie ist ihm »holt« geworden – ein stark erotisches Wort. Mehr noch: »Nach dîner minne ist mir so nôt«, sie begehrt ihn (5890). In ihrem Todeswunsch formuliert sie ein weibliches Verlangen, das sonst selten zu Sprache wird:

> »ich gezim dir wol ze wîbe:
> ich hanz noch an dem lîbe,
> beide schoene unde jugent.«

Sie macht ihn auf die Reize ihrer Jugend aufmerksam: Noch kann sie einem ordentlichen Manne etwas bieten (5907).

Die Szene gehört zum Thema dieses Buches, auch wenn der Tod nicht »leiblich« auftritt und antwortet. Enite malt ihn als einen besonderen Liebhaber, dem sie plötzlich verfallen ist. Entscheidend ist die erotische Grundierung, die das Verhältnis von Mädchen und Tod durch die begehrlichen Worte Enites gewinnt.[1] Gewiß,

---

[1] Vgl. Shakespeare, *Romeo und Julia*, 3. Akt, 2. Szene:
»Jul.: But I, a maid, die maiden-widowed,
Come, cords come, nurse.
      I'll to my wedding-bed
And death, not Romeo,
      take my maidenhead!«

»Jul.: Ich sterb als Witwe
      und bin Jungfrau blieben;
Fort! Amme, komm:
      ich will ins Brautbett mich begraben!
Soll meine Jungfernschaft der Tod,
      nicht Romeo, haben!«
(Übertragung von Erich Fried)

diese plötzlich auflodernde Leidenschaft ist verursacht durch den Schmerz und insoweit ist sie eingebettet in die Klage der Frau. Aber das ändert nichts an der Ungeheuerlichkeit des Begehrens. So hebt sich dieser Teil des Monologs ab von jenem, in dem sie ihren Zorn auf Gott herausschreit oder auch von jenem, in dem sie die wilden Tiere einlädt, sie zu töten. Der Unterschied in den Anrufungen macht deutlich, daß in der Begegnung des Mädchens mit dem Tod offenbar ganz natürlich ein erotisches Potential liegt.

Es gibt eine lange, in die griechische Literatur zurückgreifende Tradition solcher Klagen von schönen Mädchen und Frauen.[1] Schon Antigone klagt, daß sie auf Hochzeitsgesänge und Brauthymnen verzichten muß; sie wird sich statt dessen Acheron vermählen. Auch scheint der Gedanke, daß der frühe Tod eines Mädchens dem Persephone-Schicksal gleiche, ein Gemeinplatz zu sein, wie eine große Zahl von hellenistischen und byzantinischen Grabinschriften zeigt.

Aber keine der klagenden schönen Frauen, nicht Antigone, nicht Iphigenie, nicht Cassandra, nicht Jephtas Tochter in der Dichtung Abaelards, nicht Seila in des Pseudo-Philo *Planctus*, nicht die ergreifende Sigune in Wolframs von Eschenbach *Parzival* und auch nicht Isolde, keine spricht in solch erotisch-herausfordernder Weise mit dem Tod wie die schöne Enite. Darin scheint sie einzig zu sein. Sie hat die alten Klischees vom Tod als Hochzeit wider Willen hinter sich gelassen und daraus eine literarische Bildidee vom erotischen Mit- und Gegeneinander von Tod und schöner Frau werden lassen.

---

1 Dazu Alexion Dronke 1971. Den Hinweis verdanke ich meinem Kollegen Urban Küsters, vgl. Küsters 1995 (im Druck).

7
Niklaus Manuel und Hans Baldung Grien (1517)

Im Jahre 1517 entstand sowohl das Blatt *Der Tod und das Mädchen* von Manuel (s. *Abb. 6*) als auch das Temperabild *Der Tod und das Mädchen* von Hans Baldung gen. Grien (heute im Kunstmuseum Basel) und vielleicht auch die *Tochter* des Manuelischen Wandgemäldes (s. *Abb. 5*) – gewiß drei bildnerische Höhepunkte des Themas.

Es war bereits davon die Rede, wie man sich bei Manuel die »Emanzipation« des Themas aus dem Kontext des Totentanzes denken kann. Wichtig ist uns jetzt, daß schon im Totentanz-Gemälde der Tod als Galan und aufdringlicher Liebhaber dargestellt ist. Er schmiegt sich in einer tänzerischen Bewegung an das Mädchen, das Motiv des Paartanzes ist nicht fern. Auch sein kesser Kopfschmuck weist ihn als Werbenden (als höhnisch Werbenden?) aus. Der Griff ins verrutschte Dekolleté zeigt vollends seine »eindeutigen« Absichten. Auch diese Geste kann wie so vieles im Totentanz als höhnisches Nachäffen gedeutet werden, jedenfalls ist die erotische Grundierung des Bildes offenkundig. So ist das Bild vom Thema, von der Darstellung und von der Farbe her gewiß ein »eye-catcher« der Bildfolge gewesen.

Das erotische Thema wird beim lavierten Blatt noch drastischer hervorgehoben. Nicht mehr der Griff ins Dekolleté, sondern gleich unter den Rock. Auch ist schwer auszumachen, ob das Figurendekor auf den beiden einrahmenden Säulen einen Kommentar zu der Szene darstellt. Ist das links oben eine Frauengestalt, die sich mit einem Schwert durchbohrt und damit an Lukretia denken läßt? Und rechts eine keusch die Arme vor der Brust verschränkende Frau?

Das Bild von Hans Baldung zeigt den Tod nicht als Liebhaber. Er greift dem Mädchen mit einer rohen Geste ins Haar und weist den Weg ins Grab – verdeutlicht noch durch den Titelspruch: HIE MVOST DV YN (s. *Abb. 7*).

Das Gesicht des Mädchens ist tränenüberströmt, sie ringt ihre zum Gebet gefalteten Hände. Wenn von dem Bild eine erotische Wirkung ausgeht, dann hat sie nur mit der Darstellung des Mädchenleibs zu tun. Die erotische Ambivalenz wie bei Niklaus Manuels Einzelblatt, wo der Tod als Werber auftritt und das Mädchen, so

Abb. 7: Hans Baldung, *Der Tod und das Mädchen* (1517)

Abb. 8: Hans Baldung, *Die Frau und der Tod*

scheint es, sich die Werbung wohl gefallen läßt, fehlt hier völlig. Statt dessen wird das Mädchen in seiner Qual und Todesnot dem Betrachter zur Ergötzung vorgeführt. So jedenfalls wird man die Detailtreue des nackten Leibes verstehen dürfen. Hier gilt Wielands grundlegende Einsicht zur Ästhetik des Mitleids: »Wenn das Mitleiden nicht ein wollüstiges Gefühl ist, warum rührt uns nichts so sehr als die leidende Schönheit?« (Wieland 1986, S. 80)

Noch drastischer als dem Mädchen nähert sich der Tod der Frau (s. *Abb. 8*). Das Gerippe tritt wiederum von hinten heran, faßt mit der Rechten das Haupt, krallt sich mit der Linken in die Seite der Frau und beißt sie ins Gesicht. Hier ist körperliche Verletzung und Verstümmelung gemalt, ein kannibalistisches Szenario[1], dessen Härte und Brutalität so nicht wiederkehrt. Wenn dennoch die ganze malerische Liebe dem nackten Frauenkörper gehört, der sich in einer höchst attraktiven Drehung darbietet, dann darf man von einer Lust am Makabren, wenn nicht gar von einer makabren Lüsternheit sprechen.

Beide Bilder sind übrigens in kleinem Format ausgeführt, etwa 30 x 16 cm. *Die Frau und der Tod* entstand wohl kurz nach dem *Mädchen*, wahrscheinlich auf Bestellung von Liebhabern des Genres. Auch hier verrät das kleine Format wie schon beim Blatt die eher intime Betrachtersituation.

---

1 Niklaus Manuel, der große Maler, hat außerdem ein Fastnachtsspiel verfaßt, dem schon Zeitgenossen den Titel »Todtenfresser« gaben. Es ist eine drastische Kritik an der Geistlichkeit, die sich an den Verstorbenen mästen. *Niklaus Manuel*, hg. von Jakob Baechtold, Frauenfeld 1878

8
Hans Sebald Beham, *Der Tod und das Mädchen* (1548)

Hans Sebald Beham hat das Motiv vom Mädchen und dem Tod mehrfach dargestellt, angefangen beim Ur-Bild *Eva und der Tod,* einem Kupferstich aus dem Jahre 1543.

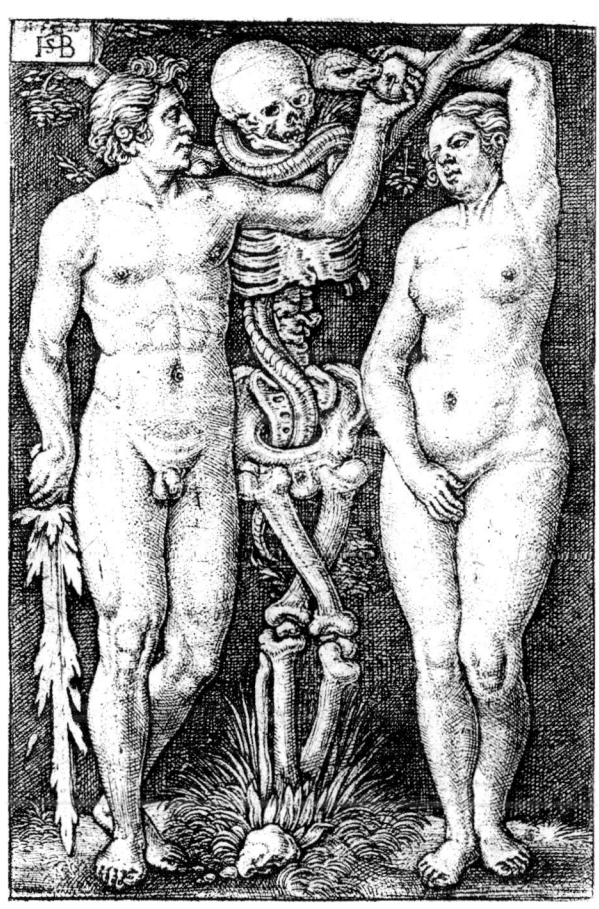

Abb. 9: Hans Sebald Beham, *Adam und Eva*

In diesen eher konventionellen Zusammenhang gehören auch die Vanitas-Darstellungen, wo der Tod, oft mit Sanduhr, einer Frau erscheint, die im Spiegel ihre Schönheit bewundert, so etwa beim Monogrammisten M und noch bei Boris Fröhlich im Jahre 1980 (s. dazu Kap. 35).

Daß Eva hier die Hauptrolle spielt, ist nicht nur biblisch verbürgt, sondern zeigt sich auch daran, daß die Todesgestalt sich ihr zuwendet und daß sie zugleich den Apfel und die Schlange berührt, die ihrerseits als das Rückgrat des Todes dargestellt ist. Ein Bild, das in seiner offen zu Tage liegenden Symbolik kaum Erläuterung braucht.

Im Kupferstich *Die Todesstunde oder Tod und Liebespaar*, 1522 (s. Abb. 10),

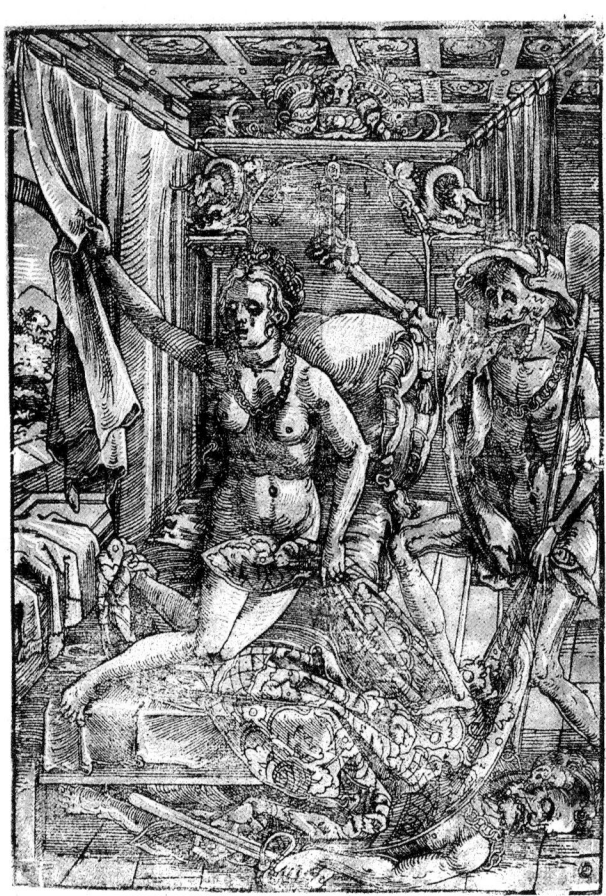

Abb. 10: Hans Sebald Beham, *Die Todesstunde oder Tod und Liebespaar* (1522)

überrascht der Tod offensichtlich ein Liebespaar. Der Mann, das Schwert noch in der Hand, liegt besiegt am Boden eines prächtigen Gemaches. Die Frau bedeckt ihre Blöße mit einem Laken, das der Tod ihr wegreißt, und hebt mit der rechten

Hand den Vorhang zurück, offenbar, um einen letzten Blick auf den anbrechenden Tag zu werfen.

Konventionell zwar durch das Sanduhr-Motiv, aber provozierend durch die Darstellung der Frau ist jenes berühmte Blatt von Hans Beham, *Der Tod und das schlafende Weib* aus dem Jahre 1548.

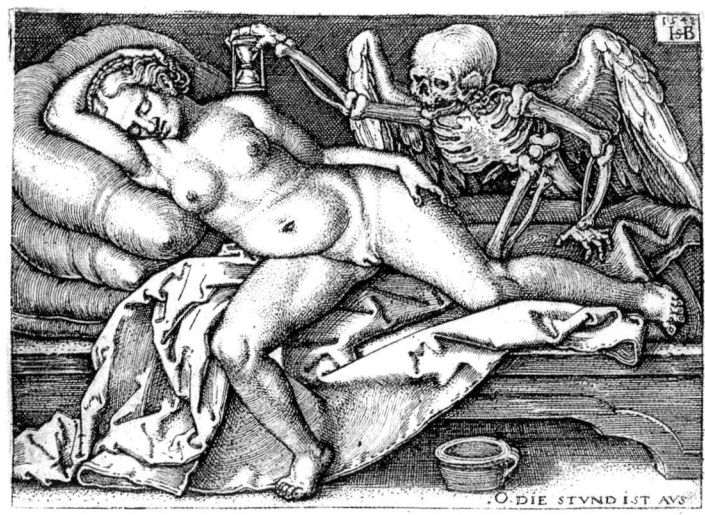

Abb. 11: Hans Sebald Beham, *Der Tod und das schlafende Weib* (1548)

Es zeigt die junge Frau schlafend in unschuldig-schamloser Pose, während das geflügelte Gerippe über das Bett zu ihr herankriecht, die Sanduhr hochhebend. Unschuldig, weil schlafend, aber schamlos ist die Pose, weil sie offenkundig zum Zwecke der Bloßstellung gewählt ist. Es fällt schwer, sich jemanden schlafend vorzustellen mit halb zum Sprung angewinkeltem rechten Bein.

Stilistisch wird das Moment der Bloßstellung verstärkt durch den Gegensatz zwischen völlig geschlossenem Torso, hervorgerufen durch die eng an Kopf und Körper angewinkelten Arme, und der breiten Spreizung der Schenkel. Schamlos auch wegen der unmittelbaren Beziehung von enthaartem Geschlecht und Nachttopf, dessen halbe Öffnung in diesem Kontext ans Obszöne heranreicht. Darunter dann der »rettende« Vanitas-Sinnspruch: O DIE STVND IST AVS. In seiner offenkundigen Lust an Körperlichkeit spekuliert das Bild natürlich auf voyeuristische Instinkte des Betrachters. Was an Bildern dieser Art ins Auge sticht, ist die Drastik von Sexualität und Tod.

Und das hat nicht unbedingt mit gutem Geschmack zu tun. Das werden die uns zeitgenössischen Arbeiten wiederentdecken. Die Künstler der Moderne setzen auf ähnliche Weise wie Beham den Schock bewußt als Kunstmittel ein und illustrieren damit, was das Thema an Tabuverletzungen ermöglicht.

9
Miguel de Cervantes, Die schöne Frau und der Tod vor Don Quijote (1605/15)

Im 35. Kapitel des zweiten Teiles des *Don Quijote* werden die aufwendigen und nicht sehr zarten Späße, die das Herzogspaar mit Don Quijote und Sancho treibt, fortgesetzt. Vor der Tribüne, auf der sie versammelt sind, fährt eine Parade von Wagen vorbei, die aufs merkwürdigste dekoriert und besetzt sind. In der Revue dieser Wagen mit den magisch-bizarren Darstellungen folgt nun ein staunenswertes Exemplar:

> »Nach dem Takte der lieblichen Musik kam ein Karren oder Wagen auf sie zu, einer von der Art, die man Triumphwagen nennt, von sechs grauen Maultieren gezogen, die mit weißem Linnen behangen waren. Auf jeglichem saß ein Kerl, aussehend wie einer, der zur Kirchenbuße geführt wird, das heißt ebenfalls weiß gekleidet und mit einer großen brennenden Wachsfackel in der Hand. Der Karren war zwei- oder auch dreimal so groß als die vorigen, und an den Seiten, sowie oben darauf, befanden sich noch zwölf solcher Bußbrüder in schneeweißen Kitteln, alle mit brennenden Fackeln, ein Anblick, der ebenso wunderbar wie schauerlich war; und auf einem hohen Throne saß eine Maid, gehüllt in zahllose Schleier aus Silberflor, durch welche allwärts zahllose Goldflitter hindurchglitzerten, so daß ihr Gewand, wenn nicht reich, so doch blendend war. Ihr Angesicht war in einen feinen durchsichtigen Schleier gehüllt, dessen Gewebe nicht hinderte, daß man ein wunderschönes Mädchengesicht erblickte, und die vielen Lichter gestatteten es, dessen Schönheit und Alter zu erkennen, das zwischen zwanzig und siebzehn Jahren zu liegen schien. Neben ihr saß eine Gestalt, in ein langes Schleppkleid bis über die Füße gehüllt, den Kopf mit einem schwarzen Schleier bedeckt. Im Augenblick aber, wo der Wagen dem herzoglichen Paare und Don Quijote gegenüber hielt, schwiegen die Oboen und gleich darauf die Harfen und Lauten, die auf dem Karren erklangen, und die Gestalt im Schleppkleide erhob sich, schlug das Gewand nach beiden Seiten auseinander, nahm den Schleier vom Kopf und zeigte sich allen Augen als die leibhaftige Gestalt des Todes, des häßlichen Gerippes. Darüber empfand Don Quijote Mißbehagen, Sancho zitterte vor Furcht, und auch Herzog und Herzogin zeigten sich ein wenig ängstlich.« (Cervantes 1956, S. 817 f.)

Die Todesgestalt gibt sich als Zauberer Merlin zu erkennen, der nun in einem pompösen Gedicht »mit einer Stimme, die ziemlich schläfrig« war, die Bedingungen enthüllt, mittels derer die zu einer Bauernmagd verzauberte Dulcinea wieder entzaubert werden könnte: Der arme Sancho solle sich selber dreitausenddreihundert Hiebe verpassen »hier auf sein mächtig Paar Sitzteile, beide, den Lüften ganz entblößt, und zwar so kräftig, daß ihn die Hiebe brennen, schmerzen, ärgern« (ebd., S. 819).

Sanchos Entrüstung folgt schließlich seine Erweichung, hervorgerufen nicht zuletzt durch die außerordentliche Schönheit des Mädchen neben dem Tod, das sich als Dulcinea zu erkennen gibt. Nachdem er unter einigen Bedingungen zugestimmt hat, sich die Hiebe zuzumessen, beginnen die Oboen erneut zu ertönen, feuern abermals unzählige Musketen, und der Karren setzt sich wieder in Bewegung: »Beim Vorüberfahren neigte die schöne Dulcinea ihr Haupt vor dem herzoglichen Paare und machte vor Sancho eine tiefe Verbeugung.« (Ebd., S. 824)

Unmittelbar darauf folgt eine heitere Landschaftsszene, die suggestiv an die Blumenwiesen erinnert, auf denen das Mädchen Proserpina mit ihren Gespielinnen tanzte und Blumen pflückte:

> »Und jetzt kam schon eiligen Schrittes die heiter lächelnde Morgenröte; die Blümlein des Feldes erschlossen sich und reckten die Köpfchen empor, und die flüssigen Kristalle der Bächlein, zwischen weißen und grauen Kieseln hinmurmelnd, eilten hinab, um den ihnen entgegenharrenden Strömen ihren Zoll zu entrichten; die Erde so freudig, der Himmel so hell, die Luft so rein, das Licht so heiter, jedes für sich allein und alles vereint deutete mit voller Gewißheit darauf, daß der Tag, der bereits auf Aurorens Schleppe trat, nicht minder hell und heiter sein würde.« (Ebd., S. 824 f.)

Es fehlen nur die Narzissen (s. S. 28). Die Erinnerung an die homerische Schilderung ist offenbar beabsichtigt. Denn die skelettierte Merlingestalt hatte schon das Motiv angeschlagen:

> »Es drang zu Plutos traurigen Höhlen
> Wo meine Seele sich damit vergnügte,
> Zu ziehn gewisse Linien und Figuren
> Der Schmerzensruf der Jungfrau ohnegleichen,
> Der schönen Dulcinea von Toboso.« (Ebd., S. 818)

So liegt die Vermutung nahe, daß das Paar auf dem Karren als Anspielung auf Plutos Raub der Proserpina verstanden werden will. Daß die verzaubert-entrückte Proserpina/Dulcinea sich dadurch »entzaubert«, daß sie eine handfeste Schimpfkanonade auf den verblüfften Sancho losläßt[1], gibt der Szene einen burlesken, ja karnevalesken Anstrich.[2] Die Szene schwankt zwischen Theaterposse und Narrenspiel. Sieht man die Szene isoliert, dann erinnert sie an die frühere Begegnung der beiden Protagonisten mit der Schauspielertruppe, die sich zwischen zwei dicht bei-

---

1 Und diesen so veranlaßt, eine grandiose Erziehungsepistel in Sachen Höflichkeit und Bitten vorzutragen!
2 »O du unglückseliger Schildknappe, du Waschlappenseele […] Haue dir, haue dir auf dein strotzendes Fleisch, du ungezähmtes Untier, und reiß aus deiner Trägheit heraus deinen Mut, der dich bis jetzt nur zum Essen und immer Essen antreibt …« (Ebd., S. 820 f.)

einanderliegenden Aufführungsorten nicht umgezogen hat und so auf einem einzigen Wagen den gesamten Kosmos repräsentiert: den Tod, einen Engel, die Königin, den Soldaten, den Kaiser.[1] Die Folge indessen von mehreren Wagen, die hier an dem Jagdstand, der Tribüne des Herzogspaares und des Helden, vorbeifahren, erinnert an einen Karnevalsumzug. Und nur Don Quijote und Sancho sehen nicht, daß der Triumph-Büßerwagen mit den weißen Gestalten ein Narrenwagen ist und daß sich die schaurige Todesgestalt schließlich als verkleidete Narrenfigur entpuppt. Das wird deutlich, wenn der Zauberer Merlin im Todeskostüm die Regie ergreift und, nunmehr in Prosa, einige Details der geforderten Selbstzüchtigung Sanchos nachschiebt, um die Angelegenheit noch drastischer werden zu lassen.[2]

Das Miteinander, hier sogar Ineins von Narr und Tod ist eines der geheimnisvoll-grellen Motive der frühen Neuzeit (s. Kaiser 1993 b). Das Fastnachtsspiel (mehr als die Commedia dell'arte) schimmert durch die Handlung, wenn Sancho dazu verdammt wird, sich die Hosen herunterzuziehen, um sich dreitausenddreihundert Schläge auf das nackte Hinterteil anzumessen, und wenn dadurch die Spielhandlung unversehens auf die Betrachter übergreift. Das Fastnachtsspiel hat Teil an der hintergründigen Logik dieser Szene: daß Narren den Narren etwas vorspielen.

Und doch bleiben Fragen offen: Warum zwängt sich der Zauberer Merlin in das Kostüm eines Totengerippes? Warum »sperrt« er seinen »Geist […] in den hohlen Raum dieses grimmigen schrecklichen Gerippes« (Cervantes 1956, S. 819)? Gewiß, er kommt aus »Plutos traurig dunkeln Höhlen«, also aus dem Totenreich, aber warum die Verkleidung? Ist es die suggestive Kraft, der elementare Gegensatz von junger schöner Frau und Tod, der den Regisseuren der Szene diese Verkleidung aufdrängte?

---

1 »Don Quijote wollte Sancho Pansa eine Antwort geben; aber ihn hinderte daran der Umstand, daß ein Wagen quer über die Straße einbog, der mit den mannigfaltigsten und seltsamsten Personen und Gestalten beladen war, die man sich vorstellen kann. Der Mann, der die Maultiere führte und das Amt des Kutschers versah, war ein mißgestalteter Teufel. Der Wagen war offen, so daß der Himmel hineinschien, ohne ein Zelt oder ein Korbgeflecht zum Dache. Die erste Gestalt, die sich Don Quijotes Blicken darbot, war die des Todes in eigner Person, jedoch mit einem Menschengesicht; neben ihm zeigte sich ein Engel mit großen buntbemalten Flügeln; zur Seite befand sich ein Kaiser mit seiner dem Anscheine nach goldenen Krone auf dem Kopfe; dem Tod saß zu Füßen der Gott, den man Kupido nennt, ohne Binde vor den Augen, jedoch mit Bogen, Köcher und Pfeilen. Auch war ein Ritter dabei, von Kopf zu Füßen bewehrt, nur daß er nicht Sturmhaube noch Helm aufhatte, sondern einen rings mit Federn in allen Farben geschmückten Hut.« (Ebd., S. 621 f.)
2 »Jedoch wenn er die ihm auferlegte Pön mit der Hälfte dieser Prügel abkaufen will, darf er sie sich von fremder Hand geben lassen, wenn es auch eine etwas schwere Hand sein sollte.« (Ebd., S. 820)

10
Matthias Claudius, *Der Tod und das Mädchen* (1775)

»Das Mädchen

Vorüber! Ach vorüber!
Geh, wilder Knochenmann!
Ich bin noch jung, geh, Lieber!
Und rühre mich nicht an.

Der Tod

Gib deine Hand, du schön und zart Gebild!
Bin Freund und komme nicht zu strafen.
Sei guten Muts! Ich bin nicht wild,
Sollst sanft in meinen Armen schlafen!«

Das Gedicht steht wie beiläufig in der Sammlung des *Wandsbecker Boten*, eine Sammlung, die Matthias Claudius selber herausgegeben hat und in der er 1775 ordnet, was während der vergangenen vier Jahre in seinem Journal von ihm erschienen war. Beiläufig ist es eingestreut zwischen einem schwachen Vierzeiler *Einem Rezensenten zu Ehren* und einem ebenso schwachen Dialoggedicht *Als Daphne krank war*. Nun ist die qualitative Spannweite ein Kennzeichen für Matthias Claudius, und deshalb darf nicht verwundern, daß ihm bisweilen und womöglich unbemerkt ein literarischer Geniestreich unterläuft.

Das Geheimnis dieser wenigen Verse beruht auf der Adaption und zugleich genialen Variation der alten Totentanz-Form. Dort spricht der Tod einen Standesvertreter in vier hölzernen, meist vierhebigen Versen, so etwa im ältesten deutschen Totentanz, dem sogenannten Heidelberger Blockbuch von 1465. Und der Angesprochene antwortet, ebenfalls in vier Versen, meist voller Angst, oft um Aufschub bittend, bisweilen schmeichelnd. Das ist das Grundmuster aller Totentanzverse wie sie unter oder über den Wandgemälden bzw. Schnitten und Stichen sich finden.

Eben dieses einfache und suggestive Grundmuster macht sich Claudius zu eigen. Sein großer Einfall ist die Verkehrung der Reihenfolge. Das Mädchen spricht zuerst, und der Tod antwortet. So kann der Tod reagieren, kann antworten, auf das Mädchen eingehen – verliert die starre Antwortlosigkeit der frühen Totentänze.

Und wie er reagiert! Kunstvoll antwortet jeder Vers der zweiten Strophe auf den entsprechenden der ersten:

Mädchen	Tod
Vorüber ...	Gib deine Hand ...
Geh, wilder Knochenmann	Bin Freund und komme nicht zu strafen
Ich bin noch jung ...	Ich bin nicht wild ...
Und rühre mich nicht an.	in meinen Armen schlafen.

Man kann das Gedicht als einen Vers- für Vers-Dialog lesen. Auf jede Zeile des Mädchens antwortet der Tod mit der entsprechenden Zeile. Das ist der Beleg der Form für das enge Verhältnis der beiden. Zur geschmeidig-zarten Antworthaltung des Todes gehört auch, daß seine Verse länger sind als die des Mädchens, wenigstens eine Hebung, daß er also erklären, Verständnis schaffen, trösten will.

Überraschend, daß auch dieses Gedicht die Nähe der beiden Gestalten – wie sie die Form verrät – durch ein erotisches Moment intensiviert. Die beiden Binnenverse des Mädchens variieren die Anrede des Todes auf verräterische Weise. »Geh, wilder Knochenmann / geh, Lieber«: So ist es nicht nur die Werbung des Todes (»du schön und zart Gebild«) und sein Versprechen der Sanftheit, das eine liebende Grundierung des Zwiegesprächs schafft, sondern ein offenkundiges Abgestoßen- und zugleich Hingezogensein des Mädchens.

Das ist etwas durchaus anderes als die Idyllisierung des Todes, wie sie schon in Hans Holbeins Holzschnitten ihren Anfang nimmt und wodurch diese sich so radikal vom brutalen, dämonischen und auch höhnischen Tod der alten Totentänze unterscheiden. Bei Claudius hat der Tod eine erotische Macht über das Mädchen – und dadurch hat das Mädchen teil an seiner Dämonie.[1] Fast scheint es, als seien Frau und Tod gleichermaßen der Sphäre des Humanen entrückt.

Das geht auch hinaus über die Todesvorstellung, die Claudius zu Beginn seiner Sammlung formuliert. Als »Schutzheiliger und Hausgott« eröffnet ein Kupferstich von »Freund Hain« das Buch. Dazu Claudius:

---

[1] Reinhold Hammerstein hat in der Einleitung seines großen Werks *Tanz und Musik des Todes* das Claudius-Gedicht als Kontrafakt zum oberdeutschen Totentanz des 14./15. Jahrhunderts gewählt. Er will zeigen, wie wenig das 18. Jahrhundert vom mittelalterlichen Original bewahrt hat – und mißversteht damit das Lied gründlich. Da er die offenkundig erotische Tönung nicht wahrnimmt, kommt er zu dem Urteil, daß »die alte grausige Tanzszene mit ihrer Unerbittlichkeit und dem zugleich warnenden Appell zu philanthropischer Milde aufgehellt« (1980, S. 13) sei.

Matthias Claudius, *Der Tod und das Mädchen* (1775)

»Die Alten solln ihn anders gebildet haben: als 'n Jäger im Mantel der Nacht, und die Griechen: als 'n Jüngling, der in ruhiger Stellung mit gesenktem trüben Blicke die Fackel des Lebens neben dem Leichname auslöscht. Ist 'n schönes Bild, und erinnert einen so tröstlich an Hain seine Familie und namentlich an seinen Bruder: wenn man sich da so den Tag über müde und matt gelaufen hat und kommt nun den Abend endlich so weit, daß man's Licht auslöschen will – hat man doch nun die Nacht vor sich wo man ausruhen kann! und wenn's denn gar den andern Morgen Feiertag ist!! 's ist das würklich ein gutes Bild vom Hain; bin aber doch lieber beim Knochenmann geblieben. So steht er in unsrer Kirch, und so hab ich 'n immer von klein auf vorgestellt daß er auf'm Kirchhof über die Gräber hinschreite, wenn eins von uns Kindern 's Abends zusammenschaudern tat, und die Mutter denn sagte: der Tod sei übers Grab gangen. Er ist auch so, dünkt mich, recht schön, und wenn man ihn lange ansieht wird er zuletzt ganz freundlich aussehen.« (Claudius 1775, S. 12)

Das ist konventionell, zitiert Lessing und rechtfertigt dazu doch den gut altdeutschen Aberglauben, den die Mutter ihren Kindern weitergibt. Das alles in volkstümlich-gemütlichem Ton, wie es die Kunstsprache des Wandsbecker Boten geworden war. Aber das ist ein ganz anderer Tod als derjenige seines Gedichts, der die Vereinigung mit dem Mädchen sucht und auf eine widerstrebend-liebende Frau trifft. Die Kraft der lyrischen Sprache hat Claudius in diesem Gedicht weit über seine biedere Vorstellungswelt hinausgerissen und etwas ausdrücken lassen, worüber er in Prosa kaum verfügt.

11
Franz Schubert, *Der Tod und das Mädchen* (1817/24)

In Schuberts zahlreichen Vertonungen von Todesgedichten, darunter drei von Matthias Claudius, ist die Vertonung von *Der Tod und das Mädchen* das bekannteste und wohl auch hervorragendste.

Im Frühjahr 1817 entstanden die beiden Lieder *Der Tod und das Mädchen* und *Der Jüngling und der Tod*. Sie sind offenbar aufeinander zukomponiert. Die Vorlage zu letzterem ist das – unsägliche – Gedicht *Der Jüngling und der Tod* von Josef von Spaun, eines engen Freundes Schuberts und nachmaligen Lotteriedirektors:

»Jüngling

Die Sonne sinkt, o könnt ich mit ihr scheiden,
Mit ihrem letzten Strahl entfliehn!
Ach diese namenlosen Qualen meiden
Und weit in schönre Welten ziehn!

O komme, Tod, und löse diese Bande!
Ich lächle dir, o Knochenmann,
Entführe mich leicht in geträumte Lande!
O komm und rühre mich doch an!

Der Tod

Es ruht sich kühl und sanft in meinen Armen,
Du rufst, ich will mich deiner Qual erbarmen.«

Da sind Anklänge an Claudius, die Schubert wohl bewogen haben mögen, sich des Stückes anzunehmen. Aber auch ohne solche Verse (»Entführe mich leicht in geträumte Lande!«) ist in der Haltung des Jünglings und des Todes die Nähe zum Kitsch offenkundig. Allein dem Umstand, daß es durch eine Vertonung Schuberts geadelt wird, verdankt es sein Überleben.

Zuvor aber hatte Schubert Claudius' Meisterwerk vertont (s. *Abb. 12*).

Franz Schubert, *Der Tod und das Mädchen* (1817/24)

Abb. 12: Franz Schubert, *Der Tod und das Mädchen*, Partitur

Die musikwissenschaftlichen Beschreibungen und Deutungen von Chr. Wolff (1982) und Peter Gülke (1991) mögen den disziplinären Standards entsprechen, für den Nicht-Musikwissenschaftler sind sie unverständlich. Das ärgerliche Gegenteil, nämlich eine wuchernde Metaphorik und Sinnzuschreibung, widerfährt dem Musikfreund, wenn er sich den eher populären Werkdeutungen anvertraut.[1]

Mein subjektives Hören ist natürlich bestimmt von der Interpretation des Claudius-Gedichtes (s. S. 43 ff.). Ich sehe in der Vertonung bestätigt, was im Gedicht zu entdecken war: nämlich neben allem Entsetzen und aller Abwehr auch Töne der Lockung, der Werbung, der Irritation des Mädchens. Vor allem die schmeichelnde Apostrophe »geh, Lieber!« ist so etwas wie ein innerer Wendepunkt im Verhalten des Mädchens, gewiß aber eine Widersprüchlichkeit. Eingefaßt durch zwei Viertelpausen gewinnt sie eine besondere Bedeutung. Auch löst sich das dissonante Stakkato, das die Singstimme bis zu »geh, Lieber« kommentiert, in eine ruhige Begleitung auf. Mir scheint, daß Schubert das Überraschende in dieser Apostrophe des Todes als »Lieber« deutlich wahrgenommen hat, deutlicher jedenfalls als die meisten professionellen Claudius-Interpreten.

Das Lied kehrt wieder im Werk Schuberts, und zwar 1824 in dem d-moll-Quartett *Der Tod und das Mädchen*. Freilich ist sich die zuständige Wissenschaft durchaus nicht einig, ob man bei dem Quartett von einer musikalischen Handlung sprechen darf, wie sie zweifellos bei der Liedvertonung vorliegt. So sieht jene Richtung, die auch den Instrumentalwerken biographische Hintergründe zurechnet und sie als Erzählung ausdeutet, einen Zusammenhang mit einer tiefen Krise des Komponisten im Frühjahr 1824. Darin habe Schubert »eine tiefgehende innere Entwicklung durchgemacht [...], als deren Ausdruck das d-moll-Quartett zu betrachten

---

[1] Man lese etwa die Deutung von Edvard Gronau aus dem Jahr 1993; hier die noch eher zurückhaltenden Partien: »Einhüllende Harmonien umgeben als Vor- und Nachspiel das in Wahrheit schreckliche Lied, denn erschreckend ist der Aufschrei des jungen Mädchens, des schönen und zarten Gebildes, voll Angst, voll Grauen, voll Abwehr gegen das Berührtwerden durch die Knochenhand des Todes. Die Pause macht die leere Stille des Entsetzens spürbar. Abwärts steigende Akkorde drücken die Unausweichlichkeit des Schicksals aus. Zwei ganze Zeilen lang singt die tiefe Todesstimme auf dem gleichen dunklen Ton, Ruhe suggerierend, hebt sich ein wenig zu freundlicherem Klang, um Vertrauen werbend, sinkt wieder hinunter in den Zwang der ruhevollen Dunkelheit, unendlich langsam schreitend, bis zuletzt feierlich erhaben. Die Zeit erlischt. Blühendes Leben, das nicht sterben will, Übermacht des Todes, der sanften Schlaf in seinen Knochenarmen zusagt – dieser unheimliche Widerspruch scheint dichterisch und musikalisch ausgeglichen. Aber es scheint nur so, denn der Schreckensschrei des Mädchens wurde nur betäubt (!). Ihre freiwillige Zustimmung bleibt aus. Die dunklen Wellen der Todesmusik überspielen alles und decken alles zu. Sie erklingen voll verzaubernder Schönheit, aber es ist eine dämonische Schönheit, ist magische Verzauberung. Claudius wußte etwas anderes gegen die Macht des Todes zu setzen. Man denke an den berühmten Brief an seinen Sohn. Auch Schubert lehnte sich in anderen Werken gegen diese Verzauberung auf, durchbrach sie. Nur eine immer noch geübte Verkennung kann das Lied so hören, als sei in ihm ein letztes tröstliches Wort über den Tod gesungen.« (Gronau 1993, S. 96)

Auch dem gutwilligsten Leser von Musikbeschreibungen bleibt ein Zögern, wie weit er sich solcher Beschreibung anvertrauen soll.

ist«.¹ Dagegen steht eine eher puristische musikwissenschaftliche Ansicht, daß das berühmte Quartett *Der Tod und das Mädchen* thematisch gar nichts mit dem Lied von 1817 zu tun habe, daß lediglich in seinem ersten Satz eines jener häufigen Zitate eines älteren Liedes zu vermerken sei. Den Titel hätten nämlich nachträglich Schubert-Verehrer geschaffen und damit eine entsprechende Interpretationslawine losgetreten.²

Solcherart konträre Positionen lassen den Musikliebhaber in Resignation zurück. Wer, wie der Autor, in Claudius' Gedicht und in der Liedvertonung schmeichelnde bis erotische Obertöne des Mädchens gehört hat, der wird sich durch den ersten, den zitierenden Satz des Quartetts bestätigt sehen. Das melodische Seitenthema, das wohl dem Mädchen gehört, ist in allen Variationen voller Süße und darin sehr erfolgreich gegen das dominante und rabiate Todesmotiv. Zudem löst sich das Gegeneinander dieser Motive ja streckenweise in ein spielerisches Miteinander auf – Stoff genug, auch in dieser Komposition die verwirrende Verschränkung von Eros und Tod zu hören; Stoff indes, der in diesem Falle auf sehr unsicherem Grund ruht.

---

1 Walter und Paula Rehberg 1947, S. 297. Die erzählerisch ausdeutende Richtung – Edvard Gronau möge dafür stehen – sieht in den vier Sätzen des Quartetts ein vollendetes Drama: »Rüttelnde Triolen eröffnen den ersten Satz, gewissermaßen als Motto dem ganzen Werk vorangestellt. Das trotzig vorwärtsschreitende Hauptthema tritt auf, herrisch, dazwischenfahrend, sobald das gesangvoll melodische Seitenthema erscheint und sich zu entfalten beginnt. Immer neu aufblühend, wird es stets unterdrückt und abgewürgt. Der Satz versinkt zum Ende in flüsternde Trauer und Düsternis.

Der zweite Satz singt das Lied des Todes, feierlich, Ruhe ausströmend, lind streichelnd, friedevoll beglückend, in herrlich melodischen Bögen, zauberisch schönen Tönen, leicht hineingetupft, träumerische Süße höchster Geigenklänge, einschmeichelnd, bestrickend. Aber in der dritten und fünften Variation bricht ein Aufbegehren durch, wird die Melodie des Todes dringlich, herrisch, schlägt für einen Augenblick seinen brokatnen Mantel auf (sic!) und droht mit seiner Wildheit. Dann wieder große Stille, wunderbare Schönheit bestrickend süßer Töne, mit sanfter Hand wird alle Gegenwehr beschwichtigt, in Traum und Glück verwandelt, zeitlos. Der dritte Satz fällt darüber her, ein rhythmisch scharf geprägtes herrisches Thema, das durch ein zwischendurch aufleuchtendes idyllisches Trio nur um so stärker akzentuiert ist. Die düstere Stimmung der Ecksätze erfüllt diesen Teil des Werkes.

Im letzten vierten Satz steigert sich jagend dahinhastend die Stimmung des Anfangs zum atemlosen Totentanz des Finales. Ein helles, fast strahlend hymnisches Seitenthema kommt einmal zur vollen Entfaltung, bleibt Stückwerk. Harte Gegenstriche brechen es gewaltsam ab, das jagende Hauptthema bricht sich rücksichtslos Bahn, wirre Wirbel, hingetupfte Töne, quälendes Jagen, gegen das die hymnische Melodie nicht ankommt. Nach letzten jagenden wilden Wirbeln entscheidet ein jäher Schlußstrich den Ausgang.« (Gronau 1993, S. 97 f.)

Das hört sich einleuchtend an, auch wenn uns die riskante Bildlichkeit dieser Interpretation (der Tod »schlägt für einen Augenblick seinen brokatnen Mantel auf und droht mit seiner Wildheit«) bisweilen in Atem hält. Dennoch bleibt die Gefahr, daß hier ein »nachträgliches Libretto« entstanden ist.

2 Vgl. Gülke 1991, S. 210.

12
Gottfried August Bürger, *Lenore* (1773)

Eine der populärsten und wirkungsmächtigsten Inszenierungen des Zusammentreffens von Mädchen und Tod ist Gottfried August Bürgers Ballade *Lenore* von 1773:

»Lenore fuhr ums Morgenrot
Empor aus schweren Träumen:
›Bist untreu, Wilhelm, oder tot?
Wie lange willst du säumen?‹
Er war mit König Friedrichs Macht
Gezogen in die Prager Schlacht,
Und hatte nicht geschrieben,
Ob er gesund geblieben.

Der König und die Kaiserin,
Des langen Haderns müde,
Erweichten ihren harten Sinn
Und machten endlich Friede;
Und jedes Heer, mit Sing und Sang,
Mit Paukenschlag und Kling und Klang,
Geschmückt mit grünen Reisern,
Zog heim zu seinen Häusern.

Und überall, allüberall,
Auf Wegen und auf Stegen,
Zog alt und jung dem Jubelschall
Der Kommenden entgegen.
Gottlob! rief Kind und Gattin laut,
Willkommen! manche frohe Braut.
Ach! aber für Lenoren
War Gruß und Kuß verloren.

Sie frug den Zug wohl auf und ab
und frug nach allen Namen;
Doch keiner war, der Kundschaft gab,
Von allen, so da kamen.
Als nun das Heer vorüber war,

Zerraufte sie ihr Rabenhaar
Und warf sich hin zur Erde
Mit wütiger Gebärde.

Die Mutter lief wohl hin zu ihr: –
›Ach, daß sich Gott erbarme!
Du trautes Kind, was ist mit dir?‹ –
Und schloß sie in die Arme. –
›O Mutter, Mutter! hin ist hin!
Nun fahre Welt und alles hin!
Bei Gott ist kein Erbarmen.
O weh, o weh mir Armen!‹ –

›Hilf Gott, hilf! Sieh uns gnädig an!
Kind, bet' ein Vaterunser!
Was Gott tut, das ist wohlgetan.
Gott, Gott erbarmt sich unser!‹ –
›O Mutter, Mutter! Eitler Wahn!
Gott hat an mir nicht wohlgetan!
Was half, was half mein Beten?
Nun ist's nicht mehr vonnöten.‹ –

›Hilf Gott, hilf! Wer den Vater kennt,
Der weiß, er hilft den Kindern.
Das hochgelobte Sakrament
Wird deinen Jammer lindern.‹ –
›O Mutter, Mutter! was mich brennt,
Das lindert mir kein Sakrament!
Kein Sakrament mag Leben
Den Toten wiedergeben.‹ –

›Hör, Kind! Wie, wenn der falsche Mann
Im fernen Ungerlande

Sich seines Glaubens abgetan
Zum neuen Ehebande?
Laß fahren, Kind, sein Herz dahin!
Er hat es nimmermehr Gewinn!
Wann Seel' und Leib sich trennen,
Wird ihn sein Meineid brennen.‹ –

›O Mutter, Mutter! Hin ist hin!
Verloren ist verloren!
Der Tod, der Tod ist mein Gewinn!
O wär' ich nie geboren!
Lisch aus, mein Licht, auf ewig aus!
Stirb hin, stirb hin in Nacht und Graus!
Bei Gott ist kein Erbarmen.
O weh, o weh mir Armen!‹ –

›Hilf Gott, hilf! Geh nicht ins Gericht
Mit deinem armen Kinde!
Sie weiß nicht, was die Zunge spricht.
Behalt ihr nicht die Sünde!
Ach, Kind, vergiß dein irdisch Leid,
Und denk an Gott und Seligkeit!
So wird doch deiner Seelen
Der Bräutigam nicht fehlen.‹ –

›O Mutter! Was ist Seligkeit?
O Mutter! Was ist Hölle?
Bei ihm, bei ihm ist Seligkeit,
Und ohne Wilhelm Hölle! –
Lisch aus, mein Licht, auf ewig aus!
Stirb hin, stirb hin in Nacht und Graus!
Ohn' ihn mag ich auf Erden,
Mag dort nicht selig werden.‹ – – –

So wütete Verzweifelung
Ihr in Gehirn und Adern,
Sie fuhr mit Gottes Vorsehung
Vermessen fort zu hadern;
Zerschlug den Busen und zerrang
Die Hand bis Sonnenuntergang,
Bis auf am Himmelsbogen
Die goldnen Sterne zogen.

Und außen, horch! ging's trapp, trapp,
    trapp,
Als wie von Rosseshufen;
Und klirrend stieg ein Reiter ab,
an des Geländers Stufen;
Und horch! und horch! den Pfortenring
Ganz lose, leise, klinglingling!
Dann kamen durch die Pforte
Vernehmlich diese Worte:

›Holla, Holla! Tu auf, mein Kind!
Schläfst, Liebchen, oder wachst du?
Wie bist noch gegen mich gesinnt?
Und weinest oder lachst du?‹ –
›Ach Wilhelm, du? -So spät bei Nacht? –
Geweinet hab' ich und gewacht;
Ach, großes Leid erlitten!
Wo kommst du hergeritten?‹ –

›Wir satteln nur um Mitternacht.
Weit ritt ich her von Böhmen.
Ich habe spät mich aufgemacht,
Und will dich mit mir nehmen.‹ –
›Ach, Wilhelm, erst herein geschwind!
Den Hagedorn durchsaust der Wind,
Herein, in meinen Armen,
Herzliebster, zu erwarmen!‹ –

›Laß sausen durch den Hagedorn,
Laß sausen, Kind, laß sausen!
Der Rappe scharrt; es klirrt der Sporn,
Ich darf allhier nicht hausen.
Komm, schürze, spring und schwinge dich
Auf meinen Rappen hinter mich!
Muß heut noch hundert Meilen
Mit dir ins Brautbett eilen.‹ –

›Ach! wolltest hundert Meilen noch
Mich heut ins Brautbett tragen?
Und horch! es brummt die Glocke noch,
Die elf schon angeschlagen.‹ –
›Sieh hin, sieh her! der Mond scheint hell.
Wir und die Toten reiten schnell.
Ich bringe dich, zur Wette,
Noch heut ins Hochzeitsbette.‹ –

›Sag an, wo ist dein Kämmerlein?
Wo? Wie dein Hochzeitsbettchen?‹ –
›Weit, weit von hier! – Still, kühl und klein! –
Sechs Bretter und zwei Brettchen!‹ –
›Hat's Raum für mich?‹ – ›Für dich und mich!
Komm, schürze, spring und schwinge dich!
Die Hochzeitsgäste hoffen;
Die Kammer steht uns offen.‹ –

Schön Liebchen schürzte,
              sprang und schwang
Sich auf das Roß behende;
Wohl um den trauten Reiter schlang
Sie ihre Lilienhände;
Und hurre hurre, hopp hopp hopp!

Ging's fort mit sausendem Galopp,
Daß Roß und Reiter schnoben
Und Kies und Funken stoben.

Zur rechten und zur linken Hand,
Vorbei vor ihren Blicken,
Wie flogen Anger, Heid' und Land!
Wie donnerten die Brücken! –
›Graut Liebchen auch! –
    Der Mond scheint hell!
Hurra! die Toten reiten schnell!
Graut Liebchen auch vor Toten?‹ –
›Ach nein! – Doch laß die Toten!‹ –

Was klang dort für Gesang und Klang?
Was flatterten die Raben? –
Horch, Glockenklang! Horch, Totensang:
›Laßt uns den Leib begraben!‹
Und näher zog ein Leichenzug,
Der Sarg und Totenbahre trug.
Das Lied war zu vergleichen
Dem Unkenruf in Teichen.

›Nach Mitternacht begrabt den Leib
Mit Klang und Sang und Klage!
Jetzt führ' ich heim mein junges Weib.
Mit, mit zum Brautgelage!
Komm, Küster, hier! Komm mit dem Chor,
Und gurgle mir das Brautlied vor!
Komm, Pfaff, und sprich den Segen,
Eh' wir zu Bett uns legen!‹ –

Still Klang und Sang. –
    Die Bahre schwand. –
Gehorsam seinen Rufen,
Kam's, hurre, hurre! nachgerannt,
Hart hinters Rappen Hufen.
Und immer weiter, hopp hopp hopp!
Ging's fort in sausendem Galopp,
Daß Roß und Reiter schnoben,
Und Kies und Funken stoben.

Wie flogen rechts, wie flogen links
Gebirge, Bäum' und Hecken!
Wie flogen links und rechts und links
Die Dörfer, Städt' und Flecken! –
›Graut Liebchen auch? –
    Der Mond scheint hell!
Hurra! die Toten reiten schnell!
Graut Liebchen auch vor Toten?‹ –
›Ach! Laß sie ruhn, die Toten!‹ –

Sieh da! sieh da! Am Hochgericht
Tanzt um des Rades Spindel,
Halb sichtbarlich bei Mondenlicht,
Ein lustiges Gesindel. –
›Sasa! Gesindel, hier! Komm hier!
Gesindel, komm und folge mir!
Tanz uns den Hochzeitsreigen,
Wann wir zu Bette steigen!‹ –

Und das Gesindel, husch husch husch!
Kam hinten nachgeprasselt
Wie Wirbelwind am Haselbusch
Durch dürre Blätter rasselt.
Und weiter, weiter, hopp hopp hopp!
Ging's fort in sausendem Galopp
Daß Roß und Reiter schnoben,
Und Kies und Funken stoben.

Wie flog, was rund der Mond beschien,
Wie flog es in die Ferne!
Wie flogen oben überhin
Der Himmel und die Sterne! –
›Graut Liebchen auch? –
    Der Mond scheint hell!
Hurra! die Toten reiten schnell!
Graut Liebchen auch vor Toten?‹ –
›O weh! Laß ruhn die Toten!‹ – – –

›Rapp'! Rapp'! Mich dünkt,
    der Hahn schon ruft
Bald wird der Sand verrinnen –
Rapp'! Rapp'! Ich wittre Morgenluft –
Rapp'! Tummle dich von hinnen! –
Vollbracht, vollbracht ist unser Lauf!
Das Hochzeitsbette tut sich auf!
Die Toten reiten schnelle!
Wir sind, wir sind zur Stelle‹ – – –

Rasch auf ein eisern Gittertor
Ging's mit verhängtem Zügel.
Mit schwanker Gert' ein Schlag davor
Zersprengte Schloß und Riegel.
Die Flügel flogen klirrend auf,
Und über Gräber ging der Lauf.
Es blinkten Leichensteine
Rundum im Mondenscheine.

Ha sieh! Ha sieh! Im Augenblick,
Huhu! ein gräßlich Wunder!
Des Reiters Koller, Stück für Stück,
Fiel ab wie mürber Zunder.

Zum Schädel, ohne Zopf und Schopf,
Zum nackten Schädel ward sein Kopf;
Sein Körper zum Gerippe,
Mit Stundenglas und Hippe.

Hoch bäumte sich, wild schnob der Rapp',
Und sprühte Feuerfunken;
Und hui! war's unter ihr hinab
Verschwunden und versunken.
Geheul! Geheul aus hoher Luft,
Gewinsel kam aus tiefer Gruft.

Lenorens Herz mit Beben
Rang zwischen Tod und Leben.

Nun tanzten wohl bei Mondenglanz,
Rundum herum im Kreise,
Die Geister einen Kettentanz,
Und heulten diese Weise:
›Geduld! Geduld! Wenn's Herz auch bricht!
Mit Gott im Himmel hadre nicht!
Des Leibes bist du ledig;
Gott sei der Seele gnädig!‹«

Das über das Fernbleiben des Geliebten wahnsinnig werdende Mädchen versündigt sich in ihrer Verzweiflung gegen Gott.

»Gott hat an mir nicht wohlgetan!
Was half, was half mein Beten?
Nun ist's nicht mehr vonnöten.«

So ist es nur folgerichtig, daß sie um Mitternacht von einem dämonischen Geliebten entführt wird, der sich schließlich nach einem wilden Ritt als Totengerippe, als Wiedergänger (s. dazu Kap. 20) enthüllt. Ein grausiger Toten-Kettentanz ist das Finale.

Da ist vor allem wieder das Motiv der erotischen Sehnsucht nach dem Tod:

»O Mutter, Mutter! Hin ist hin!
Verloren ist verloren!
Der Tod, der Tod ist mein Gewinn!
O wär ich nie geboren!
Lisch aus, mein Licht, auf ewig aus!
Stirb hin, stirb hin in Nacht und Graus!
Bei Gott ist kein Erbarmen
O weh, o weh mir Armen!«

»Der Tod, der Tod ist mein Gewinn« – das ist das Enite-Motiv, sterben als körperliche Vereinigung mit dem Tod.

Wichtig sind auch hier die ästhetischen Effekte, vor allem die mehrdeutigen Dialoge um Erotik und Tod. Sie umspielen die Grenzsituation einer zögerlich-wollüstigen Hingabe an den Liebhaber Tod. Erst in dieser Grenzsituation fallen dann auch die moralischen Barrieren. Zuvor im Gespräch mit der Mutter ist die Regelverletzung eher blasphemischer Art: So schleudert das Mädchen dem mütterlichen Appell

»›Ach, Kind, vergiß dein irdisch Leid,
und denk an Gott und Seligkeit!‹«

die ästhetisch heiklen Verse entgegen:

»›O Mutter, was ist Seligkeit?
O Mutter! Was ist Hölle!
Bei ihm, bei ihm ist Seligkeit,
Und ohne Wilhelm Hölle!‹«

Dagegen ist der Dialog mit dem kalten Liebhaber in seiner erotischen Mehrdeutigkeit von deutlich größerer Direktheit, vor allem aber ihr wilder Entschluß, sich dem nächtlichen Reiter anzuvertrauen:

>»Schön Liebchen schürzte, sprang und schwang
> Sich auf das Roß behende;
> Wohl um den trauten Reiter schlang
> Sie ihre Lilienhände.«

Hier wird offenkundig genossen, was auch schon Manuels Blatt reizvoll machte: der Kitzel von Erotik und Vanitas in einem. Bereits die ersten Verse der Ballade thematisierten dies leitmotivisch in der Ambiguität von Untreue und Tod:

> »Lenore fuhr ums Morgenrot
> Empor aus schweren Träumen:
> ›Bist untreu, Wilhelm, oder tot?‹«

Der Reiz der Dialoge zwischen dem Tod und dem Mädchen besteht darin, daß das Mädchen die Situation der brautlichen Vereinigung sucht und der Tod die Terminologie aufgreift, jedoch das gemeinsame Grab meint. Musterhaft vorgebildet in Frage und Antwort zum »Hochzeitsbette«:

> »›Sag an, wo ist dein Kämmerlein?
> Wo? Wie dein Hochzeitsbettchen?‹–
> ›Weit, weit von hier! – Still, kühl und klein! –
> Sechs Bretter und zwei Brettchen!‹ –
> ›Hat's Raum für mich?‹ – ›Für dich und mich! …‹«

Hochzeitsbett und Grab, Erotik und Vanitas, Vereinigung und Tod – in der Vertauschung, dem vorgeblichen Mißverstehen, dem Ineinanderfließen liegt der erotisch-makabre Reiz. *Lenore* ist eine Gründerballade der literarischen Vampirmode. Das ist eines der Geheimnisse ihrer enormen Wirkung.

Die psychologisch-feministische Interpretation sieht mit scharfem Blick, daß hier der Wunsch nach Selbstbestrafung obwalten muß. Denn weibliche Sexualität, so Sarah Webster Goodwin, sprengt die gesellschaftlichen Normen (»implicitly […] placing her own sexual desires before the requirement of civilized behavior«), wird als extrem bedrohlich empfunden und muß deshalb gezüchtigt werden. Mehr noch: »Her punishment has sadistic overtones«, und der Tanz der Toten schließlich ist »a symbolic extension of her own sexuality«.[1]

Die Wirkung der Ballade auf die europäische Literatur war enorm. Allein in England erschienen noch vor der Jahrhundertwende sechs verschiedene Übersetzungen, die glücklichste durch Walter Scott.

---

1 Goodwin 1988, S. 68 f.

13
Heinrich Heine, *Die Jungfrau schläft in der Kammer* (1826)

In der Abteilung »Heimkehr« findet sich in Heines *Buch der Lieder* das makaberschöne Gedicht, das schon 1826 im ersten Band der *Reisebilder* erschienen war:

> »Die Jungfrau schläft in der Kammer,
> Der Mond schaut zitternd hinein;
> Da draußen singt es und klingt es,
> Wie Walzermelodei'n.
>
> ›Ich will mal schaun aus dem Fenster,
> Wer drunten stört meine Ruh'.‹
> Da steht ein Totengerippe,
> Und fiedelt und singt dazu:
>
> ›Hast einst mir den Tanz versprochen,
> Und hast gebrochen dein Wort,
> Und heut ist Ball auf dem Kirchhof,
> Komm mit, wir tanzen dort.‹
>
> Die Jungfrau ergreift es gewaltig,
> Es lockt sie hervor aus dem Haus;
> Sie folgt dem Gerippe, das singend
> Und fiedelnd schreitet voraus.
>
> Es fiedelt und tänzelt und hüpfet,
> Und klappert mit seinem Gebein,
> Und nickt und nickt mit dem Schädel
> Unheimlich im Mondenschein.«

Das Lied gehört in die Reihe der schauerromantischen Lyrik-Inszenierungen Heines. In dem an Totentänzen reichen 19. Jahrhundert sind die *Traumbilder* (1882), die später den Auftakt zum *Buch der Lieder* bilden, von besonderem poetischen und kulturgeschichtlichen Gewicht. Die Rahmengeschichte entfaltet sich im sechsten Lied:

> »Im süßen Traum, bei stiller Nacht,
> Da kam zu mir mit Zaubermacht,
> Mit Zaubermacht, die Liebste mein,
> Sie kam zu mir ins Kämmerlein.

> Ich schau sie an, das holde Bild!
> Ich schau sie an, sie lächelt mild,
> Und lächelt, bis das Herz mir schwoll,
> Und stürmisch kühn das Wort entquoll:
>
> ›Nimm hin, nimm alles, was ich hab,
> Mein Liebstes tret ich gern dir ab,
> Dürft ich dafür dein Buhle sein,
> Von Mitternacht bis Hahnenschrein.‹
>
> Da staunt mich an gar seltsamlich,
> So lieb, so weh, so inniglich,
> Und sprach zu mir die schöne Maid:
> ›Oh, gib mir deine Seligkeit!‹
>
> ›Mein Leben süß, mein junges Blut,
> Gäb ich, mit Freud' und wohlgemut,
> Für dich, o Mädchen engelgleich –
> Doch nimmermehr das Himmelreich.‹«

Das Ende vom Lied aber ist:

> »Und immer enger wird der Kreis,
> Und immer summt die Schauerweis':
> ›Du gabest hin die Seligkeit,
> Gehörst uns nun in Ewigkeit!‹«

Schließlich findet die Brautnacht auf dem Kirchhof statt. Manfred Windfuhr hat es so beschrieben:

> »In immer neuen Schüben füllt sich der Kirchhof mit realen und surrealen Figuren, die an der makabren Trauung teilnehmen wollen. Ammen, Musiker, Totengräber, Blumenmädchen, Köchinnen, Hexen, Skelette und Tiermenschen versammeln sich nacheinander und geben dem Paar ihr Geleit. Ein Pastor mit Pferdefuß und Schwanz nimmt die Trauungszeremonie vor. Während im sechsten Traumbild noch ein einzelnes Paar den Mittelpunkt des Tableaus ausmacht, werden wir im siebten Zuschauer einer Revue von Liebestoten auf dem Friedhof. Ein Spielmann führt die tolle Liebesjagd an und animiert sechs Tote, von ihren unglücklichen Schicksalen zu berichten. Dabei erfahren wir überraschende Anekdoten tragikomischen Liebesgeschicks und -mißgeschicks. Heine schafft einen grotesken Totentanz, wie es ihn in unserer Literatur selten gegeben hat.« (Windfuhr 1974, S. 69)

Das strukturierende Thema aber bleibt bis zum Ende erhalten: das Liebesverlangen des Dichters nach der »marmorblassen Maid«[1], das glühende männliche Seh-

---

1 Dazu gehört auch die Nr. 32 der Abteilung »Lyrisches Intermezzo« im *Buch der Lieder*:

> »Mein süßes Lieb, wenn du im Grab,
> Im dunkeln Grab wirst liegen,
> Dann will ich steigen zu dir hinab,
> Und will mich an dich schmiegen.

nen und die eiskalte Brust der Frau – das romantische Vergnügen an der toten schönen Frau. Hinzu kommt die burleske Revue der Liebestoten: Das ist die Revue des Fastnachtsspiels, die mit großer Drastik die erotischen Mißgeschicke der bäuerischen Hanswurste ausbreitet.

Eine Begegnung des Mädchens mit dem Tod ist nicht darunter. Insofern ist das Lied *Die Jungfrau schläft in der Kammer* einzigartig.

Das Motiv ist in der Wiedergänger-Literatur verbreitet: die nichtbezahlte Schuld, die der Tote nun einfordert.[1] Auch hat das Lied alles, was zum Thema »Mädchen und Tod« gehört. Die Walzermelodie, der Ball, die Einladung zum Tanz. Sogar eine erotische Komponente ist spürbar, wenn es die Jungfrau »gewaltig ergreift«, wenn Musik und Totengerippe sie »hervor aus dem Haus« locken. Auch läßt der offene Schluß das Geschehen in reizvoller Schwebe.

Und doch ist das Lied eher dürr und ohne Faszination. Das gebrochene Tanzversprechen zeigt, daß hier ein verschmähter einstiger Liebhaber wiederkehrt und sein Recht einfordert. Dadurch gerät der Volksliedton ins Moritatenhafte. Auch formal läßt das Lied Wünsche offen. Ein Vers wie: »Ich will mal schaun aus dem Fenster …« ist in seiner Banalität Heine nicht oft unterlaufen.

(Forts.:)
  Ich küsse, umschlinge und presse dich wild,
  Du Stille, Du Kalte, Du Bleiche!
  Ich jauchze, ich zittre, ich weine mild,
  Ich werde selber zur Leiche.

  Die Toten stehn auf, die Mitternacht ruft,
  Sie tanzen in luftigem Schwarme;
  Wir beide bleiben in der Gruft,
  Ich liege in deinem Arme.

  Die Toten stehn auf, der Tag des Gerichts
  Ruft sie zu Qual und Vergnügen;
  Wir beide bekümmern uns um nichts,
  Wir bleiben umschlungen liegen.«

---

1 Das Lied von dem untreuen Mädchen, das der Geliebte zum Totentanz verführt, findet sich in *Wilhelms Geist*, einem Lied aus dem Schottischen in Herders Volkslied-Ausgabe:

  »Da kam ein Geist zu Gretchens Tür
  Mit manchem Weh und Ach!
  Und drückt' am Schloß und kehrt' am Schloß
  Und ächzte traurig nach.«

Gretchens Tür geht auf, das Gespenst legt sich an Gretchens Seite; am frühen Morgen war sie tot.

  »O bleib, mein Treulieber, bleib,
  Dein Gretchen ruft dir nach –
  Die Wange blaß, ersank ihr Leib,
  Und sanft ihr Auge brach.«

14
Der Walzer – der Tanz der Sünde

Die Ballade der unglücklichen Lenore traf eine Zeitstimmung, in der der Tod immer wieder als Tänzer auf den Bällen oder als Verführer in den Boudoirs der Damen erscheint. Besonders viel öffentliche Sympathien hat er, wenn er eine liederliche junge Mutter, die ihr krankes Kind zu Hause gelassen hat, auf einem Tanzvergnügen erwischt (s. Goodwin 1988, S. 135). Der Tod als Galan auf Bällen, insbesondere auf Maskenbällen, wird zu Beginn des 19. Jahrhunderts in der populären Literatur und der Graphik geradezu endemisch. Sein Lieblingstanz ist der Walzer. Die entrüsteten und eifernden Urteile über den Walzer sind nicht zu zählen. Er gilt als »a thinly-veiled occasion for sexual gratification in public, even to the point of orgasm« (ebd., S. 142).

Seinen zwielichtigen Charakter verdankt der Walzer nicht nur der körpernahen, den Partner umfangenden Tanzweise. Er ist von Anfang an auch politisch verdächtig. Seit er im vorrevolutionären Europa sich vom Ländler gelöst und damit seinen Siegeszug auch auf dem Parkett begonnen hatte, gilt er als der »demokratische«, bisweilen auch »bürgerliche« Tanz. Er löst zunehmend das höfische Menuett ab und ist so ein musikalischer Indikator für die neuen aufsteigenden Schichten. Seit dem Wiener Kongreß hat er auch die adlige Welt erobert. Eine zweite große Walzerwelle spült durch Europa.

In Georg Büchners Dramenfragment *Woyzeck* wird die sprachlose Triebhaftigkeit des Walzers zum katastrophenauslösenden Moment – und die Formulierung »even to the point of orgasm« ist da keine Übertreibung: Woyzeck steht am offenen Fenster des Wirtshauses und sieht seine Marie sich verlieren in einem wilden Walzer mit dem Tambourmajor. Sie begleitet den Walzerrhythmus ihrer Bewegungen mit den stoßweisen Ausrufen: »Immer zu, immer zu –«, und Woyzeck erkennt, was er nur ahnte. Der im Walzer symbolisierte Sexualverkehr zwischen Marie und dem Major stachelt Woyzeck zum Mord an. Er steht verzweifelt vor dem allgewaltigen Trieb: »Warum bläst Gott nicht die Sonn aus, daß alles in Unzucht sich übereinander wälzt, Mann und Weib, Mensch und Vieh. Tut's am hellen Tag, tut's

Der Walzer – der Tanz der Sünde   59

einem auf den Händen wie die Mücken! – Weib – das Weib ist heiß, heiß! – Immer zu, immer zu!« (Büchner 1967, S. 422)

Der Walzer ist der Tanz der Sünde. Der beste musikalische Beleg ist die Vertonung von Salomes »Tanz der sieben Schleier« in Richard Strauss *Salome* (s. dazu Kap. 17). Die gehörige Strafe für diese triebhaften, im besten Fall genußsüchtigen Frauen ist dann der Tod als Tanzpartner. So will es die Moral des 19. Jahrhunderts. Am treffendsten setzt das eine Illustration in E. H. Langlois' großem Werk *Essai historique, philosophique et pittoresque sur les danses des morts* ins Bild.

Abb. 13: E. H. Langlois, Illustration zu *Essai historique, philosophique et pittoresque sur les danses des morts*

Der Tod hält die Hände des Mädchens fest gepackt und führt sie in einer Art Walzerdrehung vor ein offenes Grab. Die Illustration ist von großer Drastik, nicht nur wegen der Gespenster, der geflügelten Totenköpfe und der aus dem Boden hervorkriechenden Totengestalt im Vordergrund. Die junge, womöglich bräutliche Frau steht auf Zehenspitzen und hat zugleich die Arme erhoben, was dem Betrachter einen ungehinderten Blick auf die schönen Brüste erlaubt, die durch ein nachlässig verrutschtes Mieder freigegeben werden.

Die dargestellte Sexualität ist offenkundig nur in solch apotropäischem Kontext möglich. Auch wer mit dem Entdecken von Phallus-Symbolik zurückhaltend ist, wird zugeben, daß das geschwungene Horn der Teufelsfigur, die vor der Todesgestalt sitzt, sich auffällig dem jungen Mädchenleib entgegenreckt. Und daß diese satyrhafte Teufelsfigur genau dort plaziert ist, wo der Unterleib des Todes beginnt, wird ebenfalls kaum Zufall sein.

Lediglich der traurig-gefaßte Gesichtsausdruck des Mädchens gibt dem Betrachter des Bildes das gute Gewissen, an einer verdienten Exekution teilzunehmen und so – bei allem heimlichen Schauvergnügen – doch die öffentliche Moral zu stärken.

Weniger drastisch, aber auch nicht weniger eindrucksvoll, hat Thomas Rowlandson dies zwei Jahrzehnte früher in seiner Karikatur »The Waltz« aus dem

Abb. 14: Thomas Rowlandson, *The Waltz*

English Dance of Death[1] festgehalten. Der Walzer ist eine Droge, die Tänzerin und Tänzer berauscht.

Der Tod als Tanzpartner scheint keine Überraschung für das Mädchen zu sein, obwohl er keine Maske, keine Bekleidung außer einem kessen Umhang trägt. Der Tanz dauert offenbar schon länger und das Mädchen neigt sich selbstvergessen-walzerselig ihrem Tänzer zu. Hubertus Schulte Herbrüggen kommentiert: »Zu den Klängen eines Violine-spielenden Tanzmeisters, der mit dem Fuß den Takt angibt, dreht sich ein Paar im modischen Walzerschritt: Sie, eine bekränzte junge Schöne in wallendem Seidenkleid mit wehendem Schalgürtel, Er, der lächelnde Tod mit fliegender kurzer Pelerine, artig die Dame führend. Dennoch gefällt dem bezahlten Ludimagister der Galan nicht; vor seinem Anblick zurückweichend, entfährt ihm:

»By Gar, that horrid, strange Buffon Cannot keep time to any Tune.«	(»Bei Gott, der schreckliche fremde Hanswurst kann auch zu *keiner* Melodie den Takt halten.«)[2]

Die Magie des Walzers hält die schöne Frau in den Armen des Todes gefangen. Selbst hier aber lagert sich in die erzieherische Absicht ein erotisches Moment ein. Die schöne junge Frau hält die Knochenhände ihres Galans fest, um ihn in diesem Moment der Drehung, in dem sie sich ja vom Partner löst, nicht zu verlieren.[3] Es ist die alte und immer neue Verführung durch Musik und Tanz, von denen man ja weiß, daß bei ihnen Tod und Teufel nicht weit sind.

---

1 »Rowlandsons *English Dance of Death*, eine Serie von 72 Zeichnungen mit Zweizeilern des damals soeben verstorbenen William Combe, war zuerst bei (dem Verleger Rudolf G.K.) Ackermann als Fortsetzungsfolge, monatlich drei Drucke, zwischen dem 1. April 1814 und dem 1. März 1816 erschienen. Sie gehört zu Rowlandsons spätesten und ambitioniertesten Publikationsunternehmungen. Die meisten Originalzeichnungen finden sich heute in großen Bibliotheken: die *Huntington Library* in San Marino, Ca., besitzt die größte Sammlung, daneben die *Spencer Collection* in der *New York Public Library* und die *Harry Elkins Widener Collection* in *Harvard*. […] Die Totentanz-Sammlung der *Universität Düsseldorf* besitzt den kompletten Satz seiner Totentanz-Radierungen.« (Schulte Herbrüggen 1993, S. 165 f.)
2 Schulte Herbrüggen 1993, S. 184.
3 Man hat die Karikatur in Beziehung gesetzt zu Emma Bovarys Tanz auf Vaubyessard, ja sogar zu ihrer Geschichte überhaupt (siehe das folgende Kapitel).

15
Madame Bovary (1857) – ein Totentanz?

Emma Bovary erlebt zwei Schlüsselszenen, in denen sich abbildet, was das 19. Jahrhundert immer wieder dem Walzer zuschreibt: die Nähe von Rausch, Sexualität und Tod. So verwundert es nicht, daß man diesen großen Roman eines großen Jahrhunderts als Danse macabre verstehen will.[1] Zweimal ist Emma Bovary auf einem Ball, und jedesmal ist ein Walzertanz der Höhepunkt. So auf Schloß Vaubyessard, wohin Emma ihre erste große Einladung erhält. Nach dem Souper, »um drei Uhr begann der Kotillon«. Emma wird von einem Tänzer, »den man schlechtweg ›Vicomte‹ nannte«, aufgefordert und gibt sich, nach tastenden Anfangsversuchen, ganz dem Tanz hin:

> »Sie begannen langsam, allmählich tanzten sie schneller, endlich wirbelten sie dahin. Alles drehte sich rund um sie: die Lichter, die Möbel, die Wände, der Parkettboden, als ob sie in der Mitte eines Kreisels wären. Einmal, als das Paar dicht an einer der Türen vorbeitanzte, wickelte sich Emmas Schleppe um das Bein ihres Tänzers. Sie fühlten sich beide und blickten einander in die Augen. Ein Schwindel ergriff Emma. Sie wollte stehenbleiben. Aber es ging weiter: der Vicomte raste nur noch rascher mit ihr dahin, bis an das Ende der Galerie, wo Emma, völlig außer Atem, beinahe umsank und einen Augenblick lang ihren Kopf an seine Brust lehnte. Dann brachte er sie, von neuem, aber ganz langsam tanzend, an ihren Platz zurück. Es schwindelte sie; sie mußte den Rücken anlehnen und ihr Gesicht mit der einen Hand bedecken.« (Flaubert 1986, S. 78).

Die zweite Ballszene, in offenkundiger Parallelität komponiert, findet sich im Schlußteil des Romans. Es ist der Maskenball, den Emma am Fastnachtsabend besucht: »In seidenen Kniehosen und roten Strümpfen, eine Rokokoperücke auf dem Kopfe und einen Dreimaster auf dem linken Ohr, tollte und tanzte sie durch die laute Nacht. Es bildete sich eine Art Gefolge um sie ...« (Ebd., S. 385)

Augenscheinlich das Moment des Ekstatischen, der Entgrenzung und des Außer-Sich-Seins, augenscheinlich auch die Kategorie des Lustvoll-Sündhaften,

---

[1] Besonders pointiert in: Goodwin 1985. Siehe dazu den abgewogenen Beitrag von Ley in Link 1993.

das schon die mittelalterlichen Autoren so sehr angezogen hatte. Das lädt alle Freudianer ein, mehr als nur literarische Traditionen zu sehen: womöglich doch den Kampf von Eros und Thanatos.

Außerdem hat Flaubert als Sechzehnjähriger eine »Danse des morts« geschrieben – ein eher mäßiges, romantisch-pathetisches, z. T. etwas gewalttätiges Machwerk.[1] Auch erinnert die Studie von Sarah Webster Goodwin daran, daß er sich lebenslang seinem väterlichen Freund Eustache Hyacinth Langlois verbunden fühlte, eben dem Verfasser des für seine Zeit maßgeblichen *Essai historique, philosophique et pittoresque sur les danses des morts*. Für Goodwin sind die beiden Ballszenen und die Sterbeszene Emmas, als sie den Gesang des blinden Bettlers hört, die Schlüssel für ihre Deutung der *Madame Bovary* als geheimer Totentanz. Denn vom Totentanz-Frühwerk Flauberts spinnen sich offensichtlich keine direkten Fäden zur *Madame Bovary*. Im übrigen sieht sie eher formale Anklänge (»Episodes take the place of the pairs«[2]) sowie eine implizite Nähe zu Sigmund Freuds berühmtem Aufsatz »Das Motiv der Kästchenwahl«.

Gewiß ist der Maskenball eine moralisch verrufene Veranstaltung, gewiß auch ist Emma Bovary auf einer immer abschüssiger werdenden Bahn. Aber ist das mehr als nur eine motivliche Imprägnierung?[3] Angesichts der Einschränkungen, die Goodwin ihrer These gegenüber selber macht[4], wird man nicht davon reden können, daß *Madame Bovary* durch eine verborgene Motivstruktur des Totentanzes organisiert würde.

1 Gustave Flaubert, »La danse des morts« (1838), in: *Œuvres complètes de Gustave Flaubert*, Bd. VI, Paris 1885.
2 Goodwin 1985, S. 206.
3 So ähnlich auch Klaus Ley: »Die Figuren, Requisiten und Handlungselemente in *Madame Bovary*, die zur Stützung der Totentanzthese angeführt werden, lassen sich mit wenigen Abweichungen und Ergänzungen auch zur Begründung ihres Gegenteils in Anspruch nehmen. Das gilt nicht nur für den schönen jungen Vicomte, sondern sogar noch für den blinden Bettler, der wegen seiner grotesken Wirkung bislang allein für die Totentanzdeutung reklamiert worden ist, zumal er an die ›danse des aveugles‹, eine Sonderform der ›danse macabre‹, erinnert. Bezogen auf das Werkganze von *Madame Bovary* werden beide Vorstellungsbereiche, die ja – als Totentanz und Freudentanz – die Qualität von Gemeinplätzen haben, latent und in ironischer Brechung als eher metaphorische Verweisgrößen angeboten, um Assoziationen zur Sinnfindung zu stiften, die sich ergänzen, aber ebenso gegenseitig aufheben können. Die Ambivalenz, mit der Flaubert das Grundmuster des Tanzes ausgestattet hat, findet sich übrigens mit einer in der Anlage gleichen Begründung bereits bei G. Kastner, der 1852 sein großes Werk über die Totentänze veröffentlicht hat.« (Ley 1993, S. 247)
4 »It is clearly an overstatement to argue that Rodolphe as horseman symbolizes Death, just as it is an overstatement to say that the dance of death is overtly present as a motiv in the novel. Both are among several aspects of the iconography of death which do not intrude upon the mimetic fabric. But they remain like a level of the text which is in fact absent, finding its existence in the mental file of commonplaces which the reader brings to the work.« (Goodwin 1985, S. 207)

Ganz ähnliches gilt für jene Fälle, in denen die Bildungssprache immer schon gern zur Redewendung vom Totentanz greift, um einen Aspekt besonders plastisch hervorzuheben. Zwar tut man *Don Giovanni* keine Gewalt an, wenn man ihn als eine Revue der Begegnungen des Todes mit den Mädchen interpretiert. Auch für die Memoiren Casanovas wird man einen solcherart deutenden Gemeinplatz verwenden dürfen, ebenso für einige Romane des Marquis de Sade, vielleicht auch für den *Faust*. Freilich: Wollten wir sie alle strikt unter dem Aspekt der Begegnung der Mädchen mit dem Tode lesen, so würden wir sie doch einebnen und mißverstehen – und es würde unsere Darstellung von solch umfassender Allgemeinheit, daß sie all ihr Besonderes verlöre.

16
Max Slevogt, *Totentanz* (1896) – Tanz im Mittelalter

Seinen ersten großen Verkaufserfolg hatte Max Slevogt mit dem *Tanz der Salome* 1895 (s. Guthmann 1920, S. 59). Es war so recht ein Gemälde für ein Publikum, das sich von Nietzsches Kult des dionysischen Rausches als Kult der Ursprünglichkeit begeistern ließ.[1] Jede Zeit hat ihre Mythen, mittels derer sie die Entfremdung zwischen Mensch und Natur rückgängig machen, »aufheben« will. Das letzte Drittel des 19. Jahrhunderts ließ sich den Mythos von Nietzsche vorgeben: »Unter dem Zauber des Dionysischen […] [feiert] auch die entfremdete, feindliche und untergejochte Natur wieder ihr Versöhnungsfest mit ihrem verlorenen Sohne, dem Menschen« – so formulierte er in der *Geburt der Tragödie aus dem Geiste der Musik* (1984, S. 29). Der Geist der Zeit war offen für Begriffe wie Rausch, Entgrenzung, Lebensfeier – und hat den Tanz, die neuen Tanzformen, als adäquaten Ausdruck seines Lebensstils verstanden.[2] Es ist die Geburtsstunde der berühmten Tanz-Etablissements, der Variétés und Café Concerts am Montmartre. Hier werden jetzt die großen Tanz-Stars gemacht – und es sind jetzt plötzlich Frauen.

1 Das Gemälde ist verschollen. Es existiert nur als Schwarz-Weiß-Reproduktion. Siehe Wäcker 1993, S. 111.
2 »Maßgeblich für die große Tanzreform des ausgehenden Jahrhunderts, die verschiedene neue Varianten von Bühnentänzen hervorbrachte und das Ballett modernisierte: Die tänzerischen Darbietungen entwickelten sich zum Publikumsmagneten. Der Tanz wurde zu einem der bevorzugten Themen in der bildenden Kunst, er fand seinen Platz in Dichtung, Poesie und Musik, und er avancierte zum Gegenstand der Ästhetik. Der Tanz beherrschte die Jahrzehnte um die Jahrhundertwende in verschiedenen Varianten und Facetten: Ob als Äußerung spontaner Lebensfreude in Form der lebensbejahenden Variété-Tänze, ob im Sinne der geheimnisvollen orientalischen Tänze oder in der Art der neuen Kunsttänze, die auf rhythmischen Grundbewegungen basierten und einem natürlichen Körper- und Seelengefühl entsprangen – der Tanz kam den Bedürfnissen der Jahrhundertwende entgegen und wurde zu deren Verkünder im Sinne einer ganzen Lebensanschauung. Als Gegenentwurf zum Technologie- und Fortschrittsdenken eines materialistisch orientierten Zeitalters galt der Tanz als unmittelbarster Ausdruck für die Suche nach dem ursprünglichen Sein.« (Wäcker 1993, S. 16) Siehe auch Theissing 1971.

Seit Mitte der neunziger Jahre ist Slevogt vom Thema des Tanzes fasziniert. Das geht einher mit einer neuen Malweise, die deutlich dramatischer, effektvoller, schmissiger ist. Mag sein, daß das Tanzthema sogar eine der Ursachen dafür ist.

Abb. 15: Max Slevogt, *Tanz der Salome* (1895)

»Die Figur der Salome ist fast unbekleidet. Ein netzartiges Büstier bedeckt nur eine ihrer Brüste. Eine wild bewegte, lange Schleierbahn ist über ihre rechte Schulter gelegt. Das eine Ende bauscht sich über Salomes rechter Hüfte, das andere schwingt hinter ihrem Rücken als Nachhall der Bewegung weit nach rechts aus. Mittels der divergierenden Bewegungstendenzen und der impulsiven Malweise mit der raschen, fast chaotisch anmutenden Pinselführung entsteht der Eindruck eines rauschhaften Tanzes. Durch die halbgeöffneten Lippen und den lasziv wirkenden Blick, der unter gesenkten Wimpern hindurch auf den Betrachter gerichtet ist, sowie das hingebungsvolle Gebaren hat Slevogt Salome als hemmungslose Verführerin dargestellt. Ihren Tanz interpretierte er als Sinne stimulierenden, Urkräften entspringenden Taumel.« (Wäcker 1993, S. 109)

Ein Jahr nach seiner *Salome* hat Slevogt dann das dem 19. Jahrhundert so wichtige Motiv vom Walzertanz auf dem Maskenball gültig ins Bild gesetzt: in seinem Gemälde *Totentanz* von 1896.

In dem Gemälde scheint sich die Frau aus einer Tanzbewegung herauszudrehen und packt mit der Rechten das Kostüm ihres Tänzers, um ihn mitzureißen in den offenkundigen Höhepunkt: die Demaskierung. Ihre Larve ist ihr schon vom Gesicht gerutscht. Sie ahnt noch nicht oder will nicht wissen, was der Betrachter schon sieht: daß der Tod ihr Tänzer ist.

Max Slevogt, *Totentanz* (1896) – Tanz im Mittelalter 67

Abb. 16: Max Slevogt, *Totentanz* (1896)

Der klare großflächige Aufbau des Bildes intensiviert das Motiv von Rausch und Bewegung. Die Hälfte des Bildes – in der Diagonale – ist dunkel, fast schwarz: Das Kostüm des Tänzers und das Kleid der Frau sind schon ununterscheidbar ineinandergeflossen. In dieses dunkle Dreieck hinein greifen die nackten Arme der Frau. Sie wollen den in Gegenrichtung sich drehenden Tänzer herum- oder hochziehen in das durch nackte Schultern und Ballsaalhintergrund gebildete helle Dreieck. Doch der Betrachter ahnt: Es ist die letzte Drehung der Frau.

Eros und Tod, der letzte Augenblick der Täuschung und Selbsttäuschung und vor allem: Tanz und Tod sind die Themen des Bildes. Es sind die sparsamen Mittel, die malerische Konsequenz, die Delikatesse der Darstellung, die das Gemälde zum großen Kunstwerk machen, und es sind die halben Allusionen und Traditionserinnerungen, die von hier aus eine Brücke schlagen zum Ur- und Vorbild.

In diesem Gemälde findet der Totentanz wieder seine ursprünglich dämonische Kraft. Das grausige Erschrecken der Menschen im Mittelalter gilt ja nicht der

Totengestalt – das Gerippe war ein vertrauter Nachbar. Was die Menschen aufstört, ist der Umstand, daß das Gerippe tanzt.

Es gibt eine geheime Verwandtschaft zwischen der Vorstellung des dämonischen Tanzes im ausgehenden 19. Jahrhundert und der Erregtheit des späten Mittelalters angesichts der unkontrollierbaren Wirkungen des Tanzes. Um die sexuelle Sprengkraft vor allem des Paartanzes in einer Welt christlicher Sexualmoral zu erahnen, müssen wir den eifernden Sittenpredigern zuhören. Etwa dem wirkungsmächtigen Volksprediger Geiler von Keysersberg im 15. Jahrhundert:

> »Man treibt zu unsern Zeiten solche unziemliche Üppigkeit unter dem Tanzen, das vor nie ersehen noch erhört ist worden. […] Darnach findet man Klötz (= junge Kerle), die tanzen also säuisch und unflätig, dass sie die Weiber und Jungfrauen dermaßen herumschwenken und in die Höhe werfen, dass man ihnen hinten und vornen hinaufsiehet bis in die Weich […] und haben es bisweilen die Jungfrauen (so anders solche noch Jungfrauen zu nennen sein) fast gern, wenn man sie also schwenket, dass man ihnen ich weiß nicht wohin sieht. Pfui! der großen Schand und Unzucht, dass du dies Ort muthwilligerweise entblößest, das doch Gott und die Natur will verborgen haben. O Schand über Schand!«[1]

Abb. 17: Basler Totentanz, *Tod und Wucherer*

Tanz und Sexualität liegen nahe beieinander, und das macht die Faszination des tanzenden Gerippes aus. Sehen wir nur genau hin: Es ist fast immer der Tod, der die grotesken Tanzsprünge vollführt.

Der gesprungene Paartanz – das zeigen noch die Totentanz-Darstellungen – scheint von großer Ausgelassenheit, Wildheit und Derbheit gewesen zu sein,

---

1 Zit. n. Kaiser 1993 a, S. 67. Dort auch eine knappe Skizze der Rolle und Bewertung des Tanzes im mittelalterlichen Lebenszusammenhang.

scheint jenen in Tanz und Spiel geheimnisvoll verborgenen Möglichkeiten der Entgrenzung, des Außer-sich-Seins, nahe gekommen zu sein.

Und wenn nun gar der Tod tanzt, dann usurpiert er den Inbegriff des Lebendigen, den Tanz, für sich: Er äfft gleichsam das Leben nach, führt eine grausig-foppende Imitation des Lebens vor – das macht das eigentliche Grauen des Totentanzes aus. Zugleich aber liegt darin ein elementarer ästhetischer Reiz, denn Tanz ist allemal die reinste Form des Spiels, ist Bewegung um ihrer selbst willen, ist ursprüngliche, lustvolle Lebensäußerung.

Abb. 18: Basler Totentanz, *Tod und Bürgerin*

Daß der Tanz ein Werk des Teufels ist, belegen jene kollektiven Ausbrüche von Tanzwut, von der zum Teil ganze Landstriche befallen werden. So kommt es im Zeitalter der Pest vor, daß die Menschen massenweise zu tanzen und zu rasen anfangen, bis sie erschöpft niederfallen. Es kommt bei diesen Formen der Massenhysterie zu den anstößigsten Szenen, wie die Chroniken im Detail vermerken. Überhaupt steht der tanzende Tod für den Gläubigen des späten Mittelalters offenbar in einem engen assoziativen Zusammenhang mit dem tanzenden Teufel.

Das bedeutet, daß sich in den Totentänzen mit dem Motiv des Tanzes ein Strom von Vitalität bahnbricht. Und dieses Paradoxon: Vitalität und Tod – Totentanz und Lebenslust, das scheint das ästhetische Geheimnis der Totentänze zu sein: Das immer auch lustvolle Erschrecken und Grausen. Denn der mittelalterliche Totentanz ist für eine Zeit gedichtet und gemalt, die weiß, daß der Tanz immer Liebesspiel und Liebeswerben und daß sein Ziel die endliche Vereinigung ist.

Freilich: Das Hüpfen und Tanzen des Todes ist nicht lustig. Das Miteinander von Tod und Vitalität, von Schrecken und Lust, von Grauen und ekstatischer Hin-

Abb. 19: Niklaus Manuel, *Kaiserin und Königin*

gabe – das ist vielmehr die Sphäre eines Dämons. Und das Strukturprinzip dieses Dämonischen ist der ästhetische Schock des Miteinander von Tanz und Tod.

Am Ausgang des Mittelalters beobachten wir eine merkwürdige Veränderung. Die modernen Totentänze seit Holbein (nach 1526) kennen den tanzenden Tod kaum noch. Meist sind Tod und Opfer eher anekdotisch einander verbunden, sei es, daß eine berufsspezifische Tätigkeit des Opfers dargestellt wird, sei es, daß der Tod eine situationsgerechte Verkleidung gewählt hat. Der Tod hat dann nichts mehr zu schaffen mit dem boshaften Tanzdämon des Mittelalters, er ist von seinen dämonischen Wesenszügen gereinigt, ist gleichsam modernisiert, indem man ihm das Tanzen austrieb.

Erst das 19. Jahrhundert hat wieder die Sprengkraft des dämonischen Tanzes entdeckt, hat ihn in die Nähe gebracht zu dem faszinierend-schönen Angstkonstrukt der Femme fatale und hat ihn so – ganz ähnlich dem späten Mittelalter – jenseits der Grenzen der Wohlanständigkeit etabliert. Das garantiert seinen Reiz auf Dauer.

17
Die *Salome* von Oscar Wilde, Aubrey Beardsley und Richard Strauss

Eine extreme Ausgestaltung der Motivkette Sexualität, Tod, Tanz ist der Salome-Stoff. Die biblische Vorlage verdeckt noch – und rationalisiert damit –, was die Romantik schließlich herausarbeitet: daß die ekstatische Sexualität tötet, was sie gewalttätig begehrt.

Ob die Geschichte in unseren Zusammenhang gehört, ist schwer zu entscheiden. Denn die Begegnung des vor Verlangen brennenden Mädchens mit dem Tod findet bestürzend real statt: Salome wird den Totenkopf, das abgeschlagene Haupt Johannes', auf den Mund küssen.

Man muß von den Hintergrund- und Seitenmotiven absehen: Die Bosheit der Herodias in den biblischen Berichten des Matthäus (14, 1-12) und Markus (6, 17-28) spielt bei Oscar Wilde keine auslösende Rolle mehr. Salome muß von ihr nicht aufgehetzt werden, um das Haupt Johannes' zu fordern: Sie rächt sich vielmehr dafür, daß der keusche Prophet sie verschmäht hat.[1]

Die »Tragödie in einem Akt« ist ein Muster der Einheit von Ort, Zeit und Handlung. Das Geschehen spielt auf einer »großen Terrasse im Palast des Herodes, die an den Bankettsaal stößt. [...] Rechts eine mächtige Treppe, links im Hintergrund eine alte Zisterne mit einer Einfassung aus grüner Bronze. Der Mond scheint sehr hell« – so die Regieanweisung Oscar Wildes.[2]

Eine zwanghafte, ja somnambule Atmosphäre liegt schwer über dem Geschehen: zunächst der Begegnung der Salome mit dem schrecklichen, im Wissen seiner Prophetie versteinerten Propheten. Als das Mädchen Salome ihn aus seinem Zisternen-Gefängnis heraufholen läßt, sieht sie ihn so:

---

1 Heinrich Heine ist ihm darin vorausgegangen. Im *Atta Troll* wird Salome durch die Zurückweisung ihrer Liebe zu ihrer rasenden Forderung getrieben (Hinweis bei Link 1993, S. 42).
2 Ich zitiere aus der schönen Ausgabe der Insel Bücherei in der Übertragung von Hedwig Lachmann. Seitenangaben im Text. Salome erschien zuerst in Paris in französischer Sprache und wurde 1894 von Alfred Douglas ins Englische übersetzt.

»Seine Augen sind von allem das Schrecklichste. Sie sind als ob schwarze Löcher mit Fackeln in einen syrischen Teppich gebrannt worden wären. Sie sind wie die schwarzen Höhlen, wo die Drachen leben, die schwarzen Höhlen Ägyptens, wo die Drachen hausen. Sie sind wie schwarze Seen, aus denen irres Mondlicht flackert ...« (S. 20)

Sie sieht einen Totenkopf. Und sie entbrennt in brünstiger Liebe zu ihm, dessen »Fleisch sehr kühl sein [muß], kühl wie Elfenbein ...«. Und der Prophet ist voller Angst um seine Reinheit und wehrt sich gegen sie mit aller biblischen Abscheu, die ihm zu Gebote steht:

»Jochanaan. Zurück, Tochter Babylons! Komm dem Erwählten des Herrn nicht zu nahe! [...] Zurück, Tochter Babylons! Durch das Weib kam das Übel in die Welt. Sprich nicht zu mir. Ich will dich nicht anhören. Ich höre nur auf die Stimme des Herrn, meines Gottes.« (S. 20 f.)

Doch das Mädchen preist und verflucht zugleich seinen weißen Leib (»Dein Leib ist weiß wie die Lilien auf dem Felde [...] Dein Leib ist wie ein übertünchtes Grab, voll widerlicher Dinge«), preist und verflucht zugleich seine schwarzen Haare, preist und verflucht zugleich seinen roten Mund – und mündet schließlich in das Begehren:

»Laß mich ihn küssen, deinen Mund! [...] Jochanaan. ›Niemals! Tochter Babylons! Tochter Sodoms! Niemals!‹« (S. 24)

Unter welchem Zwang das Mädchen handelt, wird in der Form sichtbar. Siebenmal wiederholt sie in einer brünstigen Litanei, wonach sie brennt: »Ich will deinen Mund küssen, Jochanaan.« Die Litanei hat solche Gewalt über sie, daß sie nicht wahrnimmt, als der junge Syrer, der sie aus der Ferne liebt, sich tötet und zwischen sie und den Propheten fällt. »Laß mich deinen Mund küssen, Jochanaan!«, so fährt sie unverwandt fort.

In dem Augenblick, als Herodes mit seinem Hof auf die Terrasse heraus ins Mondlicht tritt, gewinnt der Mond auch über ihn Gewalt:

»Herodes. Wie der Mond heute nacht aussieht! Es steckt Seltsames in ihm. Ist es nicht ein seltsames Bild! Er sieht aus wie ein wahnsinniges Weib, ein wahnsinniges Weib, das überall nach Buhlen sucht. Und nackt ist, ganz nackt. Die Wolken wollen seine Nacktheit bekleiden, aber das Weib läßt sie nicht. Es stellt sich nackt am Himmel zur Schau, wie ein betrunkenes Weib, das durch die Wolken taumelt [...] Gewiß, es sucht nach Buhlen. Sieht es nicht aus wie ein betrunkenes Weib? Es steckt heute etwas im Mond wie ein wahnsinniges Weib, nicht?« (S. 26)

In die Dialoge des Herodes mit Salome, mit der giftig dreinredenden Herodias, in die religiösen Streitereien der Juden und die von Jesus berichtenden Nazarener fährt siebenmal schwer und lastend die Stimme des Johannes aus der Zisterne. Seine apokalyptischen Drohungen machen die Szene auf dem Balkon noch surrea-

Die *Salome* von Oscar Wilde, Aubrey Beardsley und Richard Strauss 73

ler. Dazwischen das entscheidende Wort eines zwischen Lüsternheit und Langeweile schwankenden Königs:

»Herodes. Tanz für mich, Salome. […] Wenn du für mich tanzest, kannst du von mir begehren, was du willst, ich werde es dir geben. Ja, tanz für mich, Salome, und was du immer von mir begehren magst, das will ich dir geben, und wärs die Hälfte meines Königreichs.« (S. 44)

Merkwürdig karg dann das zentrale Geschehen und die Regieanweisung:

»Salome. Ich bin bereit, Tetrarch. *Salome tanzt den Tanz der sieben Schleier.*« (S. 48)

Und voller Banalität die Reaktion des Herodes:

»Herodes. Ah! Wundervoll! Wundervoll! Siehst du, sie hat für mich getanzt, deine Tochter. Komm her, Salome, komm her, du sollst deinen Lohn haben. Ah! Ich zahle denen königlichen Preis, die mir zur Lust tanzen wollen! Ich will dich königlich belohnen. Ich will dir alles geben, was dein Herz begehrt. Was willst du haben? Sprich!
    Salome *knieend*. Ich möchte, daß sie mir gleich in einer Silberschüssel …
    Herodes *lachend*. In einer Silberschüssel? Gewiß doch, in einer Silberschüssel! Sie ist reizend, nicht? Was ist es, das du in einer Silberschüssel haben möchtest, o süße, schöne Salome, du, die schöner ist als alle Töchter Judäas? Was sollen sie dir in einer Silberschüssel bringen? Sag es mir! Was es auch sein mag, du sollst es erhalten. Meine Reichtümer gehören dir. Was ist es, das du haben möchtest, Salome?
    Salome *steht auf*. Den Kopf des Jochanaan.« (S. 48)

Herodes reagiert irritiert, dann abwehrend, dann beschwichtigend und schließlich bereit, von seinen Schätzen herzuschenken, was ihm das Liebste ist, wenn sie nur absehe von diesem einen Wunsch. Doch siebenmal fährt Salome in die Suada des Stiefvaters: »Gib mir den Kopf des Jochanaan!«

Gegen das kühle Ritual dieses Begehrens kann Herodes nur immer neue Juwelen und Kostbarkeiten setzen – vergeblich. Schließlich die makaber-hocherotische Prozedur mit dem Haupt des Johannes:

»Salome. Ah! Du wolltest mich deinen Mund nicht küssen lassen, Jochanaan. Wohl! Ich will ihn jetzt küssen. Ich will mit meinen Zähnen hineinbeißen, wie man in eine reife Frucht beißen mag. Ja, ich will ihn küssen, deinen Mund, Jochanaan. […] Du wolltest mich nicht haben, Jochanaan! Du wiesest mich von dir. Du sprachst böse Worte gegen mich. Du benahmst dich gegen mich wie gegen eine Hure, wie gegen ein geiles Weib […] Ah! Jochanaan, Jochanaan, du warst der Mann, den ich allein von allen Männern liebte.« (S. 58 f.)

Als schließlich eine große Wolke den Mond verhüllt und die Bühne dunkel wird, hört man nur noch die Stimme der Salome:

»Die Stimme der Salome. Ah! Ich habe deinen Mund geküßt, Jochanaan; ich hab ihn geküßt, deinen Mund. Es war ein bitterer Geschmack auf deinen Lippen. Hat es nach Blut geschmeckt? … Nein; doch schmeckte es vielleicht nach Liebe … Sie sagen, daß die Liebe bitter schmecke … Doch, was tuts, was tuts? Ich habe deinen Mund geküßt, Jochanaan, ich hab ihn geküßt, deinen Mund!« (S. 60 f.)

Salome hat es richtig wahrgenommen. Der Prophet hat sie nicht wie ein Mädchen, wie ein Kind behandelt, sondern wie eine Hure, wie ein geiles Weib. In der Tat war ja der Dialog zwischen Salome und Jochanaan geradezu ein sexueller Austausch. Der Prophet hatte in abwehrender, in apotropäischer Lust sich diesem begehrlichen Kind gestellt: »Tochter der Unzucht! Tochter einer blutschänderischen Mutter! Tochter Sodoms! Tochter Babylons!«, so hatte er sie genannt und sie damit zur sexuellen Heroine werden lassen. Salome wird ihm sofort zum Ersatz für die Mutter, deren Sexualität er in inniger Feindschaft zugetan ist, sie, »die sich den Hauptleuten Assyriens« und den »jungen Männern der Ägypter gegeben hat [...]: Geht, heißt sie aufstehen von dem Bett ihrer Greuel, vom Bett ihrer Blutschande«. Was diesen Mann umtreibt, überträgt er sofort auf Salome. Es ist bedeutsam, daß es Johannes ist, der in den ersten Worten mit Salome das Sexualmotiv anschlägt:

> »Jochanaan. Wer ist dieses Weib, das mich ansieht? Ich will ihre Augen nicht auf mir haben. Warum sieht sie mich an mit ihren Goldaugen unter den gleißenden Lidern? Ich weiß nicht, wer sie ist. Ich will nicht wissen, wer sie ist. Heißt sie gehen. Zu ihr will ich nicht sprechen.
> Salome. Ich bin Salome, die Tochter der Herodias, Prinzessin von Judäa.
> Jochanaan. Zurück, Tochter Babylons! Komm dem Erwählten des Herrn nicht zu nahe! Deine Mutter hat die Erde erfüllt mit dem Wein ihrer Lüste, und das Unmaß ihrer Sünden schreit zu Gott.« (S. 20)

Das blutige, sexuelle Spiel, das Salome schließlich mit dem Haupte des Täufers treibt, ist nur der Höhepunkt einer gewalttätigen Sexualbeziehung von Anfang an. Das Mädchen ist seinem Tod begegnet. Ihre letzten Worte träumerischer Lust (»Ich habe deinen Mund geküßt, Jochanaan, ich hab ihn geküßt, deinen Mund!«) scheinen anzuzeigen, daß sie weiß, daß es auch ihr Tod ist.

> »Herodes *wendet sich um und erblickt Salome.* Man töte dieses Weib! *Die Soldaten stürzen vor und zermalmen Salome, die Tochter der Herodias, Prinzessin von Judäa, unter ihren Schilden.*« (S. 61)

Nur wenige Begegnungen zwischen dem Mädchen und dem Tod haben so viel Sexualität und Gewalt zugleich in sich. Hier wird der Liebestrieb buchstäblich zum Todestrieb – und deshalb ist Salome eine Urszene für die Dialektik von Eros und Thanatos.

Die Illustrationen von Aubrey Beardsley stammen aus dem Jahre 1904. Sie sind gerade durch ihre Kühle und formale Glätte eine kongeniale Übersetzung von Wildes Dichtung. Freilich, mir scheint, daß erst durch die »Übersetzung« Beardsleys die kindliche Erotomanin Salome nun zur Femme fatale wird. Für Beardsley ist sie das schöne, kaum kultivierte Sinnentier. Dazu tragen vor allem die pflanzlich-dekorativen Stilmittel bei, deren Naturhaftigkeit zugleich die surreale und zwanghafte Atmosphäre verstärkt.

Die Begegnung zwischen Salome und Johannes ist die Begegnung zwischen zwei schönen Menschen, ganz so wie Salome es sieht. Auf Beardsleys Bild beugt sich die neugierige Prinzessin fragend vor, der Prophet ist stumm, abwehrend (vielleicht sogar dem Betrachter den Rücken zukehrend, das ist nicht deutlich), jedenfalls einen Arm an die Hüfte gepreßt, als wolle er sich vor dem Fallen bewahren. Das Bild illustriert die unbefangene, freilich hochdekorative Erotik des Mädchens. Die Ablehnung Jochanaans ist indessen auf dem Bild ungleich edler als im Text, wo sie fanatisch und deshalb getrieben von heimlicher Angst ist.

Abb. 20: Aubrey Beardsley, *Jochanaan und Salome* (1904)

Der Tanz der sieben Schleier vor dem lüsternen König und seinen Männern ist wahrlich ein Todestanz. Beardsley macht es durch die – ganz in der Tradition der Totentänze stehende – Todes- oder Teufelsfigur als Musikant deutlich. Salome steht nun in betonter Nacktheit vor ihrem Ziehvater und will den Preis dafür.

Abb. 21: Aubrey Beardsley, *Salomes Tanz* (1904)

Dem viktorianischen England, das sich entsetzt an dem Bild delektierte, wurde es zum Skandal vor allem dadurch, daß offenbar ein Bauchtanz dargestellt ist. Er galt als Gipfelpunkt von Erotik und Perversion. Die kreisende Bewegung des Unterleibs wird in ihrer Wirkung verstärkt durch die Perspektive, in die der Betrachter genötigt ist. Er muß – wie Herodes – zu Salome aufblicken.

Aber wahrhaft kongenial wird dies Schlüsselgeschehen, das für die Männer- und Malerphantasien zum Mythos geworden ist, erst von Richard Strauss gestaltet. Ich zitiere die treffende Beschreibung Werner Oehlmanns:

> »Salomes Tanz der sieben Schleier ist ein brillantes Stück Ballett- und Konzertmusik, eine große Aufgabe für eine Ausdruckstänzerin [...]. Nach einer rabiaten, schlagzeugrasselnden Einleitung bindet sich die Musik in a-Moll zu einem langsamen, scharf markierten Walzerrhythmus, über dem eine südlich heiße, durch Vorschlagsfiguren und übermäßige Intervalle verschnörkelte Melodie der Oboe aufklingt. Nach und nach werden die kapriziösen, schmeichelnden und trotzigen Themen Salomes in die Bewegung

hineingezogen, die zwischen Drei,- Zwei- und Fünfviertaltakt schwankt. Ziel und Höhepunkt des bunten, funkelnden Themenspiels ist eine sonore, weit ausschreitende cis-Moll-Melodie der tiefen Streicher, der eine zarte, glitzernde Cis-Dur-Wendung folgt. Dann tritt die Haupttonart a-Moll wieder in ihr Recht. Aus dem Rückgriff auf die Einleitung entwickelt sich in jagendem Zweivierteltakt die wilde, vom Wirbel der Schlaginstrumente emporgetriebene Stretta, die nach einem langen Halt auf einem Holzbläser-Triller – ›Salome verharrt einen Augenblick in visionärer Haltung an der Zisterne, in der Jochanaan gefangen gehalten wird‹ – abrupt in a-Moll kadenziert.« (Oehlmann 1983, S. 679)

Richard Strauss hat den Originaltext Wildes in der Übersetzung von Hedwig Lachmann mit einigen nicht unerheblichen Kürzungen (s. dazu Krebs 1991, S. 39) als Libretto benutzt. So bleibt der Oper jene grausig-sinnige Szene erhalten, in der Salome in die Lippen des eben enthaupteten Jochanaan beißt (»Ah! Du wolltest mich deinen Mund nicht küssen lassen, Jochanaan. Wohl! Ich will ihn jetzt küssen. Ich will mit meinen Zähnen hineinbeißen, wie man in eine reife Frucht beißen mag.«).

Wiederum die Beschreibung Oehlmanns, die geeignet ist, den sympathetischen Hörer der Musik zum Kenner zu machen:

»Der Anfang ist Triumph: ›Nun wohl, ich lebe noch, aber du bist tot‹ – ein vielstimmiges, bald aufrauschendes, bald zurücksinkendes symphonisches Gebilde, von der Haupttonart cis-Moll in harmonische Fernen ausschweifend. Dann, vom wilden Aufschrei eines Dominant-Nonen-Akkordes eingeleitet, eine zarte, leuchtende Wendung nach Cis-Dur, ein Strömen und Strahlen der Melodien, eine todüberwindende Ekstase der Zärtlichkeit und der Lust: ›Jochanaan, du warst schön – nichts in der Welt war so weiß wie dein Leib, nichts in der Welt so schwarz wie dein Haar, in der ganzen Welt war nichts so rot wie dein Mund.‹ Nach einem entschwebenden Diminuendo erlischt der Rausch auf dunklen, ruhenden Akkorden: ›Und das Geheimnis der Liebe ist größer als das Geheimnis des Todes.‹ Salome versinkt im Kuß, während Herodes und der Hof verstört und lärmend aufbrechen. Matt hebt sie das Antlitz; in einem flimmernden, durch dreiunddreißig Takte ausgehaltenen Holzbläser-Triller A-B zittert die grausige Lust des Todeskusses nach. In der Tiefe erklingt ein Todesakkord, transponiert und modifiziert nach Cis-E-Fis-Gis-Ais (Molldreiklang und alterierter Quartsextakkord auf Cis); klagende Motivfetzen umschweben die müde in schleppenden Halbtönen flüsternde Singstimme, die die Bitternis der Liebe beklagt.

Abb. 22: Richard Strauss, *Salome* (Partiturauszug)

»Aber noch einmal rafft Salome, schon durch den Kuß dem Tod verfallen, sich als Siegerin auf: ›Allein was tut's? Ich habe deinen Mund geküßt, Jochanaan.‹ Strahlendes Fis-Dur, mit dem A des Trillers scharf dissonierend und von einer grellen A-Dur Fanfare durchschnitten, dann helles, blendendes Cis-Dur, in dem Salomes Themen wie in den Flammen eines Scheiterhaufens aufglühen; eine ungeheuere, durch eine aufwärtsdrängende Gegenstimme der Hörner intensivierte Dominantenspannung – ›Ich habe ihn geküßt, deinen Mund‹ – löst sich in den triumphierenden von einer Schlagzeug-Orgie erhitzten Klangrausch des Liebesmotivs; von großartiger, tragisch-abschließender Wirkung ist die Kombination der Akkorde Fis-Ais-Cis und A-Cis-G, eine subdominantische Kadenz, in welcher das aufwärtsstrebende Ais der Oberstimme mit dem abwärts lastenden A des Basses wie ein zwiespältiger Dur-Moll-Klang kontrastiert […].

Das ist das Schlußwort des musikalischen Dramas, der wilde jubelnde Triumphruf des singenden Eros. Der Tod Salomes mit den brutalen c-Moll-Schlägen ist danach nur ein Anhang, der schon fast außerhalb der Partitur steht.« (Oehlmann 1983, S. 680 f.)

Beardsley hat das blutige Geschehen ins Makaber-Schöne veredelt. Selbst das schwarze Blut, das noch in Mengen von der Silberschale herabgeflossen war, als

Abb. 23: Aubrey Beardsley, *Salome mit Jochanaans Haupt auf der Schale* (1904)

Salome das Haupt empfing, ist nun weiß geworden, ebenso wie die schwarzen Haare des Getöteten nun zu weißen Schlangenornamenten stilisiert wurden.

Es ist eine glanzvolle Idee, das Mädchen Salome mit dem Haupt des Johannes gleichsam entschweben zu lassen. Das ist einerseits ein ironisches Bild eines eigenwilligen Mädchens mit seiner Puppe, andererseits ist es eine Ikone der letztlichen Vereinigung des Mädchens mit dem Toten und dem Tod zugleich. Auf der Erde bleibt das Blut des Propheten zurück, und es wächst daraus eine vieldeutig schwellende Flora.

Abb. 24: Aubrey Beardsley, *Salome küßt das Haupt des Jochanaan* (1904)

18
Arthur Schnitzler, *Reigen* (1896/97)

Der Skandalerfolg der Münchener und Berliner Uraufführungen (1903 und 1920) haben mitgeholfen, Arthur Schnitzlers *Reigen* auch im Bewußtsein der Bildungsschichten außerhalb Österreichs zu halten. Die zynische Entzauberung des Trieblebens steht in ehrwürdigen literarischen Traditionen ebenso wie sie in das »psychoanalytische Klima« des Wiens der Jahrhundertwende paßt. Die literarische Kritik und die Literaturgeschichte haben das Stück immer wieder in die Nähe des Totentanzes gerückt. Im wesentlichen aus drei Gründen.

Zunächst der Titel: *Reigen* spielt bewußt mit dem Tanzreigen, den der Tod anführt. Damit ist zugleich der »Jedermann«-Kontext präludiert. Schließlich die Form: Die stereotype Zweier-Begegnung und die strenge Dialog-Form nehmen die Ur-Tektonik des literarischen Totentanzes auf. Nicht zuletzt die Zeichnung der Personen gleichsam als Ständepersonal ist ein sehr bewußter Hinweis auf die mittelalterliche Gattung.

In zehn Dialogen treffen aufeinander:

I Die Dirne und der Soldat
II Der Soldat und das Stubenmädchen
III Das Stubenmädchen und der junge Herr
IV Der junge Herr und die junge Frau
V Die junge Frau und der Ehemann
VI Der Gatte und das süße Mädel
VII Das süße Mädel und der Dichter
VIII Der Dichter und die Schauspielerin
IX Die Schauspielerin und der Graf
X Der Graf und die Dirne

Jede Person erscheint im nächsten Dialog wieder, gibt dort einer anderen die Hand, bis sich der Reigen schließt, indem die Dirne Leocadia des ersten Dialogs zusammen mit dem Grafen des letzten Dialogs morgens aufwacht.

Die Dialoge laufen stereotyp auf ein Ziel zu, den sexuellen Akt. Ihr Witz liegt in den kulturellen Schablonen, in denen die handelnden Personen agieren und die doch nur Tarnung sind für das Triebziel. Ihre Schärfe gewinnt die darin liegende Kulturkritik durch die kurzen Episoden »post coitum«, wenn die Tarnungen rasch und umstandslos abfallen. Am deutlichsten vielleicht im Dialog des Soldaten mit dem Stubenmädchen. Man kommt zunächst recht rasch »zur Sache«, die Schnitzler stets durch vielsagende, weil sprachlose Zeichen, nämlich Striche, darstellt:

>»*Stubenmädchen.* So gehn wir zurück, wo Leut sind.
>*Soldat.* Wir brauchen keine Leut, was, Marie, wir brauchen ... dazu ... haha.
>*Stubenmädchen.* Aber, Herr Franz, bitt Sie, um Gottes willen, schaun S', wenn ich das ... gewußt ... oh ... oh ... komm! ...
>--------------------------------------
>*Soldat. selig* Hergott noch einmal ... ah ...
>*Stubenmädchen.* ... Ich kann dein G'sicht gar nicht seh.
>*Soldat.* A was – G'sicht ...
>--------------------------------------
>*Soldat.* Ja, Sie, Fräul'n Marie, da im Gras können S' nicht liegenbleiben.
>*Stubenmädchen.* Geh, Franz, hilf mir.
>*Soldat.* Na, komm zugi.
>*Stubenmädchen.* O Gott, Franz.
>*Soldat.* Na ja, was ist denn mit dem Franz?
>*Stubenmädchen.* Du bist ein schlechter Mensch, Franz.
>*Soldat.* Ja, ja. Geh, wart ein bissel.
>*Stubenmädchen.* Was laßt mich den aus?
>*Soldat.* Na, die Virginier werd ich mir doch noch anzünden dürfen.
>*Stubenmädchen.* Es ist so dunkel.
>*Soldat.* Morgen früh ist schon wieder licht.
>*Stubenmädchen.* Sag wenigstens, hast mich gern?
>*Soldat.* Na, das mußt doch g'spürt haben, Fräul'n Marie, ha!
>*Stubenmädchen.* Wohin gehn wir denn?
>*Soldat.* Na, zurück.
>[...]
>*Stubenmädchen.* Du möchtst am End gar wieder tanzen gehn?
>*Soldat.* Na freilich, was denn?
>*Stubenmädchen.* Ja, Franz, schau, ich muß zuhaus gehn. Sie werden eh schon schimpfen, mei Frau ist so eine ... die möcht am liebsten, man ging gar nicht fort.
>*Soldat.* Na ja, geh halt zuhaus.« (Schnitzler 1978, S. 73 f.)

Das ist in etwa das Muster für die übrigen Dialoge. Besonders ist allenfalls, daß die Enttäuschung des einen, hier des Mädchens, größer ist als sonst.

Für uns ist die Frage, ob der *Reigen* in den Zusammenhang unseres Themas gehört; die Frage, ob die Totentanz-Motivik mehr ist als nur eine geschickte Einkleidung einer zynischen Diagnose des Trieblebens.

Die Gleichgültigkeit der Biologie ist selten so treffend dargestellt. Es ist wie eine knappe Illustration zu Jacques Ruffiés Darstellung der Funktion der Sexualität.

Auch ist die Todesmotivik stets präsent, oft implizit, bisweilen explizit, etwa im letzten Dialog, wenn der Graf die noch schlafende Dirne betrachtet:

> »*Graf.* [...] Was zerbrich ich mir denn viel den Kopf. Ist ja egal. Schaun wir, daß wir weiterkommen. *Steht auf. Die Lampe wackelt* Oh! *Sieht auf die Schlafende* Die hat halt einen g'sunden Schlaf. Ich weiß zwar von gar nix – aber ich werd ihr's Geld aufs Nachtkastel legen ... und Servus ... *er steht vor ihr, sieht sie lange an* Wenn man nicht wüßt, was sie ist! *Betrachtet sie lang* Ich hab viele kennt, die haben nicht einmal im Schlafen so tugendhaft ausg'sehn. Meiner Seel ... also der Lulu möcht wieder sagen, ich philosophier, aber es ist wahr, der Schlaf macht auch schon gleich, kommt mir vor; – wie der Herr Bruder, also der Tod ... Hm, ich möcht nur wissen, ob ... Nein, daran müßt ich mich ja erinnern ... Nein, nein, ich bin gleich da auf den Diwan herg'fallen ... und nichts is g'schehn ... Es ist unglaublich, wie sich manchmal alle Weiber ähnlich schaun ... Na, gehn wir. *Er will gehen* Ja richtig. *Er nimmt die Brieftasche und ist eben daran, eine Banknote herauszunehmen.*« (Ebd., S. 128)

Die Gleichgültigkeit der Biologie bzw. des sexuellen Aktes ist der Gleichgültigkeit des Todes und des Geldes analog gesetzt, das ist das Geheimnis des *Reigens*. Daraus speist sich die latente Todesverfallenheit des Geschehens, nicht aus moralischen Quellen.

Wollte man in den Paarbegegnungen eine Gestalt als Tod identifizieren, es mißlänge. Für den Tod gibt es keine feste Rollenzuschreibung; bisweilen hat das Mädchen mehr davon, bisweilen der Mann, meist aber ist der Tod nicht als Gestalt, sondern in dem Geschehen präsent. Der stumme Geschlechtsakt hat dieselbe Zwangsläufigkeit, dieselbe Indifferenz gegenüber Hoch und Niedrig, dieselbe Gleichgültigkeit gegenüber kulturellen Formen, wie der »Todesakt« sie hat. Diese eher implizite Anwesenheit des Todes »per analogiam« stellt den *Reigen* mehr an den Rand als ins Zentrum dieser Motivgeschichte der Begegnung der schönen Frauen mit dem Tod.

19
August Strindberg, *Totentanz* (1901)

Zur Vergewisserung der Handlung zitiere ich aus der Inhaltsangabe in *Kindlers Literatur Lexikon*:

»Der Vorhang hebt sich über einer für Strindberg typischen Situation: Alice und Edgar (der ›Hauptmann‹) feiern silberne Hochzeit. Seit vielen Jahren leben sie in einem Turm auf einer abgelegenen Insel, und diese Zeit ist für beide eine Hölle gewesen. Sie fühlen sich als Gescheiterte, und einer gibt dem anderen die Schuld daran. Edgar wirft seiner Frau vor, daß er ihretwegen auf der Insel seine angeblich so glanzvoll begonnene militärische Laufbahn nicht habe fortsetzen können; Alice hält ihm entgegen, sie habe um seinetwillen eine erfolgreiche Karriere als Schauspielerin aufgegeben. Nach fünfundzwanzig Ehejahren haben ihre gegenseitigen Vorwürfe jedoch ihre ätzende Schärfe längst verloren: die Eheleute quälen einander aus Gewohnheit, wie Menschen, die genau wissen, mit welchen Worten und Handlungen sie den anderen am wirksamsten verwunden können. Als Alices Vetter Kurt überraschend auf Besuch kommt, flammt der alte Haß plötzlich von neuem auf. Jeder von ihnen versucht, Kurt auf seine Seite zu ziehen. Zunächst gelingt es Alice, das Mitleid ihres Vetters zu erregen. Da scheint ihm eine makabre Szene die Augen zu öffnen: um seine Jugendlichkeit, seine ungebrochene Lebenskraft unter Beweis zu stellen, tanzt der Hauptmann den ›Säbeltanz‹. Von der Anstrengung überwältigt, sinkt er ohnmächtig zusammen; Alice aber bricht in höhnisches Gelächter aus. Ihr Zynismus und ihre Gefühlsroheit stoßen Kurt ab, und er wendet seine Sympathie dem Hauptmann zu.

Dieser beginnt alsbald seine wahre Natur zu zeigen: Er ist ein Blutsauger, ein ›Vampir‹, wie seine Frau ihn nennt. Immer rücksichtsloser sucht er sich der Persönlichkeit Kurts zu bemächtigen. Krankheit und innere Leere haben ihm die Kraft zum eigenen Leben genommen. [...] Die Katastrophe bahnt sich an, als Edgar eines Tages in seiner Galauniform aus der Stadt zurückkehrt, anscheinend von neuer Tatkraft erfüllt und bereit, zum entscheidenden Schlag gegen seine Feinde auszuholen. Er teilt Alice mit, daß er sich scheiden lassen werde. Kurt kündigt er die Ankunft von dessen Sohn Allen an, der inzwischen ebenfalls völlig unter seinen Einfluß geraten ist. Von dieser abgrundtiefen Bosheit zum Äußersten getrieben, stürzen Alice und Kurt einander in verzweifelter Leidenschaft in die Arme. [...] Kurt erkennt, daß er diesem Inferno entfliehen muß, wenn er seine Selbstachtung bewahren will. Alice und der Hauptmann bleiben allein zurück: Die routinierten gegenseitigen Quälereien beginnen von neuem.«

Im zweiten Teil des Stücks ist Kurt zurückgekehrt:

> »Edgar verfolgt Kurt mit hemmungsloser Rachsucht, ruiniert ihn und nimmt ihm seinen Sohn Allan. Zwischen Allan und Judith, der Tochter des Ehepaares, entwickelt sich eine leidenschaftliche Liebe. [...] Um seine Niedertracht auf die Spitze zu treiben, will der Hauptmann seine Tochter mit dem Regimentskommandeur, einem senilen Obersten, verheiraten. Als Judith mit Allan entflieht, bricht Edgar in einem letzten furchtbaren Herzanfall endgültig zusammen.« (Bd. 2, Sp. 1454 f.)

Es gibt in der bösen Festungsidylle dieser Ehehölle nur einige wenige Spuren einer klassischen Totentanz-Szenerie. Es finden sich allenfalls Andeutungen einer Begegnung von Tod und Mädchen, als Alice von der ersten Begegnung mit Edgar, dem damaligen Kapitän, berichtet:

> »Kurt. Warum hast du dich verheiratet?
> Alice. Ja, warum? ... Weil er mich nahm! Mich verführte! Ich weiß nicht! Und dann wollte ich hinauf, auf die Höhen der Gesellschaft ...
> Kurt. Und du verließest deine Kunst?« (S. 60)

Die Begegnung des Mädchens mit dem Tod *ist auf Dauer gestellt;* sie spielt in der »kleinen Hölle«, wie die Insel genannt wird:

> »Kapitän. Du bist doch nicht so kindlich und glaubst an die Hölle?
> Kurt. Glaubst du nicht daran, wo du mitten in ihr bist?« (S. 60)

Zwar ist der Kapitän dem Tode nahe, aber zugleich trägt er selbst deutliche Zeichen der Todesgestalt. Er ist »hohläugig« (S. 61), der Tod hat »ihm sein Zeichen aufgedrückt« (S. 60), er ist »ein Dämon und kein Mensch« (S. 66), er ist ein »Menschenfresser« (S. 61), »sein Gesicht phosphoresziert gleichsam, als ob er sich in Auflösung befände [...] und die Augen flammen wie Irrlichter über Gräbern und Mooren« (ebd.).

Da ist manche motivliche Nähe auch zur unglücklichen Persephone im Schattenreich des Hades:

> »Alice: [...] Fünfundzwanzig Jahre auf der Festung ... weißt du, daß dies in früheren Jahren ein Gefängnis gewesen ist!
> Kurt. Ein Gefängnis! Die Wände sehen so aus!
> Alice. Und mein Teint! Sogar die Kinder kriegten hier Gefängnisfarbe. [...] Und die beiden, die starben, vergingen aus Mangel an Licht!« (S. 60)

Das sind indessen Allusionen von mehr oder weniger Gewicht. Wirklich entscheidend ist, daß das Motiv der Begegnung von Mädchen und Tod hier einen bedeutsamen Seitentrieb erfährt, der selber zu einer ganzen Gattung sich auswachsen wird: die Begegnung des Mädchens mit dem Vampir.

Strindberg war selber im Zweifel, ob er das Stück nicht »Vampyr« nennen sollte. So schreibt er am 4. Januar 1901 an seinen Übersetzer Emil Schering: »Vorgestern sandte ich Ihnen ein Manuskript ohne Titel. Es sollte heißen *Der Vampyr,* aber muß jetzt als Bestandteil in den Totentanz aufgehen. Oder meinen Sie, daß die ganze Arbeit *Der Vampyr* heißen müßte?« (Ebd., S. 87)

In der Tat ist das Vampir-Motiv beherrschend. Ganz unverstellt in jenem plötzlichen Ausbruch von Leidenschaft zwischen Kurt und Alice:

> »Kurt. Ich weiß nicht, wo ich zu Hause bin!
> Alice. Bei einer Schauspielerin, die freie Manieren hat, aber sonst ein ausgezeichnetes Frauenzimmer ist. Jaja! Aber jetzt bin ich frei, frei, frei ... Wende dich fort, so wechsle ich die Bluse!
> (Sie knöpft die Bluse auf. Kurt stürzt vor, nimmt sie auf seine beiden Arme, hebt sie hoch empor und beißt sie in die Kehle, daß sie schreit. Darauf wirft er sie von sich auf die Chaiselongue und eilt nach links hinaus.)« (S. 69)

Und noch einmal in der unmittelbar folgenden Szene:

> »Alice (fliegt Kurt um den Hals und küßt ihn).
> Kurt (nimmt sie auf die Arme und beißt sie in den Hals, daß sie schreit).
> Alice. Du beißt mich!
> Kurt (außer sich). Ja, ich will dich beißen, in die Kehle, und wie ein Luchs dein Blut saugen! Du, du hast das wilde Tier in mir geweckt, das ich jahrelang durch Entsagungen und Selbstquälereien zu töten versucht habe! Als ich hierher kam, glaubte ich ein bißchen besser zu sein als ihr, aber jetzt bin ich der Elendeste! Seit ich dich in deiner ganzen schrecklichen Nacktheit gesehen habe, seitdem meine Leidenschaft mir das Gesicht geblendet hat, fühle ich die ganze Kraft des Bösen; das Häßliche wird schön, das Gute wird häßlich und schwach! Komm, so werde ich dich mit einem Kuß ersticken! ... (Er umarmt sie.)
> Alice (zeigt ihm die linke Hand). Siehst du das Zeichen der Kette, die du gelöst hast! Ich war Leibeigene und bin freigelassen!« (S. 73)

In diesem Licht werden die beiläufigen Vampir-Metaphern bedeutsam:

> »Alice. [...] er besitzt eine unglaubliche Fähigkeit, in fremden Geheimnissen zu schnüffeln ... und du hast ja gesehen, wie er den ganzen gestrigen Tag in deiner Quarantäne lebte, wie er aus deiner Existenz Lebensinteresse sog [...] Der Menschenfresser, siehst du, ich kenne ihn. Sein eigenes Leben flieht, oder ist geflohen.« (S. 60 f.)

Alice schließlich formuliert es ausdrücklich:

> »Alice. Weißt du, was man unter einem Vampir versteht? ... Ja, das soll die Seele eines toten Menschen sein, die einen Körper sucht, um als Parasit leben zu können. Edgar ist tot, seitdem er damals niederfiel! Er selbst hat ja keine Interessen, keine Persönlichkeit, keine Initiative. Aber hat er nur einen Menschen zu fassen gekriegt, so läßt er sich auf ihn nieder, steckt seine Saugwurzeln hinein und fängt an zu wachsen und zu blühen. Jetzt sitzt er auf dir!« (S. 104)

Deshalb trug der zweite Titel des *Totentanzes* ursprünglich den Namen *Der Vampyr*. Der Kapitän hat sich endgültig in einen Vampir verwandelt, hat eine Vampir-Tochter mit Namen Judith gezeugt und erzogen und vernichtet noch über seinen zweiten, seinen Vampir-Tod hinaus alle, die in seiner Nähe sind.

20
Die Mädchen und die Vampire

Die zwanziger und dreißiger Jahre des 18. Jahrhunderts sind der Beginn einer gesamteuropäischen Vampirhysterie und -mode. Vor allem deutsche Universitäten nehmen sich in aufklärerischem Ernst dieses Phänomens an und verschaffen ihm so eine Bedeutung diesseits des Aberglaubens. Es werden Fälle von Vampirismus aus Serbien und Ungarn berichtet, deren Seriosität dadurch bestätigt ist, daß die Behörden sich der Untersuchung annehmen. Die »wissenschaftliche« Aufarbeitung führt rasch zu zuverlässigen Kompendien dieser bedrohlichen Erscheinung, etwa dem Standardwerk des Vampirismus, der *Dissertation sur les apparitions des anges, des démons et des esprits, et sur les revenants et vampires de Hongrie, de Bohème, de Moravie et de Silésie* des Benediktinermönchs Dom Calmet aus dem Jahre 1746. Das *Deutsche Wörterbuch* notiert einen ersten Beleg aus dem Jahre 1732.[1] In der Welt der hohen Literatur treten die Wiedergänger ihren Siegeszug an mit Bürgers *Lenore* (1773). Die Vampire werden hoffähig in Goethes *Braut von Korinth* (1797), gehören von da an zum romantischen Inventar und werden durch Lord Byron zur Mode (s. dazu Praz 1988, S. 90 ff.). Die erhebliche deutsche Beteiligung an der Verbreitung des Wiedergänger- und Vampir-Mythos mag erklären, daß die französischen oder englischen Vampire häufig deutscher Herkunft sind. Wahrscheinlich sind die deutschen Vampire neben den südosteuropäisch-balkanischen Originalen die stärkste Gruppe.

Bedeutsam für Strindberg scheint mir, daß die Verbindung von Totentanz und Vampirismus in der Literatur wohl seine Erfindung ist. Er hat intuitiv eine poetische Verbindung geschaffen, die, wie es scheint, lange geschlummert hat, wenn nicht gar tot war. In seinem *Totentanz* findet wieder zusammen, was vergessen schien und was doch im Volksglauben einst zusammengehörte: Totentanz und Wiedergänger-Motiv.

---

1 DWb., 12, 1, 10. Vgl. Philipp Wick, *Die slawischen Lehnwörter in der neuhochdeutschen Schriftsprache*, Marburg 1939, S. 62.

Vampire¹ sind ja die im Volksglauben festverwurzelten und – wie gesagt – seit dem 18. Jahrhundert zu literarischen Ehren kommenden Wiedergänger (s. Twitchell 1981). Eine der plausibleren Theorien zur Entstehung des Totentanzes sieht den Vampir aus der Wiedergänger-Vorstellung erwachsen (so z.B. Rosenfeld 1974). Die toten Seelen, die nächtens ruhelos den Gräbern entsteigen, tanzen im Mondlicht einen makabren Tanz – dieser Volksglaube soll einer der Anstöße zur Gattung des Totentanzes gewesen sein. Dazu gesellt sich die offenbar universale Vorstellung des blutsaugenden Vampirs, der sich seine Opfer unter den Lebenden sucht. So wie die Pestwellen des Mittelalters einen emotionalen Nährboden für die Totentänze schufen, so scheinen die Choleraseuchen in den europäischen Weltstädten des 19. Jahrhunderts die Vampirmode – oder soll man sagen: den Vampirglauben? – begünstigt zu haben.

Nun sind Vampire – glaubt man den Manifestationen der Vampirliteratur – im Hinblick auf ihre Opfer nicht wählerisch. Sie nehmen, was ihnen vor die auffallend weißen Zähne kommt – und gleichen darin der mittelalterlichen Todesgestalt.² Manche Romane bescheinigen ihnen eine gewisse Vorliebe für Familienmitglieder. Auch gibt es eine stattliche Reihe weiblicher Vampire. In der zweiten Hälfte des 19. Jahrhunderts hat man sogar mehr weibliche als männliche Vampire gezählt (s. Praz 1988, S. 91), und sie werden ihren Weg machen bis hin zum »Vamp« noch der fünfziger Jahre unseres Jahrhunderts. Das wird all jene nicht verwundern, die den Vampirismus als Sumpfblüte einer repressiven Sexualmoral deuten. Daneben ist freilich stets das Motiv vom männlichen Vampir und der jungen Frau präsent.

Diese Vampire, die besonders auf junge Frauen aus sind, wollen uns als eine – in der Neuzeit höchst erfolgreiche – Spezialisierung der Todesgestalt erscheinen, als eine durchgreifende Modernisierung des Motivs von der Begegnung des Mädchens mit dem Tod. Und wenn schließlich Roman Polanski seinen Welterfolg *Tanz der Vampire* dreht, so steht er, womöglich ohne es zu wissen, in der Tradition des mittelalterlichen Todes, der mit dem Mädchen noch richtig tanzt.

In dem Augenblick, in dem sich die bewegten Bilder des Themas bemächtigen, gibt es offenkundig eine zunehmende Vorliebe des Vampirs für junge, schöne Frauen. Die Weichen dafür werden in dem Kultbuch des Vampirismus gestellt, in Bram Stokers (1847-1912) *Dracula* aus dem Jahre 1897.³ Im breiten öffentlichen Bewußtsein geschieht die Hinwendung des Vampirs zu jungen schönen Frauen

---

1 Literatur dazu: Summers 1929; Sturm / Völker 1968; Copper 1974; Faivre 1962; Hanush 1859; Pohl 1985; Schroeder 1973; Praz 1988; King 1981
2 Die sozialkritischen Tendenzen der Romanliteratur des 19. Jahrhunderts verzichten natürlich nicht auf die naheliegende Metaphorik des ökonomischen Aussaugens vor allem durch Bankiers und Spekulanten.
3 Siehe dazu McNally 1972; Kittler 1993.

(wenigstens in England) schon in der Mitte des 19. Jahrhunderts durch den voluminösen Fortsetzungsroman über *Varney the Vampire*. Dort werden die künftigen Bildmythen angelegt:

> »Her beautifully rounded limbs quivered with the agony of soul. The glassy, horrible eyes of the figure ran over that angelic form with a hideous satisfaction – horrible profanation. He drags her head to the bed's edge. He forces it back by the long hair still entwinde in his grasp. With a plunge he seizes her neck in his fanglike teeth – a gush of blood and a hideous sucking noise follows. The girl has swooned, and the vampire is at his hideous repast!«[1]

Varney the Vampire ist der eigentliche Vorgänger Draculas – vor allem darin, daß die Begegnung mit dem Vampir für die jungen Frauen zu einer Art erotischen Initiation wird.

---

1 *Varney the Vampire or the Feast of Blood,* Band 1, S. 4. Gefunden in: Leatherdale 1986, S. 46.

21
Bram Stoker, *Dracula* (1897)

Abraham Stokers *Dracula* aber ist der Prototyp der Geschichte vom blutsaugenden Vampir. Ich zeichne den Inhalt des Romans etwas genauer nach, da unter den Gebildeten *Dracula* natürlich ein Begriff, der Roman von Bram Stoker aber eher unbekannt ist.[1] Darin teilt er das Schicksal der wirklich populären »literarischen« Mythen unseres Jahrhunderts, also etwas Sherlock Holmes, Mickey Mouse, Frankenstein, Tarzan, Superman oder James Bond.

Der junge Anwalt einer Londoner Kanzlei, Jonathan Harker, eröffnet das Werk mit einem stenografischen Tagebuchbericht. Er reist per Eisenbahn und Kutsche zu einem Klienten, einem Edelmann, der auf Schloß Dracula wohnt, recht genau an der Grenze der drei Provinzen Transsylvanien, Moldau und Bukowina, mitten in den Karpaten.

Je näher er der Gegend kommt, desto wunderlichere Hinweise und Winke werden ihm zuteil, am Ende wird er offen gewarnt, wenn er nach Graf Dracula und seinem Schloß fragt. Als alles ihn nicht abbringen kann, wird er von mitleidigen Frauen mit Abwehrzaubern, einem Kruzifix, Knoblauchzehen und Heckenrosen versehen.

In einer gewittrigen Nacht bringt ihn ein unheimlicher Kutscher zum Schloß des Grafen. Dieser ist ein hochgewachsener alter Mann mit langem weißen Schnurrbart und Händen so eiskalt wie die eines Toten. Er empfängt ihn allein zu einem späten Dinner. In den folgenden Tagen, deren kleinere Auffälligkeiten Jonathan Harker sorgsam notiert, wird auch der Anlaß seines Besuches erörtert, nämlich einige Immobilienkäufe, die Dracula in London tätigen will.

Harker bemerkt schließlich, daß er in dem Schloß, in dem es offenbar kein Personal gibt, gefangengehalten wird. Zu seinem Entsetzen sieht er, wie der Graf nächtens mit dem Kopf nach unten die glatte Schloßmauer hinunterklettert. Auch

---

1 Dazu paßt, daß er natürlich in *Kindlers Literatur Lexikon* (1965) nicht aufgenommen ist. Bram Stoker findet erst in Kindlers *Neuem Literatur-Lexikon,* hg. von Walter Jens, München 1991, Erwähnung.

erlebt er, wie drei junge Frauen – ebenfalls mit rotglühenden Augen – sich ihm, dem halb Schlafenden, nähern. Er erwartet die schwellenden roten Lippen zum Kuß, doch diese senken sich tiefer und tiefer auf seine Kehle, und er spürt zwei nadelspitze Zähne die Haut berühren: »Ich schloß selig die Augen und wartete mit klopfendem Herzen ...« vertraut er seinem Tagebuch an. Bevor die Zähne jedoch die Haut durchdringen, erscheint der Graf und scheucht die drei jungen Frauen, fürs erste, zurück. Sie müssen sich mit einem offenbar lebenden Wesen zufriedengeben, das der Graf in einem Sack von seinem nächtlichen Ausflug mitgebracht hat.

Harker versucht vergeblich, diesem Ort des Grauens zu entkommen, nachdem wieder ein Kind geraubt und die klagende Mutter vor seinen Augen von Wölfen, über die der Graf gebietet, zerfleischt wird. Auch macht er die grausige Entdeckung, daß Graf Dracula tagsüber in einer alten Kapelle in einer von fünfzig mit frischer Erde gefüllten Kisten schläft. Ein Versuch, den Grafen mit einer Schaufel zu töten, mißlingt. Er hört noch, wie die fünfzig Kisten verladen werden, dann endet das Tagebuch.

Die Handlung verlagert sich wieder auf die britische Insel, beginnend mit einem Briefwechsel zwischen den beiden Freundinnen Lucy Westenra, die von drei Männern umworben wird, und Mina Murray, der Verlobten von Jonathan Harker. Die drei Kandidaten, einander in Freundschaft verbunden, sind ein junger texanischer Millionär. Quincey P. Morris, der Leiter einer nahegelegenen psychiatrischen Anstalt, Dr. Seward, und der junge Adlige Arthur Holmwood. Seward und Morris schicken sich schließlich darein, als sie erfahren, daß Holmwood, der spätere Lord Godalming, Lucys Auserwählter ist.

Es folgt ein Bericht im *Daily Telegraph* über das Stranden eines Schiffes namens »Demeter« an der Küste von Whitby. Das Schiff, ohne Besatzung, mit einem toten Kapitän am Steuerruder festgebunden, hat als Ladung lediglich fünfzig Kisten mit Sand, die sorgsam an die Adresse eines Rechtsanwalts verfrachtet werden. Das Logbuch berichtet von einer grausigen Überfahrt von Warna nach Whitby, auf der ein Besatzungsmitglied nach dem andern auf unerklärliche Weise zu Tode kommt. Der Leser ahnt: Dracula ist jetzt in Großbritannien.

Inzwischen stellt Mina merkwürdige Veränderungen an Lucy fest. Des nachts wird das Mädchen von großer Unruhe überfallen, ist schließlich sogar verschwunden. Mina findet sie auf dem Friedhof auf einer Bank liegend, und eine geheimnisvolle Gestalt mit rotglühenden Augen beugt sich über sie.

Kurz darauf erhält Mina die freudige Nachricht, daß ihr Verlobter Jonathan Harker am Leben ist. Er liegt in einem Hospital in Budapest und leidet offenbar an schwerem Nervenfieber. Mina macht sich sofort auf zu ihrem Geliebten.

Der Zustand von Lucy verschlechtert sich. Dr. Seward bittet schließlich seinen alten holländischen Freund, Prof. van Helsing, um Hilfe. Helsing scheut die Fahrt nach England nicht und nimmt den Kampf um Lucys Leben auf. Er greift zu ausgefallenen Therapiemethoden wie Knoblauchblüten, die er zum Kranz flicht und um Lucys Hals legt. Die Verschlechterung hat offenbar zu tun mit zwei kleinen Wunden an Lucys Hals. Immer wieder ist Lucy morgens extrem geschwächt, leichenblaß und durch Blutmangel in höchster Lebensgefahr. Jedesmal gelingt es van Helsing, Lucy vor dem Exitus dadurch zu retten, daß er zunächst von Holmwood, dann von Seward, dann von sich selber und schließlich von Morris Bluttransfusionen zu dem geschwächten Mädchen vornimmt – stets mit sichtbarem Erfolg. Da aber eine lückenlose Bewachung Lucys in der Nacht mißlingt, verliert sie jedesmal wieder das stärkende Blut auf eine Weise, die nur van Helsing richtig deutet. Schließlich stirbt sie, und erste unerklärliche Zeichen von Veränderungen werden an ihr sichtbar.

Inzwischen ist Mina Murray ihrem Jonathan angetraut worden und heißt Harker. Er hat ihr sein Reisetagebuch anvertraut und beide sind nach England zurückgekehrt.

Dr. Seward betreut und beobachtet in seiner Anstalt einen Kranken namens Renfield, der ebenfalls unerklärliche Verhaltensweisen zeigt, z.B. den krankhaftgierigen Verzehr von Lebewesen wie Fliegen, Spinnen und Vögel. Er neigt bisweilen zu Gewalttätigkeiten und scheint voller Unruhe auf jemanden zu warten.

Inzwischen werden in der Umgebung Kinder verletzt aufgefunden. Sie behaupten, von einem »schönen Gespenst« weggelockt worden zu sein und zeigen jeweils zwei kleine Verletzungen am Hals.

Entscheidend wird nun der Kontakt zwischen van Helsing und Mina Harker. Dadurch lernt van Helsing Jonathan Harkers Tagebuch kennen und fügt dessen Notate zu seinen Beobachtungen.

Um Dr. Seward vom Unglaublichen zu überzeugen, führt ihn van Helsing in der Nacht zu Lucys Grab und öffnet den Sarg. Er ist leer. Die beiden verstecken sich und sehen Lucy zurückkehren und in das Grab verschwinden. Bei Tag kommen sie nochmals zurück und finden Lucy wieder in dem Sarg, schöner denn je, »ihre Lippen waren rot, nein, röter als je zuvor«. Eine Nacht und einen Tag später führt van Helsing die grausige Beobachtung auch Lucys einstigem Verlobten Arthur und Quincey Morris vor. Damit schafft er sogar bei Arthur die Einsicht, »das Ungeheuer« nun wirklich zu töten und damit ihre Seele zu erlösen. Und zwar in genauem Verfolg der dafür notwendigen Regeln: Es muß der Kopf abgeschnitten, der Mund mit Knoblauch gefüllt und das Herz mit einem Pfahl durchstoßen werden. Es ist an Arthur Holmwood, inzwischen Lord Godalming, das letztere zu vollziehen. Erst danach ist Lucy in einem friedvollen Tod.

Auf einer Reise nach London hat Harker zufällig Graf Dracula gesehen. Der

Feind ist also im Land. Professor van Helsing entwirft nun einen Kriegsplan, den er mit seinen drei Freunden und Mina Harker durchführen will. Kernpunkt ist die strategische Zerstörung der fünfzig mit transsylvanischer Erde gefüllten Särge. Denn sie benötigt Dracula tagsüber, um zu schlafen. Es gelingt ihnen, in aufwendiger detektivischer Recherchearbeit, alle Särge zu finden und sie, bis auf einen, durch eine Hostie zu »sterilisieren«, d. h. für den Grafen unbenutzbar zu machen.

Dracula aber geht zum Gegenangriff über. Durch sein Geschöpf Renfield gelingt es ihm, in das Haus einzudringen, in dem sich Mina Harker aufhält. In einer höchst heiklen Szene überwältigt er Mina, zwingt sie, von seinem Blut zu trinken und bindet sie so an sich. Nur noch bei Sonnenaufgang und Sonnenuntergang gewinnt sie ihre geistige Unabhängigkeit für wenige Minuten zurück.

Dracula hat inzwischen fluchtartig England verlassen. Er befindet sich mit seiner letzten erdgefüllten Kiste auf einem Schiff, das ihn in die Heimat zurückbringen soll. Die Freunde machen sich zusammen mit Mina auf, ihm auf dem Landweg zuvorzukommen. Mina ist imstande, in Augenblicken der Hypnose durch van Helsing Kontakt mit der unmittelbaren Umgebung des Grafen aufzunehmen. So können sie seinen Weg wie mit einem Peilsender verfolgen.

Das Finale vollzieht sich am Fuße von Schloß Dracula in Transsylvanien. Dort erwarten van Helsing, Seward, Godalming, Harker und seine Mina den Grafen. Als das von Zigeunern bewachte Gefährt mit der Erdkiste naht, kommt es zu einem dramatischen Wettlauf mit der hereinbrechenden Nacht, die dem Grafen seine übernatürlichen Kräfte wiedergeben würde. In buchstäblich allerletzter Sekunde schafft es Jonathan Harker, dem in der Kiste liegenden Dracula die Kehle durchzuschneiden, während Quincey sein Bowiemesser dem Ungeheuer tief ins Herz stößt. Im selben Augenblick zerfällt Graf Dracula zu Staub »und war nicht mehr von der Erde zu unterscheiden, in der er bisher gelegen hatte«.

Die Hauptfiguren sind natürlich die beiden jungen Frauen Lucy Westenra und Wilhelmina (»Mina«) Harker – eben dadurch, daß sie dem Vampir wirklich »begegnen«. Diese Begegnungen sind von einer für viktorianische Verhältnisse kaum verhüllten Erotik. Mina beschreibt es so: »[Dracula] pulled open his shirt, and with his long sharp nails opened a vein in his breast. When the blood began to spurt out, he took my hand in one of his, holding them tight, and with the other seized my neck and pressed my mouth to the wound, so that I must either suffocate or swallow some of the – Oh, my God, my God! what have I done?«[1] Das erinnert unmittelbar an Munchs Liebesakt von Tod und Mädchen und Samenfäden.

Übrigens ist diese Szene eine Innovation der Vampirliteratur. Daß das »Opfer«

---

1 Zit. nach der Penguin-Ausgabe 1979, Kapitel 21, S. 343.

nicht gebissen wird, sondern selber das Blut des Vampirs trinkt, weist auf eine neue, innigere Einheit von Vampir und Mädchen hin.[1]

Das Mädchen Lucy schließlich wird erst durch ihre Begegnung mit dem Vampir zum sexuellen Wesen. Wenn sie, die am liebsten drei Männer geheiratet hätte, von vier Männern Blut übertragen bekommt, so ist dies eine offensichtliche Promiskuität. Und wenn sie schließlich als vampirische »Untote« von ihrem Verlobten Lord Godalming mit einem Pfahl durchbohrt wird, um erlöst zu werden, so brauchen wir, um den tieferen Sinn wahrzunehmen, durchaus nicht jene psychoanalytische Deutungskunst, die das weite Feld der »Dracula«-Auslegung monopolistisch für sich reklamiert.

Die offenkundig erotischen – oder doch erotisch werdenden – Begegnungen der Mädchen mit dem Vampir sind das genaue, wenn auch wohl unbewußte Abbild der lustvollen Begegnungen der jungen Frauen mit dem Tod. In solchem Kontext gewinnt der Name des Schiffes, das Dracula nach England bringt, nämlich »Demeter«, eine zusätzliche Bedeutung. Nicht allein den vordergründigen Hinweis auf eine reichliche Bluternte wird man darin sehen. Demeter ist schließlich die Mutter jenes Prototyps des vom Tod in eine Unterwelt-Ehe geraubten Mädchens Persephone/Proserpina. Auf diesem Mutter-Schiff fährt der höhnische Graf nun zu den Töchtern, seinen künftigen Geliebten.

Was die Sache mit dem Vampir wirklich endemisch werden läßt, ist der Umstand, daß die Opfer der Vampire häufig nicht sterben, sondern zu sogenannten Untoten werden. Denn der Biß oder Kuß der Vampire ist ansteckend und schafft neue Vampire. So scheint es nur eine Frage der Zeit, bis die Welt nur noch aus Vampiren besteht. Das ist eine jener Möglichkeiten, wie der Kampf des Todes gegen die Gattung Mensch – symbolisiert in der Begegnung von Tod und Mädchen – ausgehen könnte.

Mit diesem fruchtbaren Seitentrieb weitet sich unsere Motivgeschichte vom Mädchen und dem Tod plötzlich in neue Dimensionen, auch neue mediale Dimensionen. Denn die Begegnungen der Wiedergänger, seien sie vampirischer oder sonstiger Art, mit dem Mädchen, mit der schönen jungen Frau, vollziehen sich nun häufig im Medium der Film- und schließlich der Videokunst. Es scheint sogar, als sei der »Vampir und das Mädchen« eine Art Ikone, jedenfalls ein Gründer-Stereotyp des neuerfundenen Stummfilms geworden.[2]

---

[1] Oder wie es Friedrich Kittler mit einem Seitenhieb auf psychoanalytische Deuter und Deuterinnen so schön formuliert: »Eine Szene, die bei Spezialisten für geschlechterrollenvertauschten Oralsadismus unter besonderer Berücksichtigung der Mutterbrust sämtliche Schreibmaschinen in Gang gesetzt hat.« (S. 47)

[2] Siehe dazu die Filmographie von Ribadeau-Dumas (1976); dort werden allein bis 1928 dreißig Vampir-Stummfilme verzeichnet.

Diese Spezialisierung der Todesgestalt im Vampir hat sich inzwischen derart verselbständigt, daß die beiden Motive »Tod und Mädchen« und »Vampir und Mädchen« schon wieder nichts mehr voneinander wissen, schon gar nichts von ihren Verwandten: Offenkundig leben die weiblichen Vampire in der Nähe der »Belle Dame sans Merci«, und die männlichen Vampire haben die jeweiligen Monster zu Vettern, etwa in den Geschichten vom Typus »La Belle et la Bête« bis hin zu King Kong. Und so sind sie alle dem Mädchen und dem Tod entweder benachbart oder verwandt – und gehören, auch wenn sie nicht im Zentrum stehen, in den größeren Zusammenhang dieser Motivgeschichte.

22
Rainer Maria Rilke, *Toten-Tanz* (1908)

»Toten-Tanz

Sie brauchen kein Tanz-Orchester;
sie hören in sich ein Geheule
als wären sie Eulennester.
Ihr Ängsten näßt wie eine Beule,
und der Vorgeruch ihrer Fäule
ist noch ihr bester Geruch.

Sie fassen den Tänzer fester,
den rippenbetreßten Tänzer,
den Galan, den ächten Ergänzer
zu einem ganzen Paar.
Und er lockert der Ordensschwester
über dem Haar das Tuch;
sie tanzen ja unter Gleichen.
Und er zieht der wachslichtbleichen
leise die Lesezeichen
aus ihrem Stunden-Buch.

Bald wird ihnen allen zu heiß,
sie sind zu reich gekleidet;
beißender Schweiß verleidet
ihnen Stirne und Steiß
und Schauben und Hauben und Steine;
sie wünschen, sie wären nackt
wie ein Kind, ein Verrückter und Eine:
die tanzen noch immer im Takt.«

Ein dramatisches Gedicht, das alle Sinne anspricht, das uns das »Geheule« hören, den »Vorgeruch ihrer Fäule« riechen, die nassen Körper spüren und dessen häufiges Enjambement uns den Rhythmus tanzen läßt.

Soll man das Gedicht zu den Begegnungen des Todes mit der schönen Frau rechnen? Denn es ist ja die traditionelle mittelalterliche Ständerevue. Die Ordensschwester – ein mittelaltergetränktes Motiv – hat einen prominenten Platz und tanzt für alle ihre ständischen Schwestern in den »Schauben und Hauben« und behängt mit den »Steinen«.

Diese Revue der Stände, die »zu einem ganzen Paar« ergänzt werden, läßt obendrein merken, wie vergeblich sich die mittelalterlichen Holzschneider und Kupferstecher um die Darstellung des Ekels in der Situation des Todestanzes bemühten. Die Würmer und Schlangen, die aus dem halbverwesten Todesleib herauskriechen, sind geradezu klinisch saubere Darstellungen im Vergleich zum Gestank der angstdurchnäßten Todesfäule dieser Gestalten.

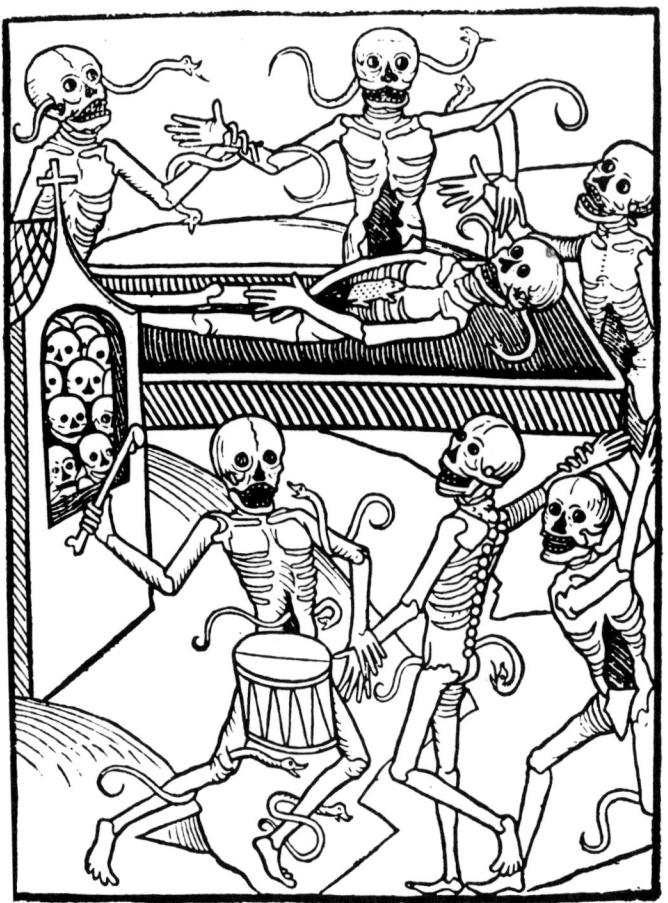

Abb. 25: Heinrich Knoblochtzer, *Totentanz*

So findet der klassische Totentanz in Rilkes surrealem *Toten-Tanz* zugleich seinen »naturalistischen« Darstellungsgipfel.

Wo aber ist das Bild vom Mädchen und dem Tod? Denn die Ordensschwester kann es nicht sein, sie ist das klassische Ständepersonal. Da sind diese rätselhaften Schlußverse:

Rainer Maria Rilke, *Toten-Tanz* (1908)

»Bald wird ihnen allen zu heiß, [...]
sie wünschen, sie wären nackt
wie ein Kind, ein Verrückter und Eine:
die tanzen noch immer im Takt.«

Der gedankliche Hiat scheint hinter »nackt wie ein Kind« zu liegen. Dann lautete der Schlußgedanke »ein Verrückter und Eine: die tanzen noch immer im Takt«. Wenn das richtig ist, dann wäre das Achtergewicht ein tanzendes Paar, das länger als die andern, länger als »alle«, denen zu heiß geworden ist, »im Takt« tanzt.

Die Rilke-Literatur hat die Vermutung geäußert, die »Eine« sei die »Hure« als »Symbol dieser verfallenen Hingabe an den Tod« (s. Behrendt 1957, S. 226), und hat dieser Vermutung alsbald auch widersprochen (s. Kramer-Lauff 1969, S. 83). Ich weiß kein ernsthaftes Argument für die »Hure«. Zudem bleibt die Mehrdeutigkeit, ob der »Verrückte« mit dem »rippenbetreßten Tänzer« gleichgesetzt werden darf.

Der Sinn dieser Schlußverse oszilliert über die syntaktischen Grenzen hinweg, läßt Freiheiten und Assoziationen, die sich gegen Eindeutigkeit wehren. Mag sein, daß hier anklingt, was Edvard Munch ins Bild setzt (s. Kap. 1): daß die letzten Tänzer der Tod und das Mädchen sind, weil es hier nicht mehr um Ständevertreter geht, sondern um die Spezies Mensch. Die »Eine« also als (das Leben) fortgebärendes Gattungswesen im Tanz mit dem Tod?

23
Arminius Hasemann, *Eros Thanatos* (1921)

Arminius Hasemanns Totentanz kommt in der Kunstkritik sehr schlecht weg. Schon Zeitgenossen werfen ihm vor, das alte Thema »Tod und Mädchen« als höhere Pornographie zu vermarkten. Und selbst ein zurückhaltender Kenner wie Kasten spricht von »vordergründigem Sexismus«.

Abb. 26: Arminius Hasemann, *Eros Thanatos*, Blatt 3

Kasten kommentiert: »Der Todeskampf der Frau wird in eine exaltierte Körperhaltung aufgelöst, so daß man sich des Eindrucks nicht erwehren kann, die gestaltete Situation diene mehr dazu, stramme Schenkel und pralle Brüste zu zeigen als den elementaren Tod-Leben-Konflikt zu beleuchten. Zur gesteigerten Frivolität der Szene tragen auch die beiden Gerippe bei, von denen die Frau bedrängt wird.« (Kasten 1986, S. 90)[1] Blatt 2 dieses Zyklus findet bei Kasten keine gnädigeren Augen (s. *Abb. 27*): »Einen ähnlichen Eindruck [sc. wie bei Blatt 1] gewinnt man bei der Betrachtung der tanzenden Frauen, deren jeweiliger Tanzpartner der Tod ist. Die blanke Nudität der Frauen, die sich von den dunklen Anzügen ihrer Tanzpartner effektvoll abhebt, wird zur Metapher einer pansexuellen Lebensbezogenheit.« (Ebd., S. 90 f.)

Abb. 27: Arminius Hasemann, *Eros Thanatos*, Blatt 2

1 Kasten bemerkt die Anleihen: »Hasemann muß die thematischen Vorbilder aus dem späten 15. und frühen 16. Jahrhundert gekannt haben; zu offensichtlich sind die Anlehnungen an Darstellungen, wie sie etwa von Nicklaus E. Deutsch oder Hans Baldung gen. Grien gestaltet wurden.« (1986, S. 90)

Abb. 28: Arminius Hasemann, *Eros Thanatos*, Blatt 1

Die wilde »ménage à trois« (s. *Abb. 28*) findet erst recht keine Gnade dort, wo pansexuelle Lebensbezogenheit verabscheut wird. Womöglich aber wird durch moralische Urteile dieser Art die Qualität des Blattes doch allzusehr verdunkelt. Seit den *Tanzenden Gerippen* in Schedels Weltchronik kenne ich keine solchermaßen berserkerhafte Tanzdarstellung. Die Verschränkung der Frauenleiber vor dem schwarzen Galan führt dazu, daß alle drei Körper auf der Höhe des Unterleibs zusammenstoßen, so daß die Komposition eben dort ihren Schwerpunkt und Blickfang hat.

Hasemanns Pech ist, daß er Freud gelesen hat, und sein Fehler, daß er es durch den Titel »Eros Thanatos« sowie durch das bildliche Freud-Zitat im dritten Blatt zugibt. Seine Interpreten wären gerne selber draufgekommen. So aber ist der Eindruck übermächtig, daß es sich um illustrierte Trieblehre handelt und deshalb die künstlerische Qualität von minderer Art sei.

Immerhin weiß Hasemann durch seine Freud-Lektüre, daß Triebe nicht ästhetisch sein müssen, daß sie eher häßlich, meist anstößig sind – und daß auch ihre jeweiligen kulturellen Überformungen im Regelfalle sich nicht an die Grenzen des jeweils guten Geschmacks halten.

Im Vergleich zu Munch ist er künstlerisch wohl gescheitert. Aber auch im Vergleich zu Beham (s. Kap. 8)? Oder zu Hans Baldung (s. Kap. 7)? »Sexualität und Tod« ist eben etwas anderes als »Erotik und Vergänglichkeit«. Sexualität und Tod sind ebensogut ein pornographisch-direktes Thema wie ein künstlerisch-symbolisches. Aber das werden wir erst durch Horst Janssen lernen (s. Kap. 30). Er zeigt uns recht unbarmherzig, daß das Thema auch für eine Pornographie des Todes herhalten kann. Dagegen sind Hasemanns Blätter blaß, durch ihre dekorativen Sexualsymbole sind sie dem Pin-up-Genre nahe. Und deshalb allenfalls – nicht etwa wegen der Freizügigkeit – kann man von Qualitätsschwächen reden.[1]

---

1 Von bombastischer Komik sind die Verse, die ein Felix Lorenz den Bildern von Hasemann beigegeben hat:

>»Eros, der Göttergeliebte! Aphrodite säugte ihn,
>Aber die Menschheit beschmiß ihn mit Kot [...]
>Seht, wie er unterging im Unrat des Lebens –
>Grausig verstummt mir die Harfe!
>Seht, wie er unterging, der Herrliche!
>Die Bacchanale wurden zu Cancanschreien.
>Vom grinsenden Tänzer Tod geführt
>Drehn sich im rasenden Wollustreigen
>Mann und Weib, unersättliche Lustbesessne!
>Die heilige Hetäre läuft auf der Gasse her,
>die Spinne zieht saugend die letzte Kraft
>Aus den entnervten Lenden des Lebensgreises,
>Alle treibt blinde Gier zu *Ihm* –
>Eros Thanatos!

>[...] Nun seh ich Weiber, von Lust vertiert,
>Übertaumeln zu dir,
>Männer, gestoßen von geiler Brunst,
>Verenden in Nacht – [...]«

24
Thomas Mann, Totentanz auf dem *Zauberberg* (1924)

Die Motivik des Totentanzes durchzieht den ganzen *Zauberberg*-Roman, bisweilen offen, bisweilen hintergründig verdeckt.[1] In einigen Kapiteln wird sie sogar zur tragenden Motivstruktur.

Offenkundig wird die Bildlichkeit des Totentanzes in dem gleichnamigen Kapitel, in dem Hans Castorp – zunächst aus Trotz gegen das im Sanatorium herrschende Tabu, dann aber auch aus dem »Bedürfnis seines Geistes, Leiden und Tod ernst nehmen und achten zu dürfen«[2] – zusammen mit seinem Vetter Joachim Ziemßen den sogenannten »Moribunden« und »Hochgradigen« Besuche abstattet. So zieht vor unseren Augen eine Revue Sterbender vorbei: der Herrenreiter, das Mädchen Leila Gerngroß, der junge Kaufmann Fritz Rotbein, Frau Zimmermann, die »Überfüllte«, Lauro, der schöne junge Mann mit dem »prahlerisch-dramatischen Gehabe« (S. 435), Sohn von »Tous-les-deux«, der deutsch-russische Versicherungsbeamte Anton Karlowitsch Ferge mit dem »hundsföttischen« (S. 437) Pleurachoc, der Knabe Teddy »aus dem ›Fridericianum‹, ein eleganter Vierzehnjähriger, blond und fein, mit Privatpflegerin in weißseidenem, verschnürtem Pyjama« (S. 438 f.), die »unglückselige und dabei so gefallsüchtige» (S. 433) Frau von Mallinckrodt und schließlich das »externe« Mädchen Karen Karstedt.

Das ist bewußt nach dem Muster der Ständerevue des mittelalterlichen Totentanzes komponiert. Es ist ein genialer Einfall, daß Hans Castorp, getrieben von einem »charitativen Unternehmungsgeist« (S. 426), zu einer Art Seelenführer der Moribunden wird. Stets taucht am Horizont des »Tanzes« die Todesgestalt des Hofrats auf, der ihm die Todkranken zuführt.

Das exaltierte Miteinander von Tod, Tanz, Musik hat in dem Besuch des Kur-

---

1 Der schöne Aufsatz von Eckhard Heftrich (1993) gibt eine gute Einführung mit zahlreichen Hinweisen. Es ist ihm dabei das Thema vom Mädchen und dem Tod nicht ins Gesichtsfeld gekommen. Sein Augenmerk bleibt auf Verweise im Gesamtwerk Thomas Manns gerichtet.
2 Ich zitiere nach der sehr schludrigen Frankfurter Ausgabe (s. Literaturverzeichnis), hier S. 416. Im laufenden Text nur mit der Seitenangabe.

haus-Cafés seinen Höhepunkt, wohin sich die beiden jungen Herren, »der armen Karen zu Gefallen« mit ihr und Frau Stöhr begeben:

> »Auch hier gab es Musik. Ein kleines, rotbefracktes Orchester spielte unter der Führung eines tschechischen oder ungarischen Primgeigers, der, von der Truppe gelöst, zwischen tanzenden Paaren stand und unter feurigen Körperwindungen sein Instrument bearbeitete. Mondänes Leben herrschte an den Tischen. Es wurden seltene Getränke herumgetragen. Die Vettern bestellten Orangeade zur Kühlung für sich und ihren Schützling, denn es war heiß und staubig, während Frau Stöhr süßen Schnaps zu sich nahm. Um diese Stunde, sagte sie, sei es mit dem Betriebe hier noch nicht völlig das Rechte. Der Tanz belebe sich noch bedeutend bei vorrückendem Abend; zahlreiche Patienten der diversen Heilanstalten und wildlebende Kranke aus den Hotels und dem Kurhause selbst, viel mehr noch als jetzt, beteiligten sich später daran, und schon manche Hochgradige sei hier in die Ewigkeit hinübergetanzt, indem sie den Becher der Lebenslust gekippt und den finalen Blutsturz in dulci jubilo erlitten habe.« (S. 447)

Die Todesgestalt des Primgeigers inmitten der tanzenden Paare ist ein eindrucksvolles Bild, nahe an den mittelalterlichen Vorlagen, aber eben nur nahe, nicht deckungsgleich.

Wie sehr Thomas Manns Totentanz-Vorstellung dominiert wird vom Motiv von Mädchen und Tod, zeigt die wie unbeabsichtigte Fokussierung auf Frauen: »und schon manche Hochgradige sei hier in die Ewigkeit hinübergetanzt, indem sie den Becher der Lebenslust gekippt [...] habe«.

Offenkundig wird die Totentanz-Motivik auch in der Durchleuchtungsszene im Kapitel »Mein Gott, ich sehe!«. Der Hofrat zeigt Hans Castorp zunächst, was er seine »Privatgalerie« nennt:

> »Und er zog Hans Castorp am Arm vor die Reihen der dunklen Gläser, hinter denen er knipsend Licht einschaltete. Da erhellten sie sich, zeigten ihre Bilder. Hans Castorp sah Gliedmaßen: Hände, Füße, Kniescheiben, Ober- und Unterschenkel, Arme und Beckenteile. Und die rundliche Lebensform dieser Bruchstücke des Menschenleibes war schemenhaft und dunstig von Kontur; wie ein Nebel und bleicher Schein umgab sie ungewiß ihren klar, minutiös und entschieden hervortretenden Kern, das Skelett.« (S. 304)

Um keine Unklarheiten zu lassen, spricht Hofrat Behrens die Vanitas-Eros-Thematik unmittelbar an: »Das ist ein Frauenarm. Sie ersehen es aus seiner Niedlichkeit. Damit umfangen Sie einen beim Schäferstündchen, verstehen Sie.« (Ebd.)

Schließlich erscheint Joachims Röntgenbild auf dem Schirm: »[Behrens] studierte die Flecken und Linien, das schwarze Gekräusel im inneren Brustraum, während auch sein Mitspäher nicht müde wurde, Joachims Grabesgestalt und Totenbein zu betrachten, dies kahle Gerüst und spindeldürre Memento. Andacht und Schrecken erfüllten ihn. ›Jawohl, jawohl, ich sehe‹, sagte er mehrmals. ›Mein Gott, ich sehe!‹« (S. 308)

Und wieder wird sogleich gedeutet, was er wirklich sieht: »Er hatte von einer Frau gehört, einer längst verstorbenen Verwandten von Tienappel'scher Seite, – sie sollte mit einer schweren Gabe ausgestattet oder geschlagen gewesen sein, die sie in Demut getragen und die darin bestanden hatte, daß Leute, die baldigst sterben sollten, ihren Augen als Gerippe erschienen waren.« (Ebd.) Auch gestattet der Hofrat Hans Castorp, seine eigene Hand durch den Leuchtschirm zu betrachten:

> »Und Hans Castorp sah, was zu sehen er hatte erwarten müssen, was aber eigentlich dem Menschen zu sehen nicht bestimmt ist, und wovon er auch niemals gedacht hatte, daß ihm bestimmt sein könnte, es zu sehen: er sah in sein eigenes Grab. Das spätere Geschäft der Verwesung sah er vorweggenommen durch die Kraft des Lichtes, das Fleisch, worin er wandelte, zersetzt, vertilgt, zu nichtigem Nebel aufgelöst […] Mit den Augen jener Tienappelschen Vorfahrin erblickte er einen vertrauten Teil seines Körpers […], und zum erstenmal in seinem Leben verstand er, daß er sterben werde.« (S. 309)

Das ist klassischer mittelalterlicher Totentanz, der Zwang zum Memento mori beim Anblick des Gerippes. Und doch ist dieses prädominante Motiv gleichsam eingefaßt von erotischen Motiven. Vor der Durchleuchtung warten die beiden Vettern in dem kleinen Wartezimmer. Doch unversehens sind sie nicht mehr allein: »Es war Clawdia Chauchat, die sich plötzlich im Zimmerchen befand; Hans Castorp erkannte sie mit aufgerissenen Augen, indem er deutlich fühlte, wie das Blut ihm aus dem Gesichte wich …« (S. 298) Kaum vermag er Fassung zu bewahren angesichts der »schlanken Linie ihres Beines unter dem blauen Tuchrock«, angesichts ihrer »höchst angenehmen und richtigen Größe, aber verhältnismäßig hochbeinig und nicht breit in den Hüften«, ihrer »unter dem anliegenden Sweater« sichtbaren »Brust, die nicht so hoch und üppig entwickelt wie bei Marusja, sondern klein und mädchenhaft war, von beiden Seiten zusammengepreßt« (S. 301 f.).

Und nach der Durchleuchtung, nach dem Memento-mori-Erlebnis, heißt es lakonisch, das Kapitel abschließend: »Sie gingen. Hans Castorp, hinter Joachim, blickte im Hinausgehen über die Schulter. Vom Techniker eingelassen, betrat Frau Chauchat das Laboratorium.« (S. 310) Thomas Mann weiß, daß der Tod und das Mädchen das Kernmotiv des Totentanzes ist.

Eine der geheimnisvollen Begegnungen von Tod und Mädchen findet unmittelbar *vor* dem Totentanz-Kapitel statt. Hans Castorp hat sich eine Reihe von wissenschaftlichen Werken »der Anatomie, Physiologie und Lebenskunde« (S. 385) beschafft und läßt sich in den Stunden der Liegekur auf seinem Balkon tief in die Welt des Organischen, seiner Grundelemente und seiner Geheimnisse versinken. »Was war das Leben?« Dreimal wird die Frage gestellt, in dreimaliger Näherung das Unwissbare umkreist.

Er rezipiert die wissenschaftlichen Werke in einer Art spekulativer Lust, sucht Uranfänglichkeiten organischer Substanz auf die Spur zu kommen, wagt sich gar an Theorien des Übergangs »des Organischen aus dem Unorganischen« – alles unausgesprochen durchtränkt von einer Grundthese allwaltender Sexualität, die wie eine Krankheit, eine Unsauberkeit sich regt und nicht aufhört, bis ein Zustand irreversibler Zeugungsfähigkeit erreicht ist. Wieder bewährt sich Thomas Manns Kunst, auch die trockenste wissenschaftliche Lektüre ad modum recipientis zu montieren, von den Nervensystemen der niedersten Tierarten hin zu den Endothelzellen eines geliebten Armes schweifend.

Dreimal wird die Frage gestellt: »Was war das Leben?«, und schließlich, beim dritten Mal, da »zeigte sich in der vom Schein des toten Gestirns erhellten Frostnacht das Bild des Lebens«. Es ist von Bedeutung, daß wir die Technik dieser nun folgenden Szene erkennen. Sie ist die »message«:

>»Es [i. e. das Leben] schwebte ihm vor, irgendwo im Raume, entrückt und doch sinnennah, der Leib, der Körper, matt weißlich, ausduftend, dampfend, klebrig, die Haut, in aller Unreinigkeit und Makelhaftigkeit ihrer Natur, mit Flecken, Papillen, Gilbungen, Rissen und körnig-schuppigen Gegenden, überzogen von den zarten Strömen und Wirbeln des rudimentären Lanugoflaums. Es lehnte, abgesondert von der Kälte des Unbelebten, in seiner Dunstsphäre, lässig, das Haupt gekränzt mit etwas Kühlem, Hornigem, Pigmentiertem, das ein Produkt seiner Haut war, die Hände im Nacken verschränkt, und blickte unter gesenkten Lidern hervor, aus Augen, die eine Varietät der Lidhautbildung schief erscheinen ließ, mit halb geöffneten, ein wenig aufgeworfenen Lippen dem Anschauenden entgegen, gestützt auf das eine Bein, so daß der tragende Hüftknochen in seinem Fleische stark hervortrat, während das Knie des schlaffen Beins, leicht abgebogen, bei auf die Zehen gestelltem Fuß sich gegen die Innenseite des belasteten schmiegte. Es stand so, lächelnd gedreht, in seiner Anmut lehnend, die schimmernden Ellbogen vorwärts gespreizt, in der paarigen Symmetrie seines Gliederbaus, seiner Leibesmale. Dem scharf dünstenden Dunkel der Achselhöhlen entsprach in mystischem Dreieck die Nacht des Schoßes, wie den Augen die rot-epitheliche Mundöffnung, den roten Blüten der Brust der senkrecht in die Länge gedehnte Nabel entsprach. Unter dem Antrieb eines Zentralorgans und im Rückenmark entspringender motorischer Nerven regten sich Bauch und Brustkorb, die Pleuroperitonealhöhle blähte sich und zog sich zusammen, der Atemhauch, erwärmt und befeuchtet von den Schleimhäuten des Atmungskanals, mit Ausscheidungsstoffen gesättigt, strömte zwischen den Lippen aus, nachdem er in den Luftzellen der Lunge seinen Sauerstoff an das Hämoglobin des Blutes zur inneren Atmung gebunden. Denn Hans Castorp verstand, daß dieser Lebenskörper in dem geheimnisvollen Gleichmaß seines blutgenährten, von Nerven, Venen, Arterien, Haarfiltern durchzweigten, von Lymphe durchsickerten Gliederbaus, mit seinem inneren Gerüst von Fettmark gefüllten Röhrenknochen, von Blatt-, Wirbel und Wurzelknochen, die aus der ursprünglichen Stützsubstanz, dem Gallertgewebe, mit Hilfe von Kalksalzen und Leim sich befestigt hatten, um ihn zu tragen; mit den Kapseln und schlüpfrig geschmierten Höhlen, Bändern und Knorpeln seiner Gelenke, seinen mehr als zweihundert Muskeln, seinen zentralen, der Ernährung, Atmung und Reizmeldung und Reizentsendung dienenden Organbildungen, seinen Schutzhäuten, serösen Höhlen, absonderungsreichen Drüsen, dem Röhren- und Spaltenwerk seiner verwickelten, durch Leibesöffnung in die äußere Natur mündenden Innenfläche: daß dieses Ich eine Lebenseinheit von hoher Ordnung war, bei weitem nicht mehr von der Art jener einfachsten Wesen, die mit ihrer ganzen Körperoberfläche atmeten, sich ernährten und sogar dachten, sondern aufgebaut aus Myriaden solcher Kleinorganisationen, die von einer einzigen her ihren Ursprung genommen, sich durch immer wiederkehrende Teilung vervielfältigt, sich zu verschiedenen Dienstleistungen und Verbänden geordnet, gesondert,

eigens ausgebildet und Formen hervorgetrieben hatten, die Bedingung und Wirkung ihres Wachstums waren.« (S. 389 f.)

Wie in dem Zeitraffer eines Films formt sich die Fülle anscheinend ungeordneter Informationen über Körperreaktionen plötzlich zum Bild der schönen nackten Frau – und löst sich wieder auf in das Miteinander von Detailfunktionen. Es ist ein grandioses Vanitas-Bild: Das die Zeiten überdauernde Funktionieren der Organe und Zellen schafft für einen Augenblick nur das geliebte Individuum – und löst es wieder auf in seinem gleichgültig weiterschreitenden Prozeß der Evolution. Arterhaltung ist die Aufgabe der Natur, nicht die Herausbildung des Individuums.

Dieses Sich-Wiederauflösen in biochemische Prozesse und Organfunktionen ist zudem ein genaues Analogon zur Auflösung beim Verwesungsprozeß des schönen Leibes, wie ihn der Totentanz, wie ihn überhaupt mittelalterliche Didaxe vorführt.[1] Neben den realistisch geschilderten und gezeichneten, halbverwesten Todesgestalten der Totentänze kommt die Allegorie der »Frau Welt« vor Augen, jener imposanten mittelalterlichen Frauenfigur, deren Vorderseite schön und verlockend und deren Rückseite im Zustand der Verfaulung ist.[2]

---

1 Eindrucksvoll in jenem frühmittelhochdeutschen Gedicht »Von des todes gehugde«, wo der eifernde Dichter eine höfische Frau ans Grab ihres Geliebten führt und ihr den verwesenden Leib zeigt (in: *Die religiösen Dichtungen des 11. und 12. Jahrhunderts*, nach ihren Formen besprochen und hg. v. Friedrich Maurer, Band III, Tübingen 1970, S. 337 ff.).
2 So hat sie Walther von der Vogelweide in seinen Liedern gezeichnet, und so ist sie öfter in Stein gehauen, etwa am südlichen Langhausportal des Wormser Domes.

25
Walpurgisnacht – Mädchen, Tod und Narren

Der epileptische Anfall des Lehrers Popów im Totentanz-Kapitel des *Zauberbergs* hatte schon eine Motivverbindung präludiert, die nun in dem folgenden Kapitel »Walpurgisnacht« explizit ausgeführt wird: die Verbindung von Totentanz und Narrentum. Diese Verbindung gehört, wo sie sich historisch manifestiert, nun gänzlich ins Reich des Körperlichen und Sexuellen und gehört auch im Roman in den Zusammenhang des trunken-erotischen Dialogs zwischen Hans Castorp und Clawdia Chauchat.[1]

Für die Frage nach der Herkunft dieser Nähe von Narr und Tod hat die Forschung immer schon auf zwei biblische Quellen hingewiesen. Sie sind der Ausgangspunkt für die traditionelle Verbindung von Narrheit, Sünde und Tod. Der 52. Psalm der Vulgata sagt vom Narren das Ungeheuerliche: »Dixit insipiens in corde suo: non est Deus«, in der Sprache Luthers: »Die Toren sprechen in ihrem Herzen: ›Es ist kein Gott‹.« Dazu kommt das paulinische Wort im Römerbrief 6,23, daß der Tod der Sünde Sold ist. Zum Narren gehört demnach, Gott zu leugnen – und das ist gleichzusetzen mit der Erbsünde, durch die der Tod in die Welt kam. Folgerichtig auch ist Eva zugleich »causa mortis« und Mutter der Narren.[2]

---

1 Auch bei Popóws Anfall wird der Zusammenhang schon geknüpft: »Es trug aber der ganze Vorfall ein eigentümliches und außer seiner Entsetzlichkeit auch anstößiges Tonzeichen, und zwar vermöge einer allgemein sich aufdrängenden Ideenverbindung, die an den jüngsten Vortrag Dr. Krokowski's anknüpfte. Der Analytiker war nämlich bei seinen Ausführungen über die Liebe als krankheitbildende Macht gerade am letzten Montag auf die Fallsucht zu reden gekommen und hatte dies Leiden, worin die Menschheit in voranalytischen Zeiten abwechselnd eine heilige, ja prophetische Heimsuchung und eine Teufelsbesessenheit gesehen, mit halb poetischen, halb unerbittlich wissenschaftlichen Worten als Äquivalent der Liebe und Orgasmus des Gehirns angesprochen, kurz, es in einem solchen Sinne verdächtigt, daß seine Zuhörer die Aufführung des Lehrers Popów, diese Illustration des Vortrags, als wüste Offenbarung und mysteriösen Skandal verstehen mußten, so denn auch in dem verhüllten Entfliehen der Damen eine gewisse Schamhaftigkeit sich ausdrückte.« (S. 421 f.)
2 Siehe Mezger 1991, S. 318 f. Vgl. dazu Kaiser 1993, S. 93-118.

So wie das Motiv des Todes im späten Mittelalter in die Narren- und Fastnachtswelt eindringt[1], so bevölkert die Narrenfigur – nun umgekehrt – die Totentänze.

In der *Danse macabre* des Guyot Marchant von 1485 fehlt in der ersten Ausgabe der Narr noch – und fehlte wohl auch in seiner Vorlage, an den Mauern des Friedhofes von Saints Innocents in Paris zu Beginn des 15. Jahrhunderts. In der zweiten Ausgabe aber, dem sogenannten *Miroir salutaire*, ist dann »Le sot« vertreten mit Narrenkostüm und Marotte.

Abb. 29: Miroir salutaire, *Le sot*

Im Basler Totentanz ist der Narr von Anfang an mit von der Partie. Interessant ist, daß der Todespartner des Narren offenbar eine bedeutsame Wandlung erfährt. Zunächst wohl nur mit einem Tuch über den Schultern (wie es die Kleinbasler »Kopie« bewahrt), ist er zu Merians Zeiten in ein komplettes Narrenkostüm mit Narrenkappe und Schellen geschlüpft.

---

1 Belege bei Mezger 1991.

Abb. 30: Merian, Basler Totentanz, *Narr*

Abb. 31: Hans Holbein, *Königin*

Kein anderes Gewand – mit Ausnahme vielleicht der Rüstung des Ritters – hat es dem Tod so sehr angetan.

Niklaus Manuel schließlich hat dem Narren ein besonders dramatisches Bild gewidmet. Der Tod ringt mit dem Narren und versucht ihn offenbar durch einen Hebegriff von den Füßen zu reißen. Auch Holbein zieht dem Tod ein komplettes Narrengewand über und läßt ihn triumphierend ein Stundenglas emporheben.

Der Narr gehört also um 1500 zum Ständepersonal. Daß der Tod sich als Narr verkleidet[1], geht womöglich über das übliche höhnische »Zitieren« von Kleidungsstücken oder Körpermerkmalen des Ständevertreters durch den Tod hinaus, kann darauf hindeuten, daß es zwischen Narr und Tod besondere Zusammenhänge gibt.

Natürlich darf in der Verbindung von Narr und Tod das Mädchen nicht fehlen. Geradezu programmatisch ist eine Radierung von Hans Sebald Beham aus dem Jahre 1540 (s. *Abb. 32*).

Abb. 32: Hans Sebald Beham, *Narr und Mädchen*

Narr und Mädchen und Tod, das ist Sünde und Sexualität und Vergänglichkeit. Beham setzt es ins Bild in einem nahezu identischen Kupferstich, nur daß jetzt aus

---

1 Siehe auch Schwarz 1984, S. 387-411.

der Kappe kein Narrengesicht, sondern ein Totenschädel hervorschaut. Hatte der Narr dem Mädchen einige Blumen dargeboten, so reicht der Tod ihm jetzt das Stundenglas (s. *Abb. 33*).

Abb. 33: Hans Sebald Beham, *Tod und Mädchen*

Daß die Verbindung Fastnacht und Tod in die Sphäre des Sexuellen gehört, war den mittelalterlichen Autoren wie selbstverständlich. In den Totentänzen nimmt der Tod immer mehr närrische Züge an. Vor allem dadurch, daß sein Tanz immer exzessiver und grotesker wird. Der Tod gewinnt damit Züge des bäurisch-tanzenden Narren. Die sich steigernde Dynamik des Tanzes führt zu einer Betonung von Körperlichkeit und Sexualität.

Es ist kein geringerer als Sebastian Brant, der in seinem *Narrenschiff* dafür den Begriff gefunden hat: Der Tod zwingt den Menschen zu seltsamen Sprüngen, »den ich billich den dotsprung heiß« (den ich zu Recht den »Todsprung« nenne; Kap. 85, 31).

Der »dotsprung«, den Sebastian Brant offenbar als einen neuen Terminus einführen will – und der von vergleichbarer Suggestivkraft ist wie der »Totentanz«, gehört zum 85. Kapitel »Nit fursehen den dot« (Nicht an den Tod denken, den Tod nicht erwarten). Der Kapitelholzschnitt – er wird bisweilen Dürer zugeschrieben – zeigt bezeichnenderweise den Narren, der dem Tod weglaufen will (s. *Abb. 34*).

Abb. 34: Sebastian Brant, »Nit fursehen den dot« (Kapitelholzschnitt)

Sebastian Brant weiß, welche Macht der Tanz über die Menschen hat:

»Vß dantzen vil vnratts entspringt
Do ist hochfart / vnd üppikeyt
Vnd für louff der vnlutterkeyt
Do schleyfft man Venus by der hend
Do hatt all erberkeyt eyn end /
So weys ich gantz vff erterich
keyn schympf der sy eym ernst so glich
Als das man dantzen hat erdocht
Vff kilchwih / erste meß ouch brocht
Do dantzen pfaffen / mynch / vnd leyen
Die kutt muoß sich do hynden reyen
Do loufft man / und würfft vmbher eyn
Das man hoch sieht die blossen beyn
Ich wil der ander schand geschwigen
Den dantz schmeckt bas dann essen fygen
Wann Kuontz und Maetzen dantzen mag
Inn hungert nit eyn gantzen dag
So werden sie des kouffes eyns
Wie man eyn bock geb umb eyn geiß
Soll das eyn kurtzwil syn genant
So hab ich narrheyt vil erkant
Vil wartten vff den dantz lang zyt
Die doch der dantz ersettigt nit.«

»Vom Tanzen kommt viel Unheil,
Hoffart und Üppigkeit
und der Anfang der Unlauterkeit.
Da schleift man Venus an den Händen,
und alle Ehrbarkeit ist vorüber.
So weiß ich auf der ganzen Erde
keinen Spaß, der dem Ernst so nahe ist
wie die Erfindung des Tanzes.
Selbst auf der Kirchweih und der Primiz
tanzen Pfaffen, Mönche und Laien,
die Kutte müßte sich da zurückhalten (?).
Da läuft man und wirft wohl eine umher,
daß man die nackten Beine hochsieht.
Ich will von anderer Schande schweigen,
der Tanz schmeckt süßer als Feigen.
Wenn Kunz mit Mätze tanzen kann,
dann braucht er nicht lange Hunger leiden,
bald werden sie handelseinig,
so wie man den Bock für die Geiß gibt.
Soll man das Kurzweil nennen,
so habe ich es vielmehr als Narrheit erkannt.
Viele warten lange auf den Tanz,
die doch der Tanz nie ganz sättigt.«
(Ebd., Kap. 61, 12-34)

Hier ist mit aller Drastik die dionysische Mitgift des Tanzes, sein wildes und ekstatisches Element, erspürt und in Kontexte gestellt: Sünde, Narrheit, Ausschweifung und Fastnacht. Der Tanz ist ein elementarer Teil des karnevalesken Treibens, und er ist fast immer wild und exzessiv, allermeist sexuell, oft obszön.

Karneval, Körperlichkeit und »dotsprung« – dieser Motivkomplex, im Mittelalter wahrgenommen und ausgebildet, dient Thomas Mann zum virtuosen Spiel. Settembrini bringt es wie stets auf den Punkt, als Hans Castorp sich bei ihm erkundigt, wie das Faschingstreiben im »Berghof« sich wohl darstelle: »Was wollen Sie, auch in der maison de santé finden bisweilen ja Bälle statt, für die Narren und Blöden, wie ich gelesen habe – warum nicht auch hier? Das Programm umfaßt die verschiedensten danses macabres, wie Sie sich denken können.« (S. 453)

Das Fest beginnt, und je mehr die allgemeine Ausgelassenheit auf den Höhepunkt zutreibt, um so wilder mischen sich Todesmotive (»Die stumme Schwester« und: »Der blaue Heinrich«) und erotische Motive (»Die volle, hochbetonte und blendende Nacktheit dieser herrlichen Glieder eines giftkranken Organismus«, S. 457) in das närrische Treiben. Settembrini kommentiert die Ereignisse mit Stationen der klassischen Walpurgisnacht und schafft damit die Kulisse, mit deren Hilfe er die offenkundigen Tendenzen zur Ausschweifung zitierend bändigen will.

Er verläßt schließlich irritiert die Fastnachtsgesellschaft in eben dem Augenblick, in dem Hans Castorp zum ersten Mal auf Clawdia Chauchat zugeht. Der hat diesen Augenblick gesucht, durch alle Zerstreuungen hindurch offenbar vorbereitet und mit Entschlossenheit angesteuert. Und diese Begegnung, der große Höhepunkt in der ersten Hälfte des Romans, ist nach dem Muster der Begegnung von Tod und Mädchen eingeleitet:

> »Hans Castorp aber stand auf dem Klinkerhof, blickte aus nächster Nähe in die blaugrau-grünen Epicanthus-Augen über den vortretenden Backenknochen und sprach:
> ›Hast *du* nicht vielleicht einen Bleistift?‹
> Er war totenbleich, so bleich wie damals, als er blutbesudelt von seinem Einzelspaziergang zur Konferenz gekommen war. Die Gefäßnervenleitung nach seinem Gesichte spielte mit dem Erfolg, daß die entblutete Haut des jungen Gesichtes blaßkalt einfiel, die Nase spitz erschien und die Partie unter den Augen ganz so bleifarben wie bei einer Leiche aussah.« (S. 467 f.)

Der Tod trifft auf eine Frau, die gänzlich in der Gewißheit ihrer sexuellen Macht ruht:

> »Die im Papierdreispitz betrachtete ihn von oben bis unten mit einem Lächeln, worin keinerlei Mitleid, keinerlei Besorgnis angesichts der Verwüstung seines Äußeren zu erkennen war. Das Geschlecht kennt ein solches Mitleid und eine solche Besorgnis überhaupt nicht vor den Schrecken der Leidenschaft, – eines Elementes, ihm offenbar viel vertrauter als dem Mann, der von Natur keineswegs darin zu Hause ist und den es nie ohne Spott und Schadenfreude darin begrüßt.« (S. 468)

Sie ist es auch, die ihn dazu bringt, daß er – wie es sich für diese Begegnung gehört – fragt: »Willst du tanzen?« Für sie ist das ein Spiel, in dem sie zunächst kokett mitspielt: »Würdest du wollen?«, fragte sie mit erhobenen Brauen lächelnd dagegen, und er antwortete: »Ich täte es schon, wenn du Lust hättest.« Und sie darauf: »Das ist weniger brav, als ich dachte, daß du seist.« (S. 471)

Nachdem er noch einmal insistiert (»Wie ist es nun, willst du nicht tanzen?«), zeigt sie ihm die Grenzen des Spiels: »Aber nein, das ist kindisch. En cachette des médecins. Aussitôt que Behrens reviendra, tout le monde va se précipiter sur les chaises. Ce sera fort ridicule.« (S. 472) In dem Augenblick, in dem der wirkliche Tod erscheint, ist der Spaß vorüber. Und so sehen sie dem grotesken Tanz der verkleideten Tänzer zu.

Das Gespräch steuert auf einen erotisch-makabren Höhepunkt zu, eine wollüstige Liebeserklärung in der Machart heikelster Ironie, eine Liebeserklärung am mardi gras, in der die Dreieinigkeit von Körper, Liebe und Tod zelebriert wird:

> »Oh, l'amour, tu sais ... Le corps, l'amour, la mort, ces trois ne font qu'un. Car le corps, c'est la maladie et la volupté, et c'est lui qui fait la mort, oui, ils sont charnels tous deux, l'amour et la mort, et voilà leur terreur et leur grande magie! Mais la mort, tu comprends, c'est d'une part une chose mal famée, impudente qui fait rougir de honte; et d'autre part c'est une puissance très solennelle et très majestueuse, - beaucoup plus haute que la vie riante gagnant de la monnaie et farcissant sa panse, – beaucoup plus vénérable que le progrès qui bavarde par les temps, – parce qu'elle est l'histoire et la noblesse et la piété et l'éternel et le sacré qui nous fait tirer le chapeau et marcher sur la pointe des pieds ... Or, de même le corps, lui aussi, et l'amour du corps, sont une affaire indécente et fâcheuse, et le corps rougit et pâlit à sa surface par frayeur et honte de lui-même. Mais aussi il est une grande gloire adorable, image miraculeuse de la vie organique, saint merveille de la forme et de la beauté, et l'amour pour lui, pour le corps humain, c'est de même un intérêt extrêmement humanitaire et une puissance plus éducative que toute la pédagogie du monde!« (S. 481 f.)

Das Bild, das ihm während seiner physiologischen Studien auf dem eisigen Balkon erschien, tritt wieder vor seine Augen:

> »Oh, enchantante beauté organique qui ne se compose ni de teinture à l'huile ni de pierre, mais de matière vivante et corruptible, pleine du secret fébrile de la vie et de la pourriture! Regarde la symétrie merveilleuse de l'édifice humain, les épaules et les hanches et les mamelons fleurissant de part et d'autre sur la poitrine, et les côtes arrangées par paires, et le nombril au milieu de la molesse du ventre, et le sexe obscur entre les cuisses! Regarde les omoplates se remuer sous la peau soyeuse du dos, et l'échine qui descend vers la luxuriance double et fraîche des fesses, et les grandes branches des vases et des nerfs qui passent du tronc aux rameaux par les aisselles, et comme la structure des bras correspond à celle des jambes. Oh, les douces régions de la jointure intérieure du coude et du jarret avec leur abondance de délicatesse organique sous leurs coussins de chair! Quelle fête immense de les caresser ces endroits délicieux du corps humain! Fête à mourir sans plainte après! Oui, mon Dieu, laisse-moi sentir l'odeur de la peau de ta rotule, sous laquelle l'ingénieuse capsule articulaire sécrète son huile glissante! Laisse-

moi toucher dévotement de ma bouche l'Arteria fermoralis qui bat au front de ta cuisse et qui se divise plus bas en les deux artères du tibia! Laisse-moi ressentir l'exhalation de tes pores et tâter ton duvet, image humaine d'eau et d'albumine, destinée pour l'anatomie du tombeau, et laisse-moi périr, mes lèvres aux tiennes!« (S. 482)

Nach Clawdias Abschied findet sich Hans Castorp in einer Situation wieder, die das Motiv vom Mädchen und dem Tod nun endgültig ironisch verkehrt: Es bleibt ihm ihre »Erinnerungsgabe [...], das Pfand, das diesmal nicht in bräunlichroten Holzschnitzeln, sondern in einem dünn gerahmten Plättchen, einer Glasplatte bestand, die man gegen das Licht halten mußte, um etwas an ihr zu finden, – Clawdia's Innenporträt, das ohne Antlitz war, aber das zarte Gebein ihres Oberkörpers, von den weichen Formen des Fleisches licht und geisterhaft umgeben, nebst den Organen der Brusthöhle erkennen ließ ...« (S. 490)

26
Die schönen, aber schon toten Frauen

> »Der Tod einer schönen Frau
> ist also ohne Zweifel das
> poetischste Thema der Welt.«
>
> *Edgar Allan Poe*

Die schönen weiblichen Leichen des 18. bis 20. Jahrhunderts sind für die feministische Literaturwissenschaft zu Schlüssel-Ikonen einer weitreichenden Kultur- und Gesellschaftskritik geworden. Das große Werk von Elisabeth Bronfen *Nur über ihre Leiche. Tod, Weiblichkeit und Ästhetik* setzt hier die Maßstäbe. Die Autorin beschreibt ihr Programm so:

> »Dieses Buch geht [...] von folgender Überlegung aus: Literarische und bildliche Darstellungen des Todes, die ihr Material aus einem allgemeinen Fundus kultureller Symbole schöpfen, lassen sich als *Symptome* unserer patriarchalischen Kultur deuten. Und weil dieser Kultur der weibliche Körper als Inbegriff des Andersseins, als Synonym für Störung und Spaltung gilt, benutzt sie die Kunst, um den Tod der schönen Frau zu *träumen*. Sie kann damit, *(nur) über ihre Leiche* das Wissen um den Tod verdrängen und zugleich artikulieren, sie kann ›Ordnung schaffen‹ und sich dennoch ganz der Faszination des Beunruhigenden hingeben [...] Das ist das Thema dieses Buches: Der Kampf gegen die durch *das Andere* (das Weibliche, den Tod) hervorgerufene Unordnung. Die *Entstellungen* als Strategien zur Wiederherstellung der Ordnung. Die Phantasien von Sicherheit. Die Unsicherheit.« (Bronfen 1994, S. 9 f.)

Das voluminöse und stilistisch anspruchsvoll geschriebene Buch braucht und sucht Leser, die mit dem Werk Sigmund Freuds ähnlich vertraut sind wie seine Autorin. Wer darüber nicht verfügt, dem werden womöglich wichtige Pointen entgehen.

Wenn ich recht verstehe, lauten ihre Thesen und Einsichten so: Schöne Frauen sind meist extrem (Heilige oder Huren) und gefährlich für Männer. Deshalb lieben Männer tote schöne Frauen. Oftmals bringen sie sie auch selber um oder sind schuld an ihrem Selbstmord. Auf jeden Fall ist der Tod einer schönen Frau die Wiederherstellung einer durch sie gefährdeten Ordnung.[1] Vor allem die Künstler bringen die Frauen um – und damit wird die Ebene der Poetologie und Kunsttheorie erreicht. Denn die künstlerische Darstellung der schönen Frau ist ein Tötungsakt, indem das (bedrohlich) Lebendige in tote Kunstform verwandelt wird.[2]

Bronfens materialreiches Buch ist in einem zuvor erschienenen Aufsatz thesenartig zusammengefaßt. Sie sieht im Thema der »schönen Leiche« erkenntnistheoretische und gesellschaftliche Diskurse einander überlagern:

>»So kreuzen sich ab Mitte des 18. Jahrhunderts in dem Motiv der ästhetischen Inszenierung des weiblichen Todes verschiedene Stränge, die nie gänzlich zu trennen sind. Die Darstellung des weiblichen Todes dient zum einen einer epistemologischen Diskussion darüber, wie man sich mit Blicken die Welt aneignet und, wie das Betrachten des Todes eines anderen vorgibt, Erkenntnisse über den eigenen Tod, über die Welt jenseits des Todes vermitteln zu können. Sie dient aber auch einer ästhetischen Diskussion über die Bedingungen des Kunstschaffens, über die reizvollen Gefahren, Lebendiges in Kunst zu übertragen, über die ambiguöse Forderung der Kunst, lebende, beseelte Materie in nicht belebte Form umwandeln zu müssen. Die schöne Leiche erhellt, in diesem Licht gesehen, explizit die verbindende Schwelle zwischen Tod und Kunstproduktion, ihre gegenseitige Bedingtheit. Als reiner Körper ist sie, semiotisch gesehen, Figur, d. h. ein rhetorisches Stilmittel ohne eigene, auszeichnende Gesichtsmerkmale, eine beliebige, leere, endlose Projektionsfläche, völlig Spiegel. Zum zweiten werden an dem Motiv der schönen Leiche, als Opfer der Gesellschaft oder des Geliebten, Kulturnormen abgehandelt. Weil sie als ›das Andere‹ semantisiert wird (Simone de Beauvoir), steht die Frau im Kulturdiskurs des Westens immer für Extreme [...] – das extrem Gute, Reine, Hilflose oder das extrem Gefährliche, Chaotische, Verführerische, für die Heilige oder die Hure, für Maria oder Eva und, als Außenseiterin, für die Negation der bestehenden Norm. Als solche dient sie einer Dynamisierung der Gesellschaft, die mit der Tilgung von Frauen enden muß. Gleichgültig, ob die Opferung einer Frau einer vordergründigen Gesellschaftskritik dient (indem an ihr, als der Verkörperung einer profanisierten Form Christi, gezeigt wird, daß die Reinen in dieser Welt nicht überleben können, sie aber dabei die weltliche Schuld doch auf sich nehmen) oder ob die Opferung der gefährlichen Frau die durch ihre Gegenwart kurzfristig aufgehobene Ordnung wieder herstellt: In beiden Fällen wird die Norm bestätigt und erhalten. Ferner wird am Bild der toten Schönen aufgezeigt, in welchem Sinne Liebe mit tötender Besitznahme zusammenhängt, aber auch, daß die Liebe zu einer konkret nicht mehr erreichbaren Frau der zu einer leiblich zugänglichen (und in ihrer Leiblichkeit gefährlich empfundenen) vorzuziehen ist.« (Bronfen 1987, S. 90 f.)

In der Literatur der Romantik finden sich, wie gezeigt, die eindringlichsten Verschränkungen von erotischem Begehren und Todessehnsucht bis hin zum Ineinander von Liebeswunsch und Todeswunsch. Novalis' *Hymnen an die Nacht* und

---

1 Oder gar – in Anlehnung an Horkheimer und Adorno (*Dialektik der Aufklärung*) – ist er zu deuten als gewalttätige männliche Unterwerfung der Natur (= Frau) und damit als durchgehendes Motiv der neuzeitlichen Zivilisation. Siehe dazu die Einleitung zu Berger/Stephan 1987.
2 Das literarische Musterbeispiel dafür gibt Edgar Allan Poe in seiner Erzählung *Oval Portrait*, in welcher ein Maler seine Frau porträtiert und in eben dem Maße, wie das Bild immer genauer und lebendiger wird, die Frau ihren Geist aushaucht.

Richard Wagners *Tristan und Isolde* mögen als Belege dafür stehen. Leider geht die Verfasserin an dieser bedeutsamen Motivvariante (die ja ein romantisches Leitmotiv ist) vorbei und blickt nur auf Frauen als Opfer. Am Beispiel der ersten Liebesszene zwischen Anna Karenina und Wronski sowie von Merimées Geschichte der Carmen fragt sie: »Warum will man das, was man liebt, töten? Warum tötet man die Geliebte im Akt des Liebens? Warum braucht man sie als Tote, um sie lieben zu können? Worin besteht die gegenseitige Bedingtheit von erotischem Begehren und Todessucht?« (Ebd., S. 104) Ihre Antwort: Nur der Tod der Frau befreit den Mann von der Unsicherheit des möglichen Verlustes. Klassisch hat das Nietzsche formuliert: »Jede große Liebe bringt den grausamen Gedanken mit sich, den Gegenstand der Liebe zu töten, damit er ein für alle mal dem frevelhaften Spiel des Wechsels entrückt sei: Denn vor dem Wechsel graut der Liebe mehr als vor der Vernichtung.« (Zit. n. der Einleitung zu Berger/Stephan 1987)

Es ist schade, daß Elisabeth Bronfen keinen Blick auf die gerade im 19. Jahrhundert so zahlreichen »Begegnungen« der Mädchen mit dem Tod riskiert. Aus psychoanalytisch-feministischer Sicht wäre die Begegnung des Mädchens mit dem Tod gewiß als akute Bedrohung der Ordnung zu deuten: Frau und Tod sind ja die gesellschaftlichen Zeichen für »das Andere«, das Gefährliche und Chaotische.[1] Aus dieser Sicht würde die Begegnung in actu darstellen, was in der schönen Leiche dann sein zufriedenstellendes Ende finden wird. In der Tat ist ja im Regelfall als Ergebnis der Begegnung der Mädchen mit dem Tod ihr Verblassen zu denken, also ein – im Sinne Bronfens – tröstliches Versprechen zur Wiederherstellung der sichtbar und anstößig gestörten Ordnung.

Keine befriedigende Erklärung gibt dieser Denkrahmen freilich für den häufigen und irritierenden Umstand einer erotischen oder sexuellen Beziehung zwischen den Mädchen und dem Tod.[2]

---

1 »Tod und Weiblichkeit dienen als zwei der zentralen Rätsel des westlichen Diskurses dazu, das Unaussprechliche, Unerforschliche, Unlenkbare und Schreckliche zu repräsentieren; dasjenige, was nicht direkt angesehen werden darf, sondern durch die Gesetze der Gesellschaft und die Kunst kontrolliert werden muß. [...] Tod und Weiblichkeit fungieren als privilegierte Rätsel, die es zu lösen gilt und die sich dennoch, in anderem Sinne, der Enträtselung widersetzen; sie *dürfen* nicht gelöst werden, müssen offen, unentschieden, unbestimmt bleiben und markieren die Grenze, die ein System sich setzt.« (Bronfen 1994, S. 365)

2 Bronfen sieht ihr Deutungsmuster bestätigt auch dort, wo sie eine »Erotisierung des Todes« erkennt: »Ähnlich widersprüchlich ist auch die häufige Erotisierung des Todes. Obgleich der Tod einer tugendhaften Frau dazu dienen mochte, gesellschaftliche Moralvorstellungen durchzusetzen und zu bestätigen, wurde die Analogie zwischen der Aggression des Todes und der Leidenschaft der Liebe dazu benutzt, um beide als Teile jener dunklen Natur darzustellen, die die Autonomie und Rationalität des Selbst grundsätzlich gefährdet und einen Verstoß gegen die Moral provoziert. Weil Natur, vorgestellt als allmächtige Destruktionskraft, zu einem Objekt von Kontrolle und Herrschaft veräußerlicht wurde, galt sie auch als gefährlich,

Unser literarisches und bildnerisches Material weist ja eher in die Richtung, daß die Sexualität die menschliche Gattung gleichsam resistent macht gegen den Tod, daß die Mädchen – als Sexualwesen – am Ende also die Sieger sind in diesem Kampf – so wie es das Litho von Edvard Munch schon zu Beginn zu verheißen schien (s. Abb. 1). Vor allem diejenigen schönen jungen Frauen, die mit dem Tod tanzen, haben sich seit dem Mittelalter im Tanz eines Mediums bemächtigt, das Freiheit, Entgrenzung, Lösung von hergebrachten Zwängen, kurz: Emanzipation verheißt.[1] Vor diesem Sachverhalt versagt eine feministische Deutung dann, wenn sie darauf beharrt, daß der Tod das männliche Prinzip darstelle und damit die Herrschaft über die Frau bezeuge. Der offenkundige Triumph des Weiblichen läßt sich in solcher Denktradition nicht verstehen. Und schon gar nicht wird man diese Kunst als eine Komplizin der Männer bei der Unterdrückung der Frauen – so Elisabeth Bronfen – denunzieren können.

Es sei denn – ewige Immunisierung durch Dialektik –, indem gerade die Darstellung eines Triumphes des Weiblichen eine besonders hinterlistige männliche Ranküne ist.

---

als fremd, ungezähmt und wild. [...] Im neunzehnten Jahrhundert waren ›Liebe‹ und ›Tod‹ kulturell als die zwei Bereiche konstruiert, wo die wilde Natur in die Stadt des Menschen einbrechen konnte, und dies zu einer historischen Zeit, da die Gesellschaft glaubte, daß ihre technologischen und rationalen Errungenschaften die Natur vollständig unterworfen hätten. Die weibliche Leiche, da sie diese beiden gefährlichen Elemente in sich vereinigte, diente als besonders überzeugendes Sinnbild solchen Triumphs über eine gewalttätige Natur und deren Unvermögen, die ›Andere‹ gänzlich auszutreiben: ein superlativisches Sinnbild für die unvermeidliche Rückkehr des Verdrängten.« (Ebd., S. 129 f.)

1 Dazu unter anderen Rasch 1967. Bei Rasch finde ich auch den Hinweis auf die Tänzerin Isadora Duncan, deren Vortrag »Der Tanz der Zukunft« aus dem Jahre 1903 seherische Perspektiven formuliert. Beim Tanz handelt »es sich um die Entwicklung des weiblichen Geschlechts zu Schönheit und Gesundheit«. Über die Tänzerin der Zukunft sagt sie: »Ihre Bewegungen werden denen der Götter gleichen, sie werden die der Wogen und Winde spiegeln und das Wachsen der irdischen Dinge …, sie wird kommen als der freie Geist, der in dem Leibe des freien Weibes der Zukunft wohnen wird.« (Zit. in ebd., S. 64)

27
Sexualität, Tod und Totentanz

Die junge Frau und der Tod, so war – mit Hilfe von Ruffié – zu sehen, ist also eine elementare Allegorie der Natur: Sexualität und Tod als die beiden notwendigen Voraussetzungen für die Evolution aller höheren Lebewesen; Sexualität, um die genetischen Karten jeweils neu und erfolgreich zu mischen, Tod, um die vorhandenen Lebewesen zu verdrängen.

An dieser Stelle lohnt noch einmal ein Blick zurück auf jenen historischen Moment, in dem das Motiv eine erste und eigene ikonographische Struktur gewinnt: auf den mittelalterlichen Totentanz. Ich erinnere an Kap. 4: Frauen und Tod tauchen zunächst im Kontext der Ständekritik auf und verselbständigen sich dann zu einem Motivkreis außerhalb des Totentanzes. Man konnte sehen, daß bereits in diesen Anfängen des Motivs eine erotisch-sexuelle Grundierung spürbar ist.

Jetzt aber erkennen wir, daß die Begegnung des Todes mit Frauen von Anfang an meist anders verläuft als die mit Männern. Wo die männlichen Vertreter der Stände und Berufsstände in den Tanz gezogen werden, spricht der Tod fast immer ihre ständischen Qualitäten an, geißelt die Verfehlungen ihres ständischen und beruflichen Auftrags, selten (etwa beim Jüngling) wird einmal auf Sexualität im weitesten Sinne angespielt. Auch die reuigen Selbstbezichtigungen der Männer, also ihr »Selbstverständnis«, nehmen stets auf ihre ständische oder berufliche Funktion Bezug.

Anders bei den Frauen: Da ist der »basso continuo« eines vorherrschenden Motivs, nämlich die Sexualität. Die Anklagen des Todes sowie die Selbstbezichtigungen der Frauen nehmen oft grob und direkt auf das Geschlechtsleben Bezug, bisweilen verhüllt als Lebenslust, Eitelkeit und Gefallsucht. Nur hin und wieder wird darauf verzichtet. Die »Funktionen« der Frauen, sei es als Gräfin, sei es als Nonne, sind eher beiläufig und selten assoziiert.[1]

---

[1] Zu den Ausnahmen wird man einige geistliche Frauen zählen, auch etwa die »Wittfrouw« des Berner Totentanzes: Der Tod hebt auf ihr Beten und Fasten ab, wodurch sie ein langes

Der große »Doten Dantz mit figuren« etwa, den wahrscheinlich Heinrich Knoblochtzer um 1485 druckte, wirft der »burgerin« vor, daß sie zu hofieren pflegte und zu tanzen, daß sie flanieren ging, statt treu und ausschließlich ihren Gatten zu lieben. Auch die Nonne überkam oftmals die Tanzlust und die Jungfrau erst recht – stets ein eindeutig sexuelles Motiv, wie oben dargelegt (S. 23 u. 68 f.). »Viel Wollust hat mein stolzer Leib« – das ist das Bekenntnis der Kaiserin, und in ihm bündelt sich, was andere Frauen gestehen oder was ihnen der Tod vorwirft. Oft sind es sexuelle Anspielungen von mehr oder minder großer Deutlichkeit: So muß sich die Äbtissin des Basler Totentanzes fragen lassen: »Gnedige Fraw Eptissin rein/ Wie habt ihr so ein Bäuchlein klein.« Und wenn der Text einmal das Tanz- und Lustmotiv nicht ausdrücklich zitiert – wie etwa bei der Herzogin ebenfalls im Basler Totentanz –, dann hilft das Bild nach: Die Brüste und das Delta der Venus sind ostentativ betont (s. *Abb. 35*).

Abb. 35: Basler Totentanz, *Herzogin*

(Forts.:)
Leben gesucht habe. Aber unmittelbar danebengemalt ist die schöne Sündengestalt der »Dochter« mit ihren großen Brüsten, in die ein zudringlicher Todesgalan greift (s. *Abb. 5*).

Eine Ausnahme bildet die Mutter des Basler Totentanzes. Das Miteinander von Mutter und Kind scheint die Sexualität dieser Frauengestalt zu neutralisieren – wenn nicht der Tod der mit Kind und Wiege beschäftigten Frau von hinten unter dem Arm hindurch in einer obszönen Geste an die Brust griffe.

Abb. 36: Basler Totentanz, *Mutter und Kind*

Das bedeutet: Weibliche Standesvertreter werden – im Gegensatz zu den männlichen – in erster Linie als Geschlechterwesen erfahren.[1] Die weibliche Sexualität ist der Pfahl im Fleische. In der spanischen *Danza de la Muerte* wird ihr schließlich der gebührende Platz eingeräumt. Die erste Aufforderung des Todes ergeht an zwei junge Mädchen (dos donsellas), deren Schönheit und Anziehungskraft Grund genug sind, ihnen die nagenden Würmer an ihrem faulenden Fleisch vor Augen zu führen.[2]

[1] Damit fallen sie eigentlich aus der Systematik der Totentänze heraus. Es hätte für diesen Zweck eine einzige Vertreterin genügt. Lediglich in der »Danse macabre des femmes«, einem weiblichen Gegenstück zur »Danse macabre« der Männer, die sich dessen großem Erfolg dankt, werden von den 32 bzw. 36 Frauen einige nach ihren Funktionen differenziert.
[2] Siehe dazu Saugnieux 1972 und Wolf Lustig in Link 1993, S. 495.

Wenn der Tod auf Männer trifft, beurteilt er sie nach ihrem Stand, ihren Aufgaben, ihrer Lebensleistung und Lebensführung, trifft er hingegen auf eine Frau, wird er oft vom Sexus überwältigt und zum höhnenden Misogynen. Anders formuliert: Von Anfang an steht der heimliche Motivhintergrund »Sexualität und Tod« neben dem didaktischen Grundgedanken der Totentänze, dem »Memento mori«. Vielleicht darf man sogar sagen, daß das Elementarmotiv »Sexualität und Tod« in den Totentänzen endlich eine geeignete Kunstform fand, um sich offen und bündig – und nicht nur verhüllt – darzustellen.

Trifft das auch für die romanischen Länder zu, wo das grammatische Geschlecht des Todes ja weiblich ist: la mort, la morte, la muerte? Ist der Tod dort auch männlich gedacht?

Offenbar ja. Es gibt in den bekannten Totentänzen in Frankreich keine Todesgestalt mit weiblichen Brüsten – des für diese zeichnerische Gestaltung zwingenden Signals für Weiblichkeit. La mort ist in Frankreich *le* mort, der Tote – und er ist offenkundig männlich gedacht. Das zeigen die zahllosen Bilder, in denen die Todesgestalt sich den Frauen auffordernd, obszön, spöttisch und mysogyn nähert. Um so mehr wird damit die Geschlechterdifferenz sowie die Möglichkeit erotischer Spannung betont, wenn *le* mort auf eine schöne Frau stößt.

Bei den wenigen weiblichen Todesgestalten, die die deutschen Totentänze haben, also etwa bei der Königin im Basler Totentanz oder beim Chorherrn oder Priester im Berner Totentanz, sind die halbverwesten weiblichen Todesfiguren offensichtlich Spottfiguren: in Basel, wo die Königin klagt: »... wo sind jetzt meine Frauenzimmer, mit denen ich viel Freude hatte«, und der Tod dann eben als Frauenzimmer erscheint. Ähnlich in Bern, wo Priester oder Chorherr in sehr weiblichem Habit dargestellt sind und eine höhnisch nachäffende Todesgestalt zur Seite haben. Die weibliche Todesfigur hat also eine ähnliche Funktion wie die Abtsmitra, die sich in Basel der Tod aufs Haupt setzt, oder wie die Ritterrüstung oder die Narrenkappe, die er trägt – sie ist eine höhnische Maske. Seine Fähigkeit zur angemessenen Verwandlung stellt der Tod auch beim Arzt unter Beweis, dem er – anders als sonst – als einwandfreies Skelett erscheint, nur um höhnisch sagen zu können: »Herr Doktor, beschaut an mir die Anatomie, ob sie auch richtig sei ...«. Und wenn in Schedels Weltchronik ein Skelett mit einer weiblichen Todesgestalt tanzt, dann ist das eben die Travestie eines Paartanzes.

Die Geschichte der real existierenden Sexualität im Mittelalter ist noch nicht geschrieben. Man hat das Feld bisher jenen langweiligen »Sittengeschichten« überlassen, deren Betulichkeit weniger in Prüderie als in fehlender Quellenkenntnis gründet. Demnächst dürfen wir jedoch von Peter Dinzelbacher eine umfassendere Quellenstudie erwarten.[1]

Soviel aber ist gewiß: Die Frau ist im Mittelalter die biblisch verbürgte Anstifterin zur Sünde, ist deshalb der mindere und eher schmutzige Teil der Gattung. Die mittelalterliche Kultur ist voll von frauenfeindlichen Abscheuphantasien, die sich immer wieder auf das eine Thema Sexualität beziehen – und das ist die gewöhnliche Maske unseres Motivs. Und es sind wohl dieselben Quellen, aus denen sich die gleichzeitigen Vergöttlichungsphantasien, der Minne- und auch der Marienkult, speisen.

---

1 Fürs erste müssen wir uns mit seinem schönen Aufsatz in Erlach/ Reisenleitner/ Vocelka 1994 begnügen.

28
Sexualität und Tod – Sexualität und Gewalt

Philippe Ariès' *Studien zur Geschichte des Todes im Abendland* enthalten zwar ein Kapitel mit dem Titel »Eros und Thanatos vom 16. bis zum 18. Jahrhundert«, doch beschränkt er sich darin auf die bloße Nennung einiger weniger Beispiele und eine sehr pauschale Beurteilung:

> »Im Zeitraum vom 16. bis zum 18. Jahrhundert hat sich im Rahmen unserer abendländischen Kultur eine neue (?) Annäherung von Eros und Thanatos vollzogen. Die makabren Bildvorwürfe des 15. Jahrhunderts boten keine Anzeichen von Erotik. Seit dem Ende des Jahrhunderts und zu Beginn des 16. haben sie jedoch erotische Bedeutungen in sich aufgenommen. Die spindeldürre Magerkeit des Pferdes des Dürerschen apokalyptischen Reiters, eben des Todes, hat seine Zeugungsfähigkeit unbeschadet gelassen, und das zu übersehen steht uns nicht frei. Der Tod begnügt sich nicht mehr damit, die Lebenden sanft zu berühren wie in den Totentänzen, er tut ihnen Gewalt an. Der Tod von Hans Baldung Grien nähert sich einem jungen Mädchen mit den aufreizendsten Berührungen. Das Barock-Theater häuft Liebesszenen auf Friedhöfen und Gräbern. [...] Hier möge es genügen, an die berühmteste und bekannteste von allen zu erinnern, die Liebe und den Tod von Romeo und Julia im Grab der Capulets.
> Im 18. Jahrhundert erzählt man ganz ähnliche Geschichten vom jungen Mönch, der mit der schönen Toten nächtigt, die er behütet und die zuweilen nur scheintot ist. Deshalb läuft diese makabre Verbindung Gefahr, nicht ohne Folgen zu bleiben. Die vorstehenden Beispiele gehören in den Bereich der damals so genannten ›galanten Dinge‹. Aber die Erotik dringt selbst in die religiöse Kunst ein, ohne Wissen der gestrengen Moralisten, wie es die Gegenreformatoren waren. Die beiden römischen Heiligen Berninis, die Heilige Teresa und die Heilige Ludovica Albertoni, sind in dem Augenblick dargestellt, da die *unio mystica* mit Gott sie überwältigt; ihre sterblich-menschliche Ekstase aber läßt alle einnehmenden und grausamen Anzeichen einer erotischen Verzückung durchscheinen. Seit den Tagen des Präsidenten de Brosses darf man sich da keiner Täuschung mehr hingeben, selbst wenn Bernini und seine päpstliche Klientel sich noch Illusionen machen konnten.
> Mit diesen erotisch-makabren Motiven müssen die Szenen von Gewalttätigkeit und Folter in Zusammenhang gebracht werden, die die tridentinische Reform mit einer Empfänglichkeit verbreitet hat, der sich die Zeitgenossen nicht bewußt waren, deren Vieldeutigkeit jedoch uns, die wir heute mit Tiefenpsychologie vertraut sind, in Erstaunen setzt: der Heilige Bartholomäus, dem von athletischen und nackten Henkern bei lebendigem Leibe die Haut abgezogen wird, die Heilige Agathe und die jungfräulichen Mär-

tyrerinnen, denen man ›die Brustwarzen zerstückelt‹. Die Erbauungsliteratur des braven Bischofs Camus zögert nicht, grausame Todesfälle und schreckliche Marterqualen zusammenzuraffen, aus denen der Autor durchaus moralische Lektionen zu schmieden versucht. Eines der Bücher trägt den Titel *Spectacles d'horreur* und ist eine Sammlung schwarzer Erzählungen. Diese wenigen Beispiele mögen zur Charakterisierung der makabren Erotik genügen.« (Ariès 1976, S. 99 f.)

Das ist in manchem nur halbrichtig[1] und pauschal. Eros und Tod sind nicht bloß eine Mode des 16. bis 18. Jahrhunderts, sie sind eher in einer Tiefenschicht unserer präkulturellen Entwicklung angelegt.

Der Tod tritt dem Mädchen fast immer als gewalttätige männliche Figur entgegen.[2] Die Betonung der Frau als Geschlechterwesen in den Totentänzen – »Reduktion« würde man heute sagen – hat ja etwas Paranoides. Schließlich aber ist die Todesgestalt dadurch ein Inbegriff von Gewalt, daß sie den Menschen ans Leben geht, sie ist die letzte mögliche Gewalt. Vor allem dort aber, wo die Gewalt des Todes sexuell grundiert ist – im Regelfalle also –, ist die Todesgestalt zugleich eine große Allegorie von Sexualität und Gewalt.

Sexualität und Gewalt sind offenbar in archaisch-naturhaften Schichten aneinander gebunden. Religion, Recht, Politik und Kultur haben diese Kombination immer wieder mühevoll und oft vergeblich zu zähmen, zu »domestizieren«, wenigstens zu trennen versucht. Friedrich Nietzsche und Sigmund Freud[3] haben das der Neuzeit eröffnet und damit unserem aufklärerischen Narzißmus blutige Wunden geschlagen.

So ist die Todesgestalt einerseits jenes gleichgültige Naturgesetz, das sich gegen das fortdauernde Gebären – symbolisiert im Mädchen – behaupten muß, um überhaupt Evolution möglich zu machen (Ruffié). Zugleich repräsentiert sie aber jenes andere »Natur«-Gesetz, wonach Sexualität und Gewalt notwendig ineinander verfließen. Zuletzt hat das Camille Paglia in ihrem großartigen und zugleich irri-

---

1 Es ist natürlich falsch, daß der Tod in den Totentänzen den Lebenden sanft berühre. Offenbar hat Ariès nur die französische *Danse macabre*, die bei Guyot Marchand verlegt wurde, vor Augen. Auch sind die »Bildvorwürfe des 15. Jahrhunderts« keineswegs frei von Erotik – siehe das vorangehende Kapitel.
2 Dort, wo er im Totentanz als halbverweste weibliche Gestalt erscheint, ist es eher ein komisch-groteskes, ein foppendes Motiv.
3 Eros und Todestrieb im *Abriß der Psychoanalyse* (Nachlaß) Freuds: »Das Ziel des ersten ist, immer größere Einheiten herzustellen und so zu erhalten, also Bindung, das Ziel des andern im Gegenteil, Zusammenhänge aufzulösen und so die Dinge zu zerstören. Beim Destruktionstrieb können wir daran denken, daß als sein letztes Ziel erscheint, das Lebende in den anorganischen Zustand zu überführen. Wir heißen ihn darum auch *Todestrieb*. Wenn wir annehmen, daß das Lebende später als das Leblose gekommen und aus ihm entstanden ist, so fügt sich der Todestrieb […] der Formel, daß ein Trieb die Rückkehr zu einem früheren Zustand anstrebt.« (FWG XVII (AP), S. 71)

tierenden Buch *Die Masken der Sexualität* (1990; dt. 1992)¹ dargestellt. Sie räumt auf mit dem blauäugigen Rousseauismus vom eigentlich ja guten Menschen, der nur zu seiner Natur zurückfinden müsse:

> »Die Feministinnen, die sich bemühen, der Sexualität Gewaltverhältnisse auszutreiben, wenden sich gegen die Natur. Sexualität *ist* Macht. [...] Sexuelle Freiheit, Befreiung der Sexualität: moderne Illusionen. Wir sind hierarchiebewußte Tiere. Wird eine Rangordnung weggefegt, tritt sogleich eine andere an ihre Stelle, die vielleicht sogar rigider ist als die erste. [...] In der Natur herrscht rohe Gewalt als Gesetz – der Stärkste überlebt. [...] Sexualität ist eine weit dunklere Macht, als der Feminismus zugeben möchte. Die Verhaltens- und Sexualtherapien huldigen dem Glauben an die Möglichkeit einer schuldlosen, makellosen Sexualität. Aber Sexualität war stets und in allen Kulturen von Tabus umgeben. Die Sexualität ist der Berührungspunkt zwischen Mensch und Natur, an der Moral und guter Wille primitiven Zwängen erliegen.« (Paglia 1992, S. 13 f.)

Das ist eine entsetzliche Ironie. Denn im Totentanz ist der Tod doch zugleich die letzte ethisch-moralische Instanz, die all jene verurteilt, die den Geboten des Christentums zuwidergehandelt haben. Der »sexuelle Tod«, als welchen wir ihn kennengelernt haben, ist aber zugleich Repräsentant eben jener »heidnisch-chtonischen« oder auch »dionysischen« Tradition, zu deren Niederringung das Christentum schließlich angetreten war.

In solchem Zusammenhang interpretiert Camille Paglia die Entstehung von Kunst, Kultur und Wissenschaft – ganz in der Tradition von Friedrich Nietzsche – als männlich-»appollinische« Flucht, als Verteidigung zugleich gegen das Naturhaft-Kreatürlich-Weibliche oder auch »Dionysische«. So sieht sie die Funktion des Christentums als ein Bauen von Wällen gegen die Barbarei der Sexualität und Gewalt:

> »Glücklich die Zeiten, in denen Ehe und Religion festgegründete Institutionen sind. System und Ordnung bieten uns Schutz gegen Sexualität und Natur. Leider leben wir in einer Zeit, in der das Chaos der Sexualität offen ausgebrochen ist. [...] Wenn die Geschichtsschreibung behauptet, die jüdisch-christliche Tradition habe die heidnische Welt überwunden, dann ist dies ihr grellstes Fehlurteil. Denn die heidnische Welt hat in den tausend Formen der Sexualität, der Kunst und heute der modernen Medien überlebt. Das Christentum hat eine Anpassungsleistung nach der anderen vollzogen, um sich seinen Widerpart (wie in der italienischen Renaissance) auf ingeniöse Weise einzuverleiben und seine Lehre in Einklang mit den Zeitläuften immer weiter zu verwässern.« (Ebd., S. 41)

Diese unbarmherzige historische Analyse führt sie zu einer überraschenden und zugleich tiefskeptischen Diagnose einer Gegenwart, deren Institutionen und Dämme durch die Bildermacht der neuen Massenmedien überflutet und weggespült werden:

---

1 Siehe vor allem das Kapitel »Sexualität und Gewalt – oder: Natur und Kunst«, S. 11-59. Den Hinweis verdanke ich meinem Kollegen Dirk Matejovski.

»Ein kritischer Punkt ist erreicht. Mit dem Wiedererstehen der Götter in den Idolatrien der Massenkultur, mit dem Aufbrechen von Sexualität und Gewalt an allen Ecken und Enden der allgegenwärtigen Massenmedien sieht sich die jüdisch-christliche Tradition der größten Herausforderung seit ihrer Auseinandersetzung mit dem Islam im Mittelalter gegenüber. Die latente heidnische Tradition in der Kultur des Westens bricht in ihrer ganzen dämonischen Lebendigkeit erneut hervor. (...) Der einzige Umgang mit der Natur, den das Christentum seinen Anhängern gestattete, war eine durch die Ehe geheiligte Sexualität. Die chtonische Natur in Gestalt großer weiblicher Gottheiten war der furchterregendste Gegner des Christentums. Das Christentum funktioniert am besten, wenn ehrwürdige Institutionen wie das Mönchtum oder das allgemeine christliche Ehegebot die sexuelle Energie in positive Richtung bündeln. Es funktioniert am schlechtesten, wenn, wie heute der Fall, die Sexualität aus ständig anderen Richtungen Anregungen erfährt. Keine transzendente Religion kann mit der spektakulären Direktheit und Unmittelbarkeit medialer Fleischeslust konkurrieren. Unsere Augen und Ohren werden überflutet vom Taumel der Lust. Die heidnisch-rituelle Identifizierung von Sexualität und Gewalt ist das große Veto der Massenmedien gegen den selbstgefälligen Rousseauismus moderner Menschenfreunde. Die kommerzialisierten Medien mit ihrer direkten Abhängigkeit vom Publikumsgeschmack haben sich der Kontrolle der freiheitlich-fortschrittlichen Zensoren, die über die Buchkultur eine so lange Herrschaft ausgeübt haben, entzogen. In Film, Schlager und Werbung treffen wir alle die dämonischen Mythen und sexuellen Stereotypen der Antike wieder, die sämtliche Reformbewegungen, vom Christentum bis hin zum Feminismus, nicht haben ausrotten können.« (Ebd., S. 41 f.)

Das geht gewiß weit über den Gehalt unseres Motives hinaus. Und doch lehrt es uns sehen, daß das Gewaltmotiv in der Begegnung des Todes mit den schönen Frauen mitnichten der männlichen Todesgestalt reserviert bleibt. In einigen der provozierenden Frauenkörper von Holbein bis Dalí, Ungerer und Wondratschek sind offenbar jene chtonischen Sexual-Gottheiten gegenwärtig, die selbst den Tod das Fürchten lehren.

29
Salvador Dalí, *Der Tod und das Mädchen* (1967)

Die Radierung gehört zu einem Zyklus, den Dalí zu Guillaume Apollinaires *Poèmes secrets* komponierte (*Mensch und Tod* 1989, S. 38). Sie erinnert an eine bedeutsame Variante des Themas »Tod und Mädchen«, nämlich an den Tod als Musikanten.

Zwischen der üppigen, fast ironisch-üppigen Mädchengestalt und dem reitenden Tod herrscht eine starke sinnlich-erotische Beziehung, die gerade deshalb so stark wirkt, weil die Distanz zwischen ihnen so groß ist. Distanz ist hier auch gezeichnet: der Rückenakt im Vordergrund, das reitende Gerippe im Hintergrund. Die gestische Beziehung stellt sich her durch die aufreizende Pose des Mädchens und durch den mit der Gitarre winkenden oder grüßenden Tod. Ob das Mädchen die Hand zum Gruß erhoben hat oder ob sie sich in einer lockenden Geste die Haare zurückstreicht, läßt sich nicht entscheiden. Die Blickrichtung des Mädchens hin zum Tod entspricht den Strahlen, die von der Wolke oder der Sonne über dem Tod in Richtung Mädchen ausgehen und ihren Kopf und Körper berühren. So wie die roten Strahlen aus den Wolken- oder Sonnenkreisen über dem Tod das Mädchen berühren, so berühren die roten Blumen zu Füßen des Mädchens die Wolke, auf der der Tod reitet – eine ebenso innige Verbindung wie diejenige zwischen der Lockenpracht des Mädchens und dem Schweif des Pferdes. Die Todesgestalt zu Pferd freilich scheint vorbeizureiten, sie erwidert das einladende Körpersignal der jungen Frau, aber sie bleibt fern.

Die dritte Gestalt ist gleichfalls ein offenkundiges Todesmotiv, wie die lange Trompete und das sensenförmige Gerät zeigen. Die drei Figuren, das Mädchen und die beiden Todesgestalten sind zudem verbunden durch die ovalen Kreisformen. Über dem reitenden Tod bilden sie ein Wolkengebilde, unter ihm sind sie zu einer Art Spiralnebel verdichtet, unter der trompetenden Todesgestalt sind es wenige sich einander überschneidende Ovale, und im Mädchen finden sie gleichsam ihre Urform: in den beiden Backen des Mädchenhinterns.

Abb. 37: Salvador Dalí, *Der Tod und das Mädchen* (1967)

Salvador Dalí, *Der Tod und das Mädchen* (1967)

Das Bild ist von scheinbar großer Direktheit: Sinnliche Frau und Tod grüßen einander. Und doch ist eine rätselvolle Unentschiedenheit in der Szene. Warum reiten die Todesfiguren vorüber? Warum kommt es nur zu einer grüßenden Begegnung aus der Ferne? Sind am Ende Tod und Frau einander vertraut, womöglich im selben Gewerbe tätig? Ist es eine Variante des Motivs von der lockenden Frau, die den Tod bereithält? Die todbringende Frau grüßte also ihren vorbeireitenden Meister mit einer schamlosen Geste? Dann wären es drei Todesgestalten, die auf dem Bild einander begegnen, eine im Vordergrund (das Mädchen), eine größere und eine kleine im Hintergrund – so wie die drei roten Blumen zu Füßen der Frau, eine voll erblühte im Vordergrund, eine größere und eine kleine im Hintergrund.

Man muß in der Deutung nicht so weit gehen. Es genügt festzuhalten, was die Komposition offenbar macht: eine erotische Lockung der jungen schönen Frau an den vorüberziehenden Tod, eine sinnverwirrende bildliche Gestaltung des Geheimnisses von Sexualität und Tod.

30
Horst Janssen, Tote im Liebesrausch (1984)

Es könnte scheinen, daß die traditionellen Inszenierungen von »Tod und junger Frau« deshalb kulturell müde und abgestanden wirken, weil die allgegenwärtigen elektronischen Medien in einem fort in vulgärer Direktheit den vulgären Zusammenhang von Sexualität, Gewalt und Tod vorführen und deshalb kein Raum mehr bleibt für das fruchtbare Spiel der Phantasie. In der Tat wird das Motiv in der Gegenwartskunst häufig akademisch und konventionell und lebt dann allenfalls als gebildetes Zitat fort (s. dazu Kap. 35).

So braucht es besondere Anstrengungen, um das Thema künstlerisch gegen die alltägliche, an Unbekümmertheit und Aggressivität zunehmende Bilderflut durchzusetzen. Jean Tinguely, vielleicht Alfred Hrdlicka und Salvador Dalí haben es vermocht, der eine durch eine Idee der Inszenierung und Symbolsprache, der andere durch die Drastik der Darstellung und der dritte durch die geheimnisvolle Metaphorik.

In dem stupenden Werk von Horst Janssen ist das Motiv des Todes wie ein basso continuo präsent.[1] Auch der Totentanz im engeren Sinne begleitet sein Werk durch verschiedene Phasen hindurch – und das Motiv vom Tod und der jungen Frau steht dabei im Vordergrund.

Die Radierung vom Tod und dem Mädchen aus dem Jahr 1974 ist stilistisch eher konventionell.

---

1 Janssen versteht das Todesmotiv in seinem Werk geradezu als Überlebensstrategie: »Allein die Tatsache, daß er [sc. der Tod] mir Hirte = Pastor ist und ich mich sorgsam in seiner Nähe halte, so wie das Kind an der Schürze der Mutter – weil er sich nämlich meiner damit jederzeit sicher weiß –, während er solche, die sich emsig hinter Karrieren und Barrieren verbergen wollen, womöglich mit Würdekostümen und Titelhüten maskiert, am sichersten greift – wie ein Hirte eben, der just nach dem greift, was sich davonstehlen will – allein dies schon läßt mich in seiner Gewißheit und Obhut bleiben.« (Janssen 1986, S. 315)

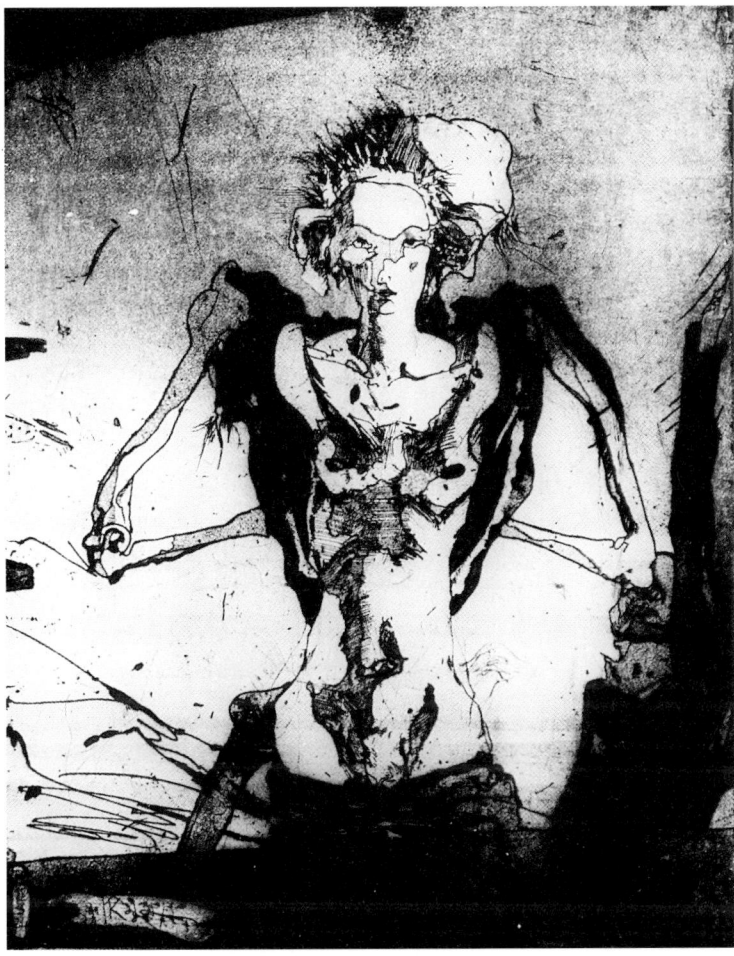

Abb. 38: Horst Janssen, *Tod und Mädchen*, Radierung (1974)

Das Bild ist, gemessen an den einstigen Möglichkeiten des Motivs, sehr intellektuell, fast gelehrt. Die Bildidee will offenbar sagen, daß der halbverweste Mädchenkörper schon in dem dahinterstehenden Tod aufgeht, daß beide ineinander verschmelzen. Hier wird im Bildungsarchiv geblättert – Janssen sieht sich ja immer in Traditionen. Das Mädchen erinnert in seiner Haltung an eine einstmals schöne Statue, an marmorne Vergangenheit – der Künstler zitiert.

Janssen hat sich ausführlich über das Thema »Tod« in seinem Werk geäußert; in der *Hommage à Tannewetzel* aus dem Jahr 1986, einer »Neujahrsrede in St. Marien zu Lübeck«:

>»Man sagt: Ich zitiere zu oft den Tod. Ich zitiere also, zu gerne fast, die, wie man es nennt, Symbolfigur des Todes in meinen Kritzeleien. Zu gerne lasse ich den Knochenkerl durch meine Szenerien hüpfen – zu gerne füge ich seinen Schädel an meine Visage. Gefäl-

lig und kokettierend leih ich mir diesen Kerl mal von Manuel Deutsch, mal von Rethel, leih mir den Dürerschen – dann den affektierten von Böcklin und den niedlichen des Ludwig Richter. Aber auch dann den schrecklich schönen, noch halbwegs vom Leben her pestenden, so sinnlich gebildeten Knochenkerl des Barocks, und schließlich hol ich mir gar noch ein Vorbild aus der verdörrten Gesellschaft in den Katakomben dei Cappuccini. Und obwohl die zuletzt genannten Beispiele im Original alles andere sind als der Koketterie dienlich, werden sie mir unter der Pfote dennoch zu volkstümlichen Zitaten – *und* eben – zur koketten Anspielung.« (Janssen 1986, S. 304)

In einem wütenden Ausfall gegen das »intellektuelle« Verständnis vom Tod setzt er sein an der künstlerischen Tradition gebildetes Verhältnis zu ihm:

»Und wie ist es nun mit dem Tod? Allen voran sind es die ›Wissenden‹, die Klugscheißer, die sich als Intellektuelle verstehen, deren Klugscheißerei wiederum von intellektuellen Einsichten so verschieden ist, wie die langweilige Strecke lang ist zwischen dem Anfang und dem Ende ihrer Borniertheit, falls es denn da überhaupt ein Ende gibt – also allen voran sind es diese ›Wissenden‹, die mir den Tod zu einer leeren Floskel machen wollen. Glücklich darüber, daß ER als Phänomen tituliert werden kann, führen sie bei passender und unpassender Gelegenheit die blöde Formel im Maul: Wir müssen alle sterben. Dagegen ist nun nix einzuwenden, wenn solche nicht im gleichen Atemzug ›meinen‹ Knöchernen, meinen sinnlich zu begreifenden Freund blöd bis nachsichtig belächeln. […]

Und hier fügt sich gleich ein Ärgernis ans andere: Die, die ihrer Begabung, Neigung und Bildung gemäß den Faden der menschlichen Geschichte weniger als Leitfaden, vielmehr als Lebensfaden begreifen könnten – sie haben sich dieser Soldateska des Ungeistes – den alles wissenden, alles kommentierenden Versachlichern bereits verkauft. Sie dünkeln sich als Auf- und Abgeklärte. […] Sie sind das Ärgernis, das sich dem andern anfügt: sie völlern kostenlos am Tisch der Geschichte. Sie hecken keinerlei Schönheit, kein Gedicht, keine Komposition für Cello und Flöte, kein Drama noch Dramulett, keine Daphne aus Alabaster und noch weniger einen Prometheus aus Stein und schon gar nicht Kathedralen und eben auch keine Bilder. Und da dem so ist, ist ihnen ein Bild nicht nötig – der Tod ist abgehaktes Phänomen. Sie benötigen nicht den sinnlich begreifbaren Knochenkerl.

Und ganz und gar sind sie dabei nicht einer Liebe fähig, die sich über repräsentative Ernährung und Geschlechtsverkehr hinaushebt. Man frage die Frauen solcher, *bevor* sie zu Repräsentationspuppen verkümmert sind.

Nun – aber grad in den Liebe-Vorstellungen unserer Vorväter, in genau den Bildern, die die Liebe zum Thema haben – und das ist bereits bei Manuel Deutsch und Lucas Cranach der Fall und nicht erst in der an solcher Stelle gern und voreilig zitierten deutschen Romantik –, gerade in solchen Bildern genau wurde unbedingt mein Knochenfreund eingebracht. Ist doch seine ureigenste Domäne das Feld, auf dem Lust und Schönheit in fortwährender Vereinigung und Abschied sich tummeln und trennen.« (Ebd., S. 304 ff.)

So ist die Radierung *Das Mädchen und der Tod* wahrlich nicht das letzte Wort Janssens zum Thema. Vielleicht das letzte Wort, weil vom Inhalt kaum noch zu »überbieten«, jedenfalls seine radikalste Bearbeitung des Themas ist die schockierende Folge *Postskriptum* von 1985.

Sie besteht aus 14 Radierungen und zeigt den Tod und das Mädchen bei den unterschiedlichsten sexuellen Aktivitäten. Eigentlich ist das Thema schon über-

Abb. 39: Horst Janssen, *Postskriptum* (1985), Blatt 1

Abb. 40: Horst Janssen, *Postskriptum*, Blatt 2

dehnt. Es ist nicht mehr der Tod, es sind zwei, manchmal auch drei Leichen, die Geschlechtsverkehr miteinander haben. Darin ist Janssen den ganzen frühen Totentänzen unmittelbar nahe. Noch im Basler Totentanz sind es ja halbverweste Leichen, die den Standesvertreter in den Tanz führen (s. S. 68 f.). Das Mädchen des Janssenschen Zyklus ist zur Hälfte ein Skelett; das unschuldige schöne Puppengesicht und die nackten Arme sitzen auf einem skelettierten Oberkörper; bisweilen sind der Unterleib und Beine noch als lockendes Fleisch gezeichnet, bisweilen ist auch nur noch eine behaarte Vagina übrig, in die die Todesgestalt hineinstößt. Die männlichen Skelette bestehen nur aus Hoden, Genital und Knochen (s. *Abb.* 39 und 40).

Die Radierungen sind bewußt darauf angelegt, die Schamgefühle des Betrachters zu verletzen. Anders als bei Hans Sebald Beham werden hier nur sehr hartgesottene Voyeure noch auf ihre Kosten kommen. Und um auch kein Tabu auszulassen, zeigt ein Blatt die Beteiligung eines Kindes am ausgefallenen Verkehr der beiden Halbskelette.

Janssen hatte in *Hommage à Tannewetzel* schon verbal angedeutet, worauf es zeichnerisch bei seinem »Knochenfreund« hinausläuft:

> »Zeichne ich die Sache noch ein bißchen weiter: Die Lust des begabten Liebhabers zielt immer auf die *ganze* Leiblichkeit – man könnte sagen: Da ist kein Fleisch – da ist kein Muskel, der nicht zugleich Geschlechtsteil wäre. Während die flüchtige Geilheit auf die programmierten Punkte zielt, wühlt sich die Lust des begabten Liebhabers quasi in die ganze Anatomie, und aus der Lust wird Begeisterung in Leibhaftigkeit. Das ist dann auch zugleich das Fleisch in der Kunst, und ist ein bißchen zum unbedingten Gegenteil des Knochen und des Todes erhöht – der damit schon wieder im Spiel wäre.« (Ebd., S. 306)

Mit diesem nekrophilen Sexualrausch ist das Motiv vom Tod und dem Mädchen auch an seine Grenze gebracht. Es ist, als wolle Janssen dem Paar seine jahrhundertealte Maske aus Geheimnis, Grauen und Illusion vom Gesicht reißen und zeigen, daß die in einer langen Tradition gestaltete Erotik zwischen dem Tod und der schönen Frau nur auf ein vulgäres Stoßen und Stöhnen hinauslaufe. Der Schrecken, der von seinen Bildern ausgeht, besteht darin, daß er die mittelalterliche Körperlichkeit der Halbverwesung paart mit purer sexueller Drastik. Alles ist tot in diesen Gestalten, nur der Geschlechtstrieb funktioniert.

Das Motiv hatte in seiner langen Geschichte immer wieder auch die Botschaft herausgearbeitet, daß die junge Frau durch ihre Gebärfähigkeit den Tod überwinden kann. Selbst dort, wo das nicht künstlerische Absicht gewesen ist, wirkt eine Art »List des Motivs« in dieses Bedeutungsfeld. Das ist bei Janssen offensichtlich und womöglich bewußt ausgeschlossen – der Leib des Mädchens, das Gefäß der

Horst Janssen, Tote im Liebesrausch (1984) 137

Abb. 41: Horst Janssen, *Brief an Mirjam*

Fortpflanzung, ist bis auf die aufgesetzten, ja fast aufgeklebten Brüste nur Skelett.[1]

Im Ausstellungsplakat *Brief an Mirjam* (Isar Galleri 1 +1, Helsingborg, Dezember/Januar 1985 u. 1984) ist die Darstellung der genitalen Vereinigung von Tod und Mädchen unverfremdet in die Nähe der Obszönität gerückt. Aber hier ist das Mädchen nun wieder eine »intakte« Person, ist nicht mehr Halbskelett, sondern steht als junge schöne Frau sicher in der Tradition eines Hans Baldung oder Niklaus Manuel – wenn auch in einer deutlich extremeren Situation (s. *Abb. 41*).

Gewiß: Das sind bisher ungesehene Bilder. Sie sind Zeugnisse für die Radikalität, die Unbedingtheit, mit der Horst Janssen dieses Thema – das er ja als »sein« Thema für sich beansprucht – bis zur äußersten Grenze verfolgt. *Tod, Eros, Maske* – so lautet der Titel des fünften Bandes seiner Werkbeschreibung. Und gewiß auch ist er da der genaue Gegenpol der »Auf- und Abgeklärten« – vielleicht sind diese Radierungen auch *gegen* sie gemacht.

In einem größeren kulturkritischen Zusammenhang wird man diese Folge freilich auch als Beleg dafür sehen, daß die zeichnerische Kunst selbst eines Genies wie Horst Janssen durch die Allgegenwärtigkeit und Konkurrenz der elektronischen Bilder, durch deren Lust an Gewalt und Drastik, so sehr in die Enge getrieben werden kann, daß sie zu einer zweifelhaften Übertrumpfung ansetzen muß, um ästhetisches Neuland zu betreten.

---

1 Ich mag nicht glauben oder wahrhaben, daß diese Bilder – trotz der Motivähnlichkeit – etwas gemeinsam haben mit der Geschichte der kleinen Rosi, die Janssen in der erwähnten *Hommage à Tannewetzel* zum Abschluß erzählt; der Geschichte des mit Kieseln spielenden fünfjährigen Mädchens »mit den kleinen nackten Armen«, die »schon ein kleinwenig die Liebesmeisterin in spe [...], das zukünftige Weibchen [annonciert]« und die einem unauffällig-angenehmen Lustmörder begegnet: »Unterdessen hockt das niedliche Mädchen immer noch an der Mauer [...] und grad ist sie besonders in Frieden – ist ihr doch ein weißer Stein untergekommen, der sie mit seiner merkwürdigen Zeichnung sehr an das verlorene Auge ihrer Lieblingspuppe erinnert. Immerhin ist die Ähnlichkeit von Kiesel und Puppenauge so groß, daß sie in ein imaginäres Zwiegespräch mit Lisa verfällt – mit eben ihrer Puppe.
Und während sie so vor sich hinplappert, fällt ein Schatten über sie: Eine zierliche Gestalt mit einem etwas abgetragenen Staubmantel steht da wie aus dem Boden gewachsen [...] und eine gepflegte weiße Hand hält dem Mädchen eine geöffnete Tüte [...] entgegen. Rosi ist ein wohlerzogenes Kind, und zugleich mit dem Griff in diese Kiesel-Bonbon-Pracht richtet sie den Blick auf den netten manierlichen Herrn, und was sie gar nicht deuten kann, das ist: Der Herr hat gar keine Augen – da, wo diese sein müßten, sind zwei leere dunkle Höhlen.« (Ebd., S. 325)

31
Tomi Ungerer, Die Frau ist stärker (1983)

Tomi Ungerer hat immer wieder den Tod und die Frau gezeichnet. Auch er ist ein Zeichner, der – wie Horst Janssen – mit Stift und Feder alles kann. Auch er ist, wie Horst Janssen, auf die bisher ungesehenen Bilder aus – und verhält sich gleichwohl ironisch zu diesem großen Anspruch. Vielen seiner Zeichnungen wohnt ein spielerisches Déjà-vu bei – und karikiert so den übergroßen Originalitätsgestus der Moderne. Das Titelbild zu *Rigor Mortis* (1983) ist eine tiefsinnige Travestie des Themas Tod, Narrheit und Schönheit – und hat darin nicht seinesgleichen (s. *Abb. 42*).

Abb. 42: Tomi Ungerer, *Rigor Mortis* (Titelbild)

Unbefangen wählt er das Medium der Karikatur der Kunst (s. *Abb. 43*).

Abb. 43: Tomi Ungerer, *Der Tod und das füllige Weib*

Die Totengestalt hat eine füllige, nackte Schöne zu sich emporgehoben und macht einen großen Ausfallschritt, während die Frau selig lächelt (ebd., S. 9). Die Zeichnung ist ein offenkundiges und boshaftes Zitat von Edvard Munchs *Der Tod und das Mädchen*. Hier schiebt der Tod seinen skelettierten Oberschenkel noch heftiger zwischen die Frauenschenkel; während bei Munch der Tod seine Hände um die Hüfte des Mädchens legt, faßt Ungerers Tod kräftig ans Hinterteil der Frau; genau wie bei Munch – nur seitenverkehrt – heben sich Brust und Leib der Frau scharf gegen das dunkle Totengerippe ab; das innige Lächeln und die geschlossenen Augen der vollschlanken Schönen bei Ungerer korrespondieren mit dem im Kuß versunkenen Gesicht und mit den geschlossenen Augen des Mädchens bei Munch. Boshaft natürlich auch der Büstenhalter, die Strümpfe und die hochhackigen Schuhe der Dame. Was man sich an ironischer Perfidie zu Munch ausdenken kann, hier ist es umgesetzt.

Ungerer ist auch darin besonders, daß er nicht das junge schöne Mädchen braucht, um das Thema zu umspielen. Im Gegenteil: Ihm sind die alten Frauen, die den Verlust ihrer Anziehungskraft durch Macht ersetzen, ein ständiges Objekt der zeichnerischen Begierde.

Hier ist ins Gesellschaftskritische gewendet, was bei Horst Janssen bedeutungsschwer daherkommt: Die weibliche Totengestalt zeigt ihren offenen, vielleicht halbverwesten Unterleib vor und hat ein herrisches breites Lachen im Gesicht.

Abb. 44: Tomi Ungerer, *Hagere mit offenem Unterleib*

Ungerers Arbeiten zum Tod und der jungen Frau sind immer wieder beherrscht von seiner monströsen Mythisierung des Weibes.

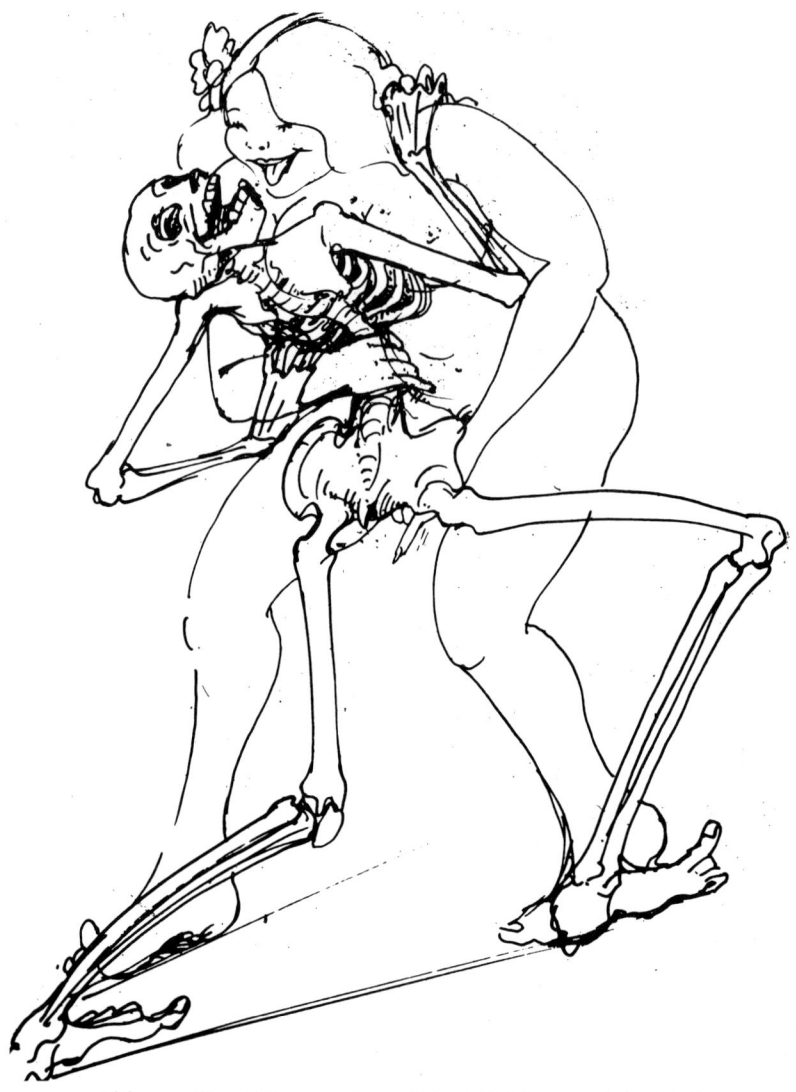

Abb. 45: Tomi Ungerer, *Das dicke Mädchen und der Tod*

Das nackte dicke Mädchen, ein Kind noch fast, ist von solch obszöner Lust und Gewalt, daß sie dem armen Tod fast das Kreuz bricht. Sie hat eine unbefangen-lüsterne Freude am Spiel mit diesem alten Thema vom Tod und dem Mädchen. Während sie ihn mit der Rechten an eben der Stelle packt, wo in Munchs Litho der Tod hinfaßt, macht sie mit dem kleinen Finger der linken Hand eine obszöne Geste – ebenfalls eine drastische Karikatur von Munchs Ikone: Art about art.

Die Frauen spielen mit dem Tod – das ist eines der privaten Mythologeme von Tomi Ungerer. Denn Frauen sind stärker, weil sie natürlich sind, weil ihre Körperlichkeit unbesiegbar ist (s. *Abb. 46*).

Abb. 46: Tomi Ungerer, *Frau und Tod im Ringkampf*

Wenn die Frau nicht selber der Tod ist, dann ist sie meist stärker als er – das ist ein auswegloses Credo des großen Zeichners.

Er steht damit in einer Tradition, die sich ja immer schon durchsetzen will, die nur oft gehindert wird von der überkommenen Vorstellung, daß der Tod auch die Frau besiegt – so wie er eben alle Lebewesen besiegt. Für Ungerer sind diese Frauen

Vertreterinnen der Gattung, besser: Es sind Typen, die als solche den Tod überdauern. Das ist nicht das männermordende Weib des 19. Jahrhunderts. Es ist vielmehr ein dominantes Naturprinzip: Sexualität und Tod – und zwar in dieser Reihenfolge.

Abb. 47: Tomi Ungerer, *Frau mit den zwei Totenschädeln*

32
Jean Tinguely, *Mengele* (1986)

Für Jean Tinguely ist der Totentanz ein zentrales Motiv seiner letzten Jahre geworden. In einer großen Zahl seiner Skulpturen ist er offen oder versteckt präsent.

Vom Thema »Junge Frau und Tod« handelt auch eine der bedeutendsten Totentanz-Schöpfungen unserer Zeit. Tinguely hat sie 1986 in Basel geschaffen, der

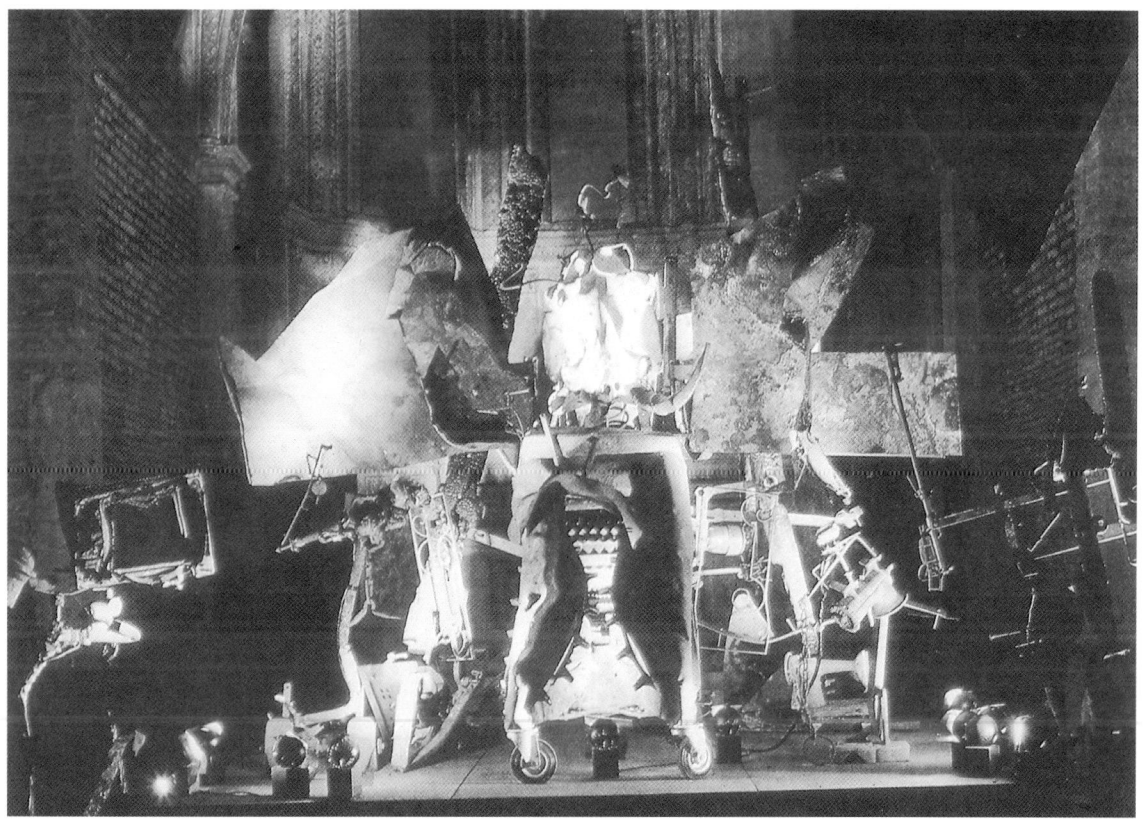

Abb. 48: Jean Tinguely, *Mengele* (1986)

Stadt, die einst den berühmtesten Totentanz – eine Sehenswürdigkeit und ein Reiseziel von europäischem Rang – in ihren Mauern hatte. Es ist ein Totentanz-Altar, faszinierend schön und abstoßend zugleich.

Wie der mittelalterliche Totentanz ist er ein Gebräu aus Tiefsinn und Trivialität. Er hat seinen Namen – vielleicht – von der unschuldigen Augsburger Landmaschinenfabrik Mengele, von deren Produkten er Teile verarbeitet – und verweist zugleich auf den Todesfabrikanten gleichen Namens: *Mengele*. 1986, »Hoch-Altar

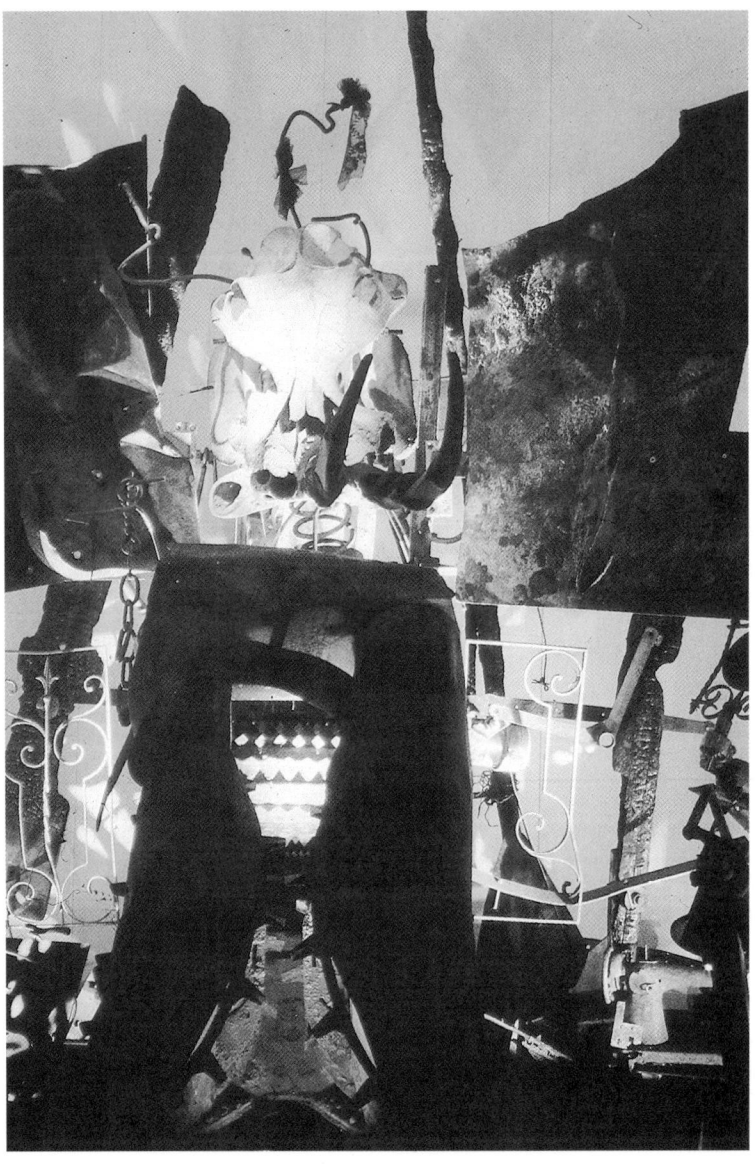

Abb. 49: Jean Tinguely, *Detail aus Mengele*

Jean Tinguely, *Mengele* (1986)

mit mot. Flügeln und Seitenbegleitung. 1) der Fernseher, 2) die Schnapsflasche, 3) die Gemütlichkeit, 4) der Bischof. Eisen, Holz, Plastik und Hippopotamus-Schädel, Installationsgröße ca. H. 300 cm, B. 440 cm, T. 420 cm« – so der Katalog (1987) in richtiger und doch dürrer Beschreibung dieses »kinetischen« Totentanzes.

Der Tierschädel im Zentrum dieses Maschinenaltars wackelt furchterregend und trottelhaft, daß es den Besucher graust, und die beiden riesigen Batman-Flügel zu seinen Seiten bewegen sich so gravitätisch und komisch, daß er lachen will und doch nicht kann.

Und doch steht dieses Monstrum unmittelbar in der Tradition der Begegnung von Tod und Mädchen. Es ist große Kunst, wie Tinguely – vielleicht nur halbbewußt diese Tradition aufnehmend – dieses Motiv zum Mittelpunkt seines Altars macht. Dort am Ort des Allerheiligsten öffnet sich eine halbmeterhohe und mit bösen Zacken bewehrte Vulva als das Symbol des Weiblichen – und dahinter wird eine häßliche Häckselwalze sichtbar, bereit, zu Fetzen zu reißen, was ihre Zähne packen – das gültige, kaum steigerbare Symbol aller Kastrationsängste.

Wo wäre der Mythos von Sexualität, Gewalt und Tod schlüssiger und alltäglicher zugleich in Bildsprache übersetzt?

Der mittelalterliche Totentanz ist Lust- und Angstkunst in einem, ist grausig und komisch, ist erhaben und doch gewöhnlich. In eben derselben Weise überfällt uns Tinguelys *Mengele*. In diesem Werk ist der mittelalterliche Tod wieder da. Denn Tinguelys Tod ist von höchster Vitalität. Er scharrt und hüpft und quietscht und schreit, er narrt uns mit tiefen Seufzern und foppt uns mit lustigem Rasseln. Der Tod äfft das Leben nach, hat den Inbegriff des Lebens, den Tanz, die Bewegung für sich genommen. Seine hämische, lustige Gelenkigkeit läßt uns lachen und grausen zugleich. Ein gewalttätiges Wunder der Kunst.

Zu den großen Plänen der letzten Lebensjahre von Jean Tinguely gehörte eine »Totentanz-Oper« für Paris: »... Denn ich mach vielleicht eine Oper in *Paris [»Choroper«] Tanz Oper*. Vielleicht. Gewiss!«[1]

In dieser »Totentanz-Oper« sollte – Tinguelys mündlich geäußerten Plänen zufolge – das Verhältnis von Mädchen und Tod eine zentrale Rolle spielen. Das Gefühl der Wiedergeburt, das ihn nach seinem schweren Herzleiden beseelte, hat die Motive von Sexualität und Tod mit neuem Erfahrungsgehalt erfüllt.

---

1 Brief vom 12. August 1988 an den Verfasser (siehe nachfolgende Seite)

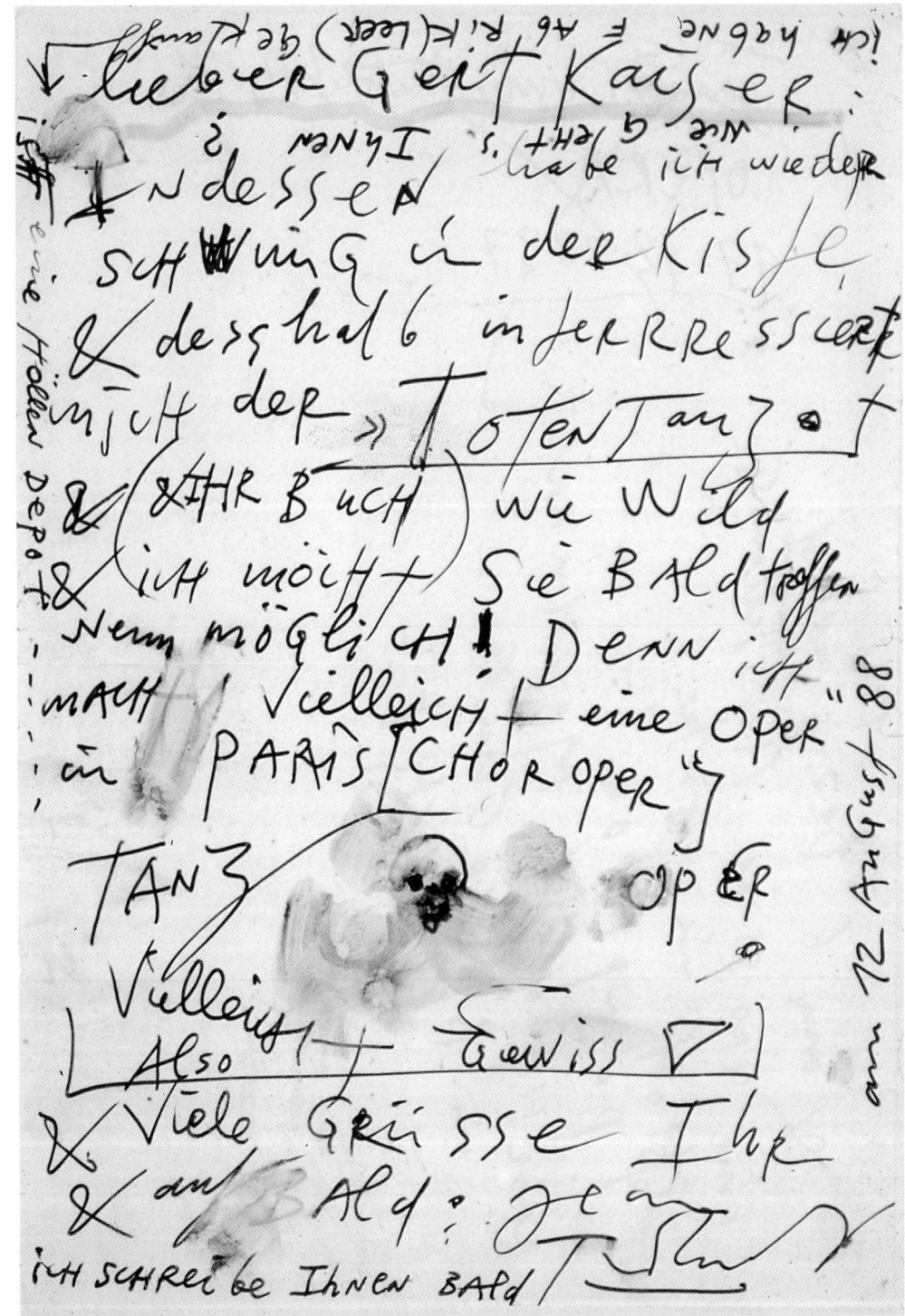

Abb. 50: Jean Tinguely, *Plan einer »Totentanz-Oper«*

33
Ariel Dorfman, *Der Tod und das Mädchen* (1991)

In dem 1991 erschienenen (und 1995 verfilmten) Dreiakter *Death and Maiden* des in Argentinien geborenen Autors Ariel Dorfman hat der Motivkomplex Sexualität, Gewalt, Tod eine Konkretheit erfahren, die aufs Bestürzendste die Kulturtheorie von Nietzsche bis Paglia belegt.

Dorfman hat bis 1973 in Chile gelebt und die Politik Salvatore Allendes unterstützt. Nach dem Putsch der Militärs gegen Allende mußte Dorfman ins Exil in die USA.

Sein Stück spielt in einem Land, das nach langer Diktatur die ersten demokratischen Strukturen zu festigen sucht. Die Handlung geschieht in einem Ferienhaus am Meer. Der Rechtsanwalt Gerardo Escobar ist gerade vom neuen Präsidenten zum Vorsitzenden einer Kommission ernannt worden, die die Verletzungen der Menschenrechte durch das diktatorische Regime untersuchen soll. Seine Frau Paulina Salas war vor 15 Jahren auf der Straße verhaftet, mit verbundenen Augen gefoltert und nach einigen Wochen wieder freigelassen worden. Eine Autopanne bringt nun den Arzt Roberto Miranda in das Haus des Ehepaars. Paulina erkennt an seiner Stimme, daß ihr ehemaliger Folterer vor ihr steht. Als er eingeschlafen ist, schlägt sie ihn bewußtlos:

> »Nach kurzer Zeit tritt sie wieder auf und schleppt offensichtlich einen Körper auf die Bühne. Sie setzt den scheinbar Leblosen auf einen Stuhl und bindet ihn mit Nylonstrümpfen daran fest [...] Sie geht zur Wohnungstür, dreht sich noch einmal zu Roberto Miranda um. Sie zieht ihren Slip aus und knebelt ihn damit.« (Dorfman 1992, S. 27)

Aus dem Auto des Gefesselten hat sie eine Musikkassette genommen:

> »Paulina [...] *Sie zieht eine Kassette aus der Tasche.* Ich hab das aus Ihrem Auto – ich nahm mir die Freiheit, – während ich Frühstück mache, ein schönes Frühstück, können wir doch ein bißchen Schubert hören, Doktor? ›Der Tod und das Mädchen‹?
> *Sie legt eine Kassette ein. Wir hören den Anfang von Schuberts Quartett ›Der Tod und das Mädchen‹.* Wissen Sie, wie lang ich dieses Quartett schon nicht mehr gehört habe? Sie spielen es im Radio, und sofort schalte ich aus. [...] Es ist noch nicht lange her, wir waren zum Dinner bei – es waren sehr wichtige Leute, und dann passierte es, die Gast-

geberin legte Schubert auf, eine Klaviersonate, und ich dachte noch, schalte ich es einfach aus oder verlasse ich den Raum, mein Körper hat für mich entschieden, ganz plötzlich wurde mir entsetzlich schlecht.« (S. 28f.)

Mit vorgehaltener Pistole zwingt Paulina ihren auf Vorsicht, Vermittlung und Rechtsstaatlichkeit bedachten Mann, an ihrem »Gerichtsverfahren« über Roberto Miranda teilzunehmen. Immer wieder bricht aus ihr hervor, wie sehr die Folter sie eine gespaltene Persönlichkeit hat werden lassen, zum einen die wohldressierte Gattin eines werdenden Politikers, zum andern aber die gepeinigte und elementar verletzte Frau: »fast prototypisch schizoid« (S. 38) wie ausgerechnet ihr Folterer ihr vorwirft:

> »Roberto. Ich kenne Sie nicht, Madame. Ich habe Sie noch nie in meinem Leben gesehen. Aber ich kann Ihnen soviel sagen: Sie sind sehr krank, fast prototypisch schizoid. Aber Sie, Escobar, Sie sind nicht krank. […] Sie sind verantwortlich für das, was Sie tun, und was Sie tun müssen, ist, mich sofort loszubinden. Sie sollen wissen, jede Minute, die verstreicht, macht Sie mehr und mehr zu einem Komplizen dieser Mißhandlung, und Sie werden zu zahlen haben für die Folgen dieser –
> Paulina *hält den Revolver an seine Schläfe*. Wem wollen Sie hier drohen?
> Roberto. Ich habe nicht –
> Paulina. Gedroht, doch, Sie haben gedroht. Lassen Sie uns eines klarstellen, Doktor, die Zeit der Drohungen ist vorbei. Da draußen mögt ihr Schweine immer noch Befehle geben, über unser Leben entscheiden, aber hier und jetzt bestimme ich. Ist das klar?
> Roberto. Ich muß auf die Toilette.
> Paulina. Pissen oder Scheißen?
> Gerardo. Mein Gott, Paulina! Doktor Miranda, solche Worte hat sie noch nie in den Mund genommen –
> Paulina. Der Doktor ist an diese Art von Sprache gewöhnt … Was ist jetzt, Doktor, vorne oder hinten?
> Roberto. Im Stehen.
> Paulina. Bind seine Füße los, Gerardo. Ich bring ihn raus.
> Gerardo. Aber nein, ich mach das.
> Paulina. Ich mach's. Schau mich nicht so an. Es ist wahrhaftig nicht das erste Mal, daß er seinen – Schwanz vor mir rauszieht, Gerardo. Los, Doktor. Aufstehen. Ich will nicht, daß Sie auf meinen Teppich pissen.« (S. 38f.)

Das beständige Motiv von Schuberts *Der Tod und das Mädchen* ist nicht künstlich, ist nicht aufgesetzt. Denn Paulina begegnet wahrhaftig ihrem Tod, begegnet der Gestalt, die nahezu alles in ihr getötet hat. Der Kampf zwischen dem Mädchen und dem Tod ist elementar, ohne irgendwelche gesellschaftliche Rücksichten; daß dieser Tod Nietzsche zitiert und Schubert, Vivaldi und Mozart liebt, ist ein Beleg dafür, wie wenig Kultur gegen anarchische Gewaltlust vermag. Hier fand und findet ein Kampf unterhalb jeder Zivilisation statt: Er hatte menschenverachtend, ja lustvoll, wie er bekennt, mit der Würde und der Unversehrtheit der Frau gespielt und sie verletzt; und sie will sich jetzt nicht von ihrem Mann, »der Stimme der

Zivilisation«, jene aufklärerischen Schonungsregeln aufzwingen lassen, die man ihr verweigert hatte:

> »*In der Dunkelheit hören wir Robertos Stimme, die sich mit Paulinas überschneidet, und den zweiten Satz von* ›*Der Tod und das Mädchen*‹*.*
> Roberto. Ich legte gern Musik auf, weil es mir half, meine Rolle zu spielen, die Rolle des good guy, wie sie es nennen. Schubert vor allem, es war ein Mittel, das Vertrauen der Gefangenen zu gewinnen. Aber ich wußte auch, es half, ihre Leiden zu lindern. Sie müssen mir das glauben, es half, das Leiden der Gefangenen zu lindern. […] Langsam fand ich mich mit delikateren Aufgaben betraut, sie holten mich zu Sitzungen, wo es an mir war zu entscheiden, ob der Gefangene so viel Folter, so viele Stromschläge aushalten konnte. Anfangs sagte ich mir, es sei eine Möglichkeit, Leuten das Leben zu retten, und ich tat es auch, viele Male sagte ich ihnen – ohne daß es der Wahrheit entsprach, nur um der gefolterten Person zu helfen –, befahl ich ihnen, aufzuhören, oder der Gefangene würde sterben. Aber dann begann ich zu – nach und nach wandelte sich die Verpflichtung, die ich anfangs fühlte, in eine Art Erregung – nach und nach fiel die Maske der Moral, und mehr und mehr ergriff mich diese Erregung, die mich hinderte zu sehen, was ich eigentlich tat, mich in einen Sumpf von – Zu der Zeit, als Paulina Salas gebracht wurde, war es bereits zu spät. Zu spät … *Das Licht wird langsam eingezogen.* … zu spät. Eine Art – Brutalisierung hatte mich ergriffen, ich begann, wirklich und wahrhaftig Gefallen an dem zu finden, was ich da tat. Es wurde ein Spiel. Meine Neugier war teils morbider, teils wissenschaftlicher Natur. Wieviel kann diese Frau aushalten? Mehr als die andere? Wie funktioniert ihre Sexualität? Wird ihr Geschlecht trocken, wenn du Strom durch sie jagst? Kann sie unter solchen Umständen einen Orgasmus haben? Sie ist völlig in deiner Gewalt, du kannst all deine Phantasien ausleben, du kannst mit ihr machen, was du willst.« (S. 61 f.)

In Paulinas Erinnerung ist das alles ungleich konkreter:

> »*Sie ahmt Robertos Stimme nach, dann die eines anderen Mannes.* ›Gib ihr etwas mehr. Die Hure kann ruhig etwas mehr vertragen. Los, gib's ihr.‹
> ›Sind Sie sicher, Doktor? Was, wenn die Fotze uns wegstirbt?‹
> ›Sie ist noch nicht mal am Umkippen. Gib's ihr, ruhig einen Zahn mehr.‹« (S. 31)

Oder an anderer Stelle:

> »›Hunger? Willst was essen? Ich geb dir was zu essen, du süße kleine Fotze, gleich kriegst du was, so groß und dick, daß dir der Hunger vergeht.‹ (S. 35) […] ›Hey, dir gefällt wohl unsere Gastfreundschaft nicht? Willst schon gehen, Hure? Da draußen hast du's lange nicht so gut wie mit mir, Süße. Sag, daß du mich vermissen wirst. Sag's mir.‹« (S. 44)

Sexualität ist bestialisch, ist die Gewalt der Bestie. Schrecklich und glaubwürdig ist, daß auch Paulina nicht frei von dem Wunsch ist, eben damit ihre Rache zu betreiben:

> »Paulina. Und als ich seine Stimme hörte, da dachte ich, das ist das einzige, was ich will: ihn vergewaltigt sehen. Ich will, daß jemand ihn fickt, einmal wenigstens soll er erfahren, wie es ist, wenn … Und da ich ihn nicht vergewaltigen kann – dachte ich, es wäre ein Urteil, das du vollstrecken müßtest.
> Gerardo. Nicht weiter, Paulina.

> Paulina. Aber dann sagte ich mir, es könnte schwierig für dich sein, dabei mit mir zusammenzuarbeiten, denn schließlich braucht man ein gewisses Maß an Begeisterung, um überhaupt –
> Gerardo. Hör auf, Paulina!
> Paulina. Also habe ich mich gefragt, ob wir nicht einen Besen benutzen könnten. Ja, einen Besen, Gerardo, verstehst du, einen Besenstiel.« (S. 47)

Das ästhetische Problem des Stückes ist sein Naturalismus. Das hat es gemeinsam mit den prekär-naturalistischen Darstellungen von Mädchen und Tod des Spätmittelalters. Bei näherem Hinsehen gibt es noch einige Gemeinsamkeiten mehr – und die Epochen beginnen miteinander zu sprechen.

Paulina hat den Tod, den Folterer, nur wahrgenommen durch die Schmerzen und Erniedrigungen, die er ihr zufügte. Sie hat ihn nicht gesehen, ihre Augen waren die ganze Zeit über verbunden. Sie erkennt ihn wieder an seiner Stimme und an seiner Haut.

> »Paulina. In all den Jahren hat es nicht eine Stunde gegeben, in der ich sie nicht gehört habe, immer diese Stimme neben mir, nah an meinem Ohr, ganz nahe, diese Stimme, vermischt mit Speichel, und du denkst, ich vergesse eine Stimme wie die seine? (S. 31) […] Es ist nicht nur die Stimme, an die ich mich erinnere. Ich erkenne seine Haut wieder. Und seinen Geruch. Gerardo. Ich erkenne seine Haut.« (S. 44)

Hier ist in die Konkretheit der Folter und Vergewaltigung zugespitzt, was in Hans Baldung Griens *Tod und Mädchen* (s. *Abb.* 7) noch symbolisch und vieldeutig dargestellt ist. Auch dieser Tod nähert sich von hinten, das Mädchen sieht ihn nicht. Sie spürt seine Hand im Haar, sie spürt seine Haut, und sie hört seine Stimme: »Hie muost du yn.« Der Mädchenleib wird in einem Augenblick der Qual und des Entsetzens dem Betrachter zur Ergötzung dargeboten, so wie Paulinas gequälter Leib den Folterern dargeboten wurde. Im Szenario dieses Theaterstückes gibt es keine kulturelle Überformung der Sexualität mehr.

Ebensowenig gibt es die Einhaltung von Spielregeln und Verabredungen. Paulina hat zwar versprochen, Roberto laufenzulassen, wenn er gesteht. Aber solche Versprechen enthüllen sich als pure Konvention angesichts ihrer Verletztheit und ihrer Lust auf Genugtuung:

> »*Roberto löst seine Fesseln an den Knöcheln.*
> Roberto. Wenn Sie nichts dagegen haben, würde ich gern auf die Toilette gehen. Es gibt wohl keinen Grund, weshalb Sie mich weiterhin begleiten sollten?
> Paulina. Warten Sie, Doktor. Eine Kleinigkeit noch. *Kurze Pause* Es wird ein unglaublich schöner Tag werden. Wissen Sie, was als einziges noch fehlt, Doktor, das einzige, was ich noch brauche, um diesen Tag wirklich und wahrhaftig vollkommen zu machen? *Kurze Pause* Sie töten. Damit ich meinen Schubert hören kann, ohne denken zu müssen, daß Sie ihn auch hören und mir meinen Tag zerstören und meinen Schubert und mein Land und meinen Mann. Das ist's, was ich brauche …« (S. 65)

Ariel Dorfman, *Der Tod und das Mädchen* (1991)

Die beiden Schlußszenen des Stücks bleiben merkwürdig offen. Paulina will Roberto erschießen, wenn er nicht bereue. Sie gibt ihm zehn Sekunden, zählt aber nur bis neun. Die Regieanweisung: *Sie frieren in dieser Position ein, und das Licht wird langsam abgeblendet.*

Auch die letzte Szene bleibt diffus und unentschieden. Sie zeigt Gerardo und Paulina »mehrere Monate später […], sehr elegant gekleidet« im Foyer eines Konzertsaals. *»In einem gespenstischen Mondlicht«* erscheint Roberto. *»Er könnte real sein oder auch nur in der Phantasie von Paulina existieren.«* Gerardo ist die ganze Zeit mit politischem Small talk beschäftigt, während sich Paulina Süßigkeiten kauft. Es ist jetzt die Ebene der Zivilisation – und es liegt eine puppenhafte Starre, ein Todeshauch über ihr. Wir wissen deshalb nicht, ob Roberto Miranda ein Phantasiebild oder ob er »real« ist.

Das ist eine für das Verständnis des Stückes wesentliche Unsicherheit. Das Stück ist ja die Phase des Gerichts *nach* der Begegnung des Mädchens mit dem Tod. Auch darin steht es unvermittelt – und wohl unbeabsichtigt – in einer mittelalterlichen Vorstellungswelt. So läßt der Schluß offen, ob das ganze Gerichtsgeschehen im Haus am Meer nicht bereits ein Jenseitsgericht war.

34
Die schönen Frauen und der Tod suchen sich ihre Künstler

Das Thema dieses Buches wird – wie wir sahen – für die Künste der Gegenwart immer riskanter. Jede unmittelbare Nähe zur Tradition wirkt leicht komisch, im besten Falle erbaulich. Allein die Todesgestalt mit ihren negativen Gehalten, mit ihrer oft der Komik zuzurechnenden Tradition ist eine prekäre Vorlage. Am schwierigsten für die Künstler ist die Existenz einer sehr ernsthaften und sehr breit wirkenden Vanitas- und Sepulkralkultur. Das macht eine Aufnahme des Themas doppelt schwer. Auch die Zwillingsformel von Eros und Thanatos ist in der Vorstellungswelt der Gebildeten zu solcher Geläufigkeit zerflossen, daß sie eigentlich nur noch zitiert, also ironisch behandelt werden kann. Naivität wird mit Lächerlichkeit bestraft, wenn sie nicht durch neue künstlerische Mittel wieder Ursprünglichkeit gewinnt.

In dieser schwierigen Situation der Moderne entscheidet sich Ernst Fuchs für Ironie. Wie anders auch sollte ein Künstler aus der Stadt Sigmund Freuds sich verhalten? Die Farbradierung *La mort cocue* fängt alle Drastik des Todes und alle träumerische Schönheit der Frau ein (s. *Abb. 51*).

Das Bild erzählt zunächst die brutale Geschichte einer Knochengestalt, die mit einem rohen Griff das rechte Bein der schönen Frau hochreißt, fast als wolle er sie zerteilen. Der Frauenkörper indes erzählt eine andere Geschichte: Er bleibt in dieser gewalttätigen Umarmung schön und kräftig, steht mit dem linken Bein fest auf dem Boden; ihr Oberkörper ist anmutig zurückgebeugt und läßt sich offensichtlich von der langen Knochenhand am Rücken stützen. Das Gesicht der Frau ist entspannt, wie schlafend und befindet sich dadurch in unmittelbarem Gegensatz zu der dramatisch-heftigen Körperbewegung. Einen Augenblick glauben wir, ein Traumbild vor uns zu haben, ein Bild für die professionelle Traumdeutung.

Dann aber sehen wir den linken Arm entlang, der sich hinter den Totenschädel hochreckt – und wir sehen die junge Frau das Hahnrei-Zeichen machen: *La mort cocue* – der Titel des Bildes. Das ist wieder eine andere Geschichte: die Verhöhnung der Todesgestalt durch die träumerisch in sich ruhende, schöne Frau. Das ist zum

Abb. 51: Ernst Fuchs, *La mort cocue*

einen das immer neue Thema von der jungen Frau und dem alten Hahnrei – und assoziiert damit zweitausend Jahre Schwanktradition. Zugleich steht es in der Tradition jener schönen siegreichen Frauen, die sicher zu sein scheinen, daß der Tod nichts gegen sie vermag. Jetzt will es fast vorkommen, als räkele sich diese Venus kallypigos wohlig und lasziv auf einer Staffage.

Es bleibt dem Bild ein rätselhafter Zug – eben in dem Nebeneinander von Gewalt, Dramatik der Bewegung, dem träumerischen Ausdruck des schönen Frauengesichts und der schwankhaft-frivolen Geste.

*

156 Der Tod und die schönen Frauen

Joseph Beuys hat in einem Bild schon der fünfziger Jahre das Thema »Tod und Mädchen« buchstäblich an seine Grenze, an sein Ende geführt. Seine Bildidee: zwei Skelette umarmen einander, hat erst Horst Janssen in den achtziger Jahren wieder erfunden.

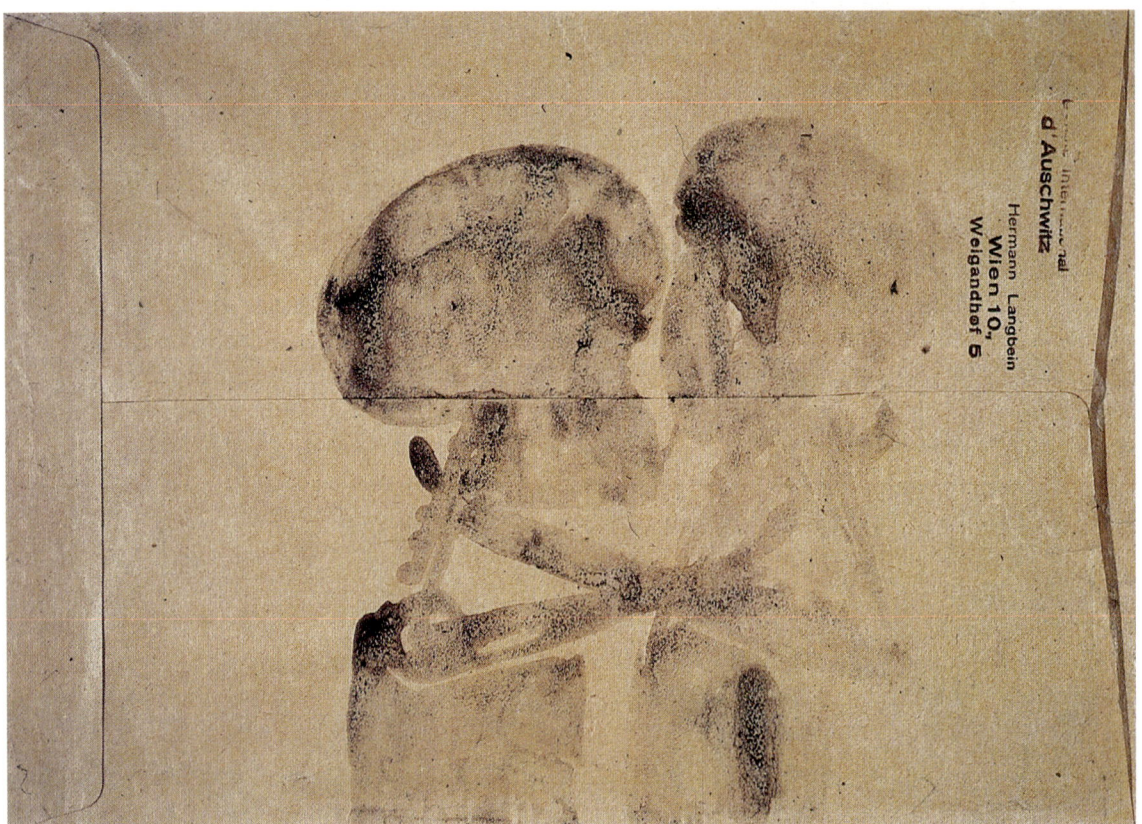

Abb. 52: Joseph Beuys, *Der Tod und das Mädchen*

Eine gescheite und informative Interpretation dazu hat Armin Zweite in dem zugehörigen Ausstellungskatalog geschrieben:

> »Auf einem braunen Kuvert mit dem Absenderstempel eines internationalen Gremiums der Auschwitz-Opfer zeichnen sich geisterhaft die Schatten von ›Tod und Mädchen‹ ab [...]. Auf den schwachen Körpern, deren fleischlose Extremitäten sich in der Umarmung verschränken, balancieren zwei übergroße Schädel. Eine poröse, in Schollen aufbrechende Farbschicht, zerfressen und in Auflösung begriffen, vereinigt die hellen Schemen. Entgegen der Bildtradition, die bis ins Mittelalter zurückreicht, werden also nicht Leben und Tod, Schönheit und Häßlichkeit, Anmut und Brutalität konfrontiert, sondern die zärtliche Vereinigung evoziert nichts anderes mehr als ein verschwommenes Bild der Verwesung. Nicht der moralische Appell eines Memento mori ist hier gemeint, sondern eher die deprimierende Vorstellung eines unaufhaltsamen Zersetzungsprozesses. Die

moribunde Gestalt ist im Begriff, sich in Nichts zu verflüchtigen. Entgegen äußerem Anschein verkörpert das so gleichartige Paar nicht jene schwülstig-düsteren Phantasien des Fin-de-siècle, die man zunächst als Ausgangspunkt der Darstellung vermuten möchte. Die durchgängig spürbare existentielle Erfahrung unterläuft die Wirkung des verbrämenden allegorischen Rahmens, der durch das Thema ›Tod und Mädchen‹ vorgegeben ist. Wieder sind es vor allem die Mittel und die illusionsstörenden Faktoren wie Stempel und dergleichen, die die Irritation hervorrufen.« (1981, S. 28)

Von dem Thema ist eigentlich nur der Titel übrig – allenfalls noch die Umarmung; ansonsten sind es Gerippe, wie sie das Mittelalter liebte. Auf den Betrachter, der die Tradition kennt, wirkt das Bild wie ein ironisches Zitat zur Kunstgeschichte – das sich sogleich eines jeder Ironie fernen Signals versichert: des gestempelten Wortes »Auschwitz«. Der damit eröffnete Raum der Assoziation und der Name »Hermann Langbein« wollen offenbar den spielerischen – oder bloß ästhetischen – Umgang mit dem Bild verbieten.

Und dann: Ist dies eine »zärtliche Vereinigung«, wie Zweite es sieht? Klingt damit das erotische Motiv auf, das dem Thema so sehr eigen ist? Die Protokolle von den Massenmorden in den Gaskammern berichten davon, daß sich Angehörige und Freunde in den letzten Augenblicken ihres Lebens umarmt hätten. Das Stempelwort »Auschwitz« erspart diese Erinnerungen nicht.

Der Grat zwischen Kunst und Blasphemie ist schmal.

*

Paul Wunderlich hat das Thema mythologisch verrätselt und sich damit eine neue Chance zur Begegnung geschaffen.

Er stellt die Todesgestalt einer extrem weiblichen Sphinx gegenüber. Die Farblithographie von 1978 scheint auf den ersten Blick keine »Begegnung« darzustellen. Die beiden Figuren stehen einander starr zugewandt wie glatte, bildgewordene Begriffe.

Das Rätsel der Sphinx und das Rätsel des Todes – freilich in eben der besonderen Ausprägung surrealistisch hervorgehobener weiblicher Geschlechtsmerkmale und damit im Kontext Tod und schöne Frau. Von einer erotischen Beziehung wird man hier nicht sprechen können. Hier treffen Allegorien der Macht und des Todes aufeinander: Die mythologische Tier-Frau ist die antike Würgerin, die sich vornehmlich Jünglinge aussucht; das Zwitterwesen mit Tatzen und Brüsten ist zugleich das bedrohliche Prinzip von Weiblichkeit. Der Tod steht ihr, dem Tod, Aug in Aug gegenüber und ist gewiß als Prinzip von Männlichkeit und Herrschaft zu deuten.

Gerade so wird Ödipus der Sphinx in Theben gegenübergestanden haben. Die merkwürdige Darstellung auf antiken Vasen, wo Ödipus der Sphinx gegenübersitzt, ist jedenfalls schwerer verständlich. Und Ödipus war ja schließlich auch der Tod der Sphinx, denn er löste ihr großes Rätsel, und sie stürzte sich zu Tode.

Es sind ironische Gesten in diesem Bild. Die Sphinx steht auf ihrem Podest, und der Tod geht daran vorüber. Dabei plaziert er seine Knochenhand auf dem Podest – eine Geste des näheren Interesses, fast wie ein Museumsbesucher, der einer schönen oder fremdartigen Statue nähertritt.

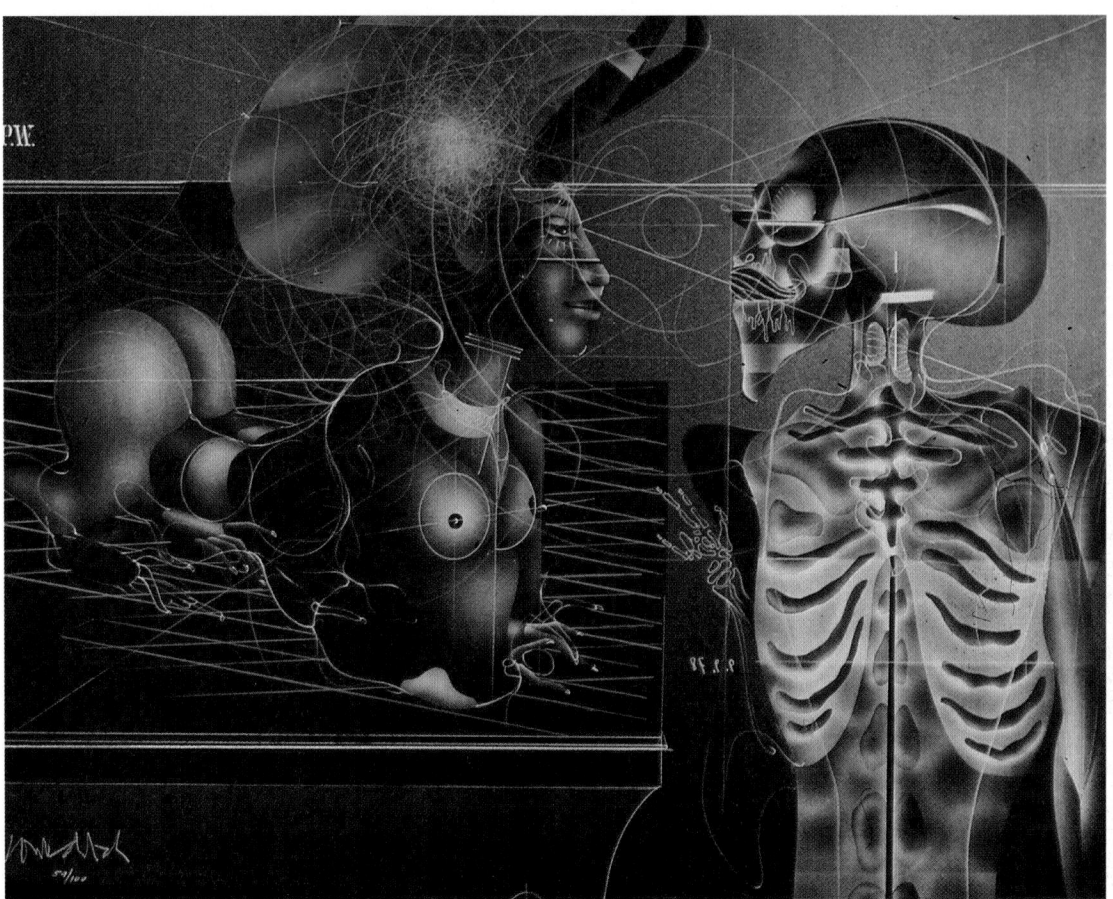

Abb. 53: Paul Wunderlich, *Tod und Sphinx* (1978)

Läßt man sich auf diesen Gedanken ein, dann begegnen sich hier Mittelalter und Antike, und der mittelalterliche Tod – den die Antike so nicht kannte – wirft im Vorübergehen einen angelegentlichen Blick auf die merkwürdig-heidnische Statue. Solcher Eindruck verstärkt sich dadurch, daß die Todesgestalt den Kopf zum Blick zur Seite gewendet hat.

Doch in diesem Augenblick – wenn es denn ein »Augenblick« ist – gehen von den Augen der Sphinx Strahlen aus, die den Kopf der Todesgestalt umschließen:

geometrische Linien, die eine Dynamik, eine Bewegung andeuten wollen. Wenn das nicht überinterpretiert ist, dann fände hier doch eine Begegnung statt, eine Begegnung ganz im Sinne einer erotischen Ausstrahlung, die von der schönen Frau ausgeht.

Die Bildbotschaften Wunderlichs lieben das Verschlüsselte und Vieldeutige. Sie sind zudem meist sehr sorgfältig – auch in die Mythologiegeschichte – hineinkonstruiert. Deshalb können und sollen die *Sphinx und der Tod* einen Strom von Assoziationen freisetzen.

*

Es gehört zum Motiv von Mädchen und Tod, daß es immer wieder einmal die Grenze des jeweiligen guten Geschmacks streift.

Abb. 54: Alfred Hrdlicka, *Tod im Showbusiness* (1969/72)

Lange vor Horst Janssen hat Alfred Hrdlicka die noch denkbare und noch ausstehende Steigerung an Drastik vollzogen: in seinem »Plötzenseer Totentanz« in der Tafel *Tod im Showbusiness* von 1969 und 1972 sowie in der Bronze *Tod und Mädchen* von 1972, wo er eine Art Koitus des Mädchens mit dem Tod darstellt.

Abb. 55: Alfred Hrdlicka, *Tod und Mädchen* (1972)

Den Einfall für dieses Bild bekam er angeblich während eines Aufenthaltes in London in den sechziger Jahren. In einem Striptease-Lokal erlebte er die »Vorführung einer attraktiven Stripperin mit einem Totengerippe, vermutlich Plastik oder Gummi. Ein simulierter Geschlechtsakt war der Höhepunkt.« (Kasten 1986, S. 258) Bemerkenswert ist, daß es in den sechziger Jahren noch eines realen Erlebnisses als Rechtfertigungsgrund für die radikale Bildidee braucht. Wer sich solchermaßen absichert, wird sich vorhalten lassen müssen, daß die »attraktive Stripperin« oder ihr Impresario womöglich den originelleren Einfall hatten. Der Tod und die schönen Frauen haben zu allen Zeiten gelegentlich – und dann recht unbekümmert – gegen die geltenden Regeln des guten Geschmacks gefrevelt; eine Lizenz, die sie aus dem kreatürlichen Untergrund ihrer Gemeinsamkeit bezogen.

Und doch verläßt mich der Gedanke nicht, daß diese Darstellung eines Geschlechtsaktes obszön genannt werden muß: nicht wegen des Themas »Tod und schöne Frau«, nicht wegen der Drastik der Darstellung, sondern des Zusammenhangs wegen. Die Tafel befindet sich im Plötzenseer Gemeindezentrum unmittelbar neben einer Gewaltszene und unter dem berüchtigten Haken. Sollen wir schlußfolgern, daß auch die Ermordung der Widerstandskämpfer gegen Hitler in Plötzensee eine vergleichbare Obszönität darstellt? Das wäre dumm und machte den *Tod und das Mädchen* in dieser Nachbarschaft zu einem obszönen Machwerk.

*

Die Fotografie der amerikanischen Künstlerin Anette Lemieux aus dem Jahre 1985 trägt den mehrdeutigen Titel *Courting Death*: Mit dem Tod flirten? oder: Der flirtende Tod?

Abb. 56: Anette Lemieux, *Courting Death* (1985)

Ein sehr konventioneller Bildaufbau: Frau und Totenschädel nehmen getrennte Bildhälften ein. Nichts verbindet sie außer der Tischplatte. Die Frau vor einem mittelgrauen, der Schädel vor einem dunklen Hintergrund. Den halben Totenschädel hat nur der Bildbetrachter, nicht aber die Frau im Blick – sie sieht versonnen über ihn hinweg oder in sich hinein. Schreibt sie einen Abschiedsbrief und blickt dabei in ihre Erinnerungen zurück? Romantisch-pathetisches 19. Jahrhundert? Soll eine Situation vor dem Freitod angedeutet werden, womöglich ironisch zitiert werden? Die Grenze zum Kitsch wäre auch dann überschritten.

Wolf Wondratschek hat das Bild mit einem Gedicht kommentiert:

»Abschiedsstück

Am liebsten singt Liebe vom Leben,
am schönsten besingt sie den Tod.

Sie kamen,
viele,
dieser und jener,
hießen alle Gott oder so,
nichts zu machen!

Alles war anders
und alles war gleich.
Nachts dann,
steif bis zum Morgen,
das Stampfen der Liebe.

An einem Tag im Frühling trennten sich die beiden –
und er fragte sich, ob er wohl zu jenen zwei, drei Männern
in ihrem Leben gehörte, von denen eine Frau, wie man sagt
erst in der Stunde ihres Todes endgültig Abschied nimmt.

An einem andern Tag stand sie an seinem Grab.
Noch immer ließ sie ihm keine Ruh.
Selbst Staub, zu dem alles Lebende wird,
spottete sie, ist stärker als du.

Sein Kopf ragte noch heraus.
Das fand sie typisch für ihn.
Sein Kopf war Himmel und Hölle,
ihm Ruhm und Ruin.

Er berührte mit seinen Fußspitzen
wohl schon die Pforte zum Paradies,
als sie ihre kleinen glänzenden Schuhe auszog
und seinen Kopf mit nackten Füßen hineinstieß
in die Erde.

Dabei war es, als ob ein Lächeln auf seinen Lippen lag
und er ihr sanft noch etwas sagen werde.

> Aber dazu kam es nicht mehr,
> denn sie hob den Rock, kniete nieder
> und pißte sich über ihm leer.
>
> Ihr war dabei wie einem Kind,
> war wieder Frau, war wieder,
> wie Frauen sind.
>
> Er hatte sie nie getötet –
> sie hätte ihn vielleicht geliebt.
> Er hatte zu jenen Verliebten gehört,
> denen keine Frau diese Schwäche vergibt.
>
> Sie war die Stärkere von beiden.
> Wer einmal glücklich mit ihr war,
> wird lange schrecklich leiden.
>
> Sie waren die Nacht und der Tag.
> Sie waren wie Schwert und Knoten.
> Sie fielen nach jedem Schlag, der sie trennte,
> unzertrennlich zu Boden.
>
> Verführung war Gewalt.
> Sie waren Liebende, und ihr Scheitern
> war Jahrhunderte alt.
>
> Die Stunden, in denen sie glücklich waren,
> hatten die Seltenheit eines Skandals.«

Der Titel *Abschiedsstück* sowie ein romantischer Zweizeiler gleichsam als Motto:

> »Am liebsten singt Liebe vom Leben,
> am schönsten besingt sie den Tod.«

– das könnte den Eindruck erwecken, als falle der Autor auf die kitschige Seite des Bildes herein.

Aber der Schein trügt. Das Gedicht ist ein kraftvoller Hymnus auf die starke Frau, die überlebt hat, auf die Femme fatale, die den Mann verzehrt. Seine selbstgefällige Sexualpose, die Erinnerung der Frau noch in ihrer Todesstunde beherrschen zu wollen, wird durch den kühlen Vers pariert:

> »An einem andern Tag stand sie an seinem Grab.«

Wondratschek nimmt die abgebildete Haltung der Frau wörtlich: Sie sitzt sinnend da und blickt auf den Schädel hinab. Er sieht in dieser Haltung gelassenen Triumph, ihr versonnener Blick ist die Erinnerung an wilden Spott, an Sieg und Gewalt. Sie hat seinen Kopf mit nackten Füßen in die Erde getreten, sie hat den Rock gehoben und sich niedergekniet – das sind kreatürliche Akte, in denen sie ihn abstößt, Akte, durch die sie »wieder Frau« wird, »wieder (war), wie Frauen sind«.

Liebe wird als immerwährender Kampf unversöhnlicher und zugleich unzertrennlicher Antipoden besungen:

> »Sie waren die Nacht und der Tag.
> Sie waren wie Schwert und Knoten.
> Sie fielen nach jedem Schlag, der sie trennte,
> unzertrennlich zu Boden.«

Das ist kein individuelles, das ist ein dauerndes Ereignis, und es ist von elementarer Gewalt: »courting« ist nicht Flirten, »courting« ist Verführung – und

> »Verführung war Gewalt.
> Sie waren Liebende, und ihr Scheitern
> war Jahrhunderte alt.«

Wondratschek erzählt den Geschlechterkampf, den er dem Bild unterlegt, in den Motiven von Sexualität, Gewalt und Tod. Aber die Fotografie geht darüber hinaus, eben indem sie eine ganz konventionelle Bildregie hat. Die Betrachtung des Totenschädels ist ja zugleich das klassische Motiv der Besinnung des Menschen. Es ist die Begegnung des Mädchens mit dem Tod inszeniert, eine Inszenierung, die durch Wondratscheks Interpretation einen packenden Hintergrund dazugewinnt, die aber auch für sich zu stehen vermag.

Auch hier wieder das Motiv der gewalttätigen Frau, in die das 19. Jahrhundert verliebt war. So wie Ungerers Ringerin dem Tod ins Genick tritt, daß ihm das Gebiß oder der Unterkiefer herausfliegt, so tritt Wondratscheks gewalttätige Schöne den Kopf ihres Geliebten in die Erde.

Die gewagte Interpretation des Dichters ist bedeutend auch darin, daß sie verschüttete Traditionen von Erotik und Gewalt anrührt und erinnert. Durch das Gedicht wird die Fotografie aus ihrer möglichen Trivialität, aber auch vor einer platten Ironie gerettet.

*

Zu den dramatischen Darstellungen des Themas »Tod und schöne Frau« in der Gegenwart gehört das großformatige Gemälde *Der Tod und das Mädchen* von Herbert Falken[1] von 1987 (s. *Abb. 57*).

Das Bild teilt sich diagonal in eine kleinere dunkle Hälfte und eine hellrot flammende größere Partie. Beherrscht wird es durch einen Totenschädel, ein wenig geneigt, offenbar zum Kuß. Und ihm entgegen streckt sich eine Gestalt, das

---

1 Geboren 1932 in Aachen, Kaufmannsgehilfenprüfung, Studium der Philosophie und Theologie, 1964 Priesterweihe, Kaplan und Pastor in Uerdingen, Aachen und Schevenhütte. 1975 Atelier in Langenbroich, mehrere Arbeitsaufenthalte in Florenz und Paris, zahlreiche Einzel- und Gruppenausstellungen. Literatur: Ostermann 1989.

Abb. 57: Herbert Falken, *Der Tod und das Mädchen* (1987)

Abb. 58: Herbert Falken, *Apokalypse 15* (1961)

Mädchen. Die lodernden Flammen, die die beiden Gestalten nicht umschließen, sondern durchdringen, sprechen eine eindeutige Sprache: Die Begegnung von Mädchen und Tod versetzt beide in einen Zustand hellglühender Entflammung. Dem Betrachter bleibt kein Zweifel, daß hier Erotik gemalt ist – und das ohne auch nur die Andeutung eines Geschlechtsmerkmals oder eines weiblichen Reizes.

Der beste Kenner des Falkenschen Werkes, Frank Günter Zehnder, ist auf der richtigen Spur, wenn er sieht, wie »das uralte Thema [...] durch die Verschlungenheit von Form und Farbe aus einem Gegenüber in ein Miteinander mutiert«. Seine Schlußfolgerung freilich wird dem Bild nicht mehr gerecht: »Figurale Ansätze, eine harte Linienführung, der Kontrast von dunklem Grund und verzehrendem Rot erklären das Bild zu einer Beschwörung der ewigen Macht des Todes.« (1993, S. 39) Das ist die traditionelle Vanitas-Vermutung, die zwar bei einem Maler wie Herbert Falken naheliegen mag, die das Bild aber gerade durchbricht.[1]

Wenn wir einen Kontext im Werk Herbert Falkens suchen, in den dieser rote Farbenrausch hineinpaßt, dann bieten sich eher die Kampfesumarmungen des *Jakobskampfes* an; vor allem aber weist die Farbe eine Spur: Sie findet sich zum Beispiel wieder in der *Apokalypse 15* von 1961 – offenkundig eine Illustration sei es der ersten drei Posaunen der Offenbarung Johannis[2], sei es des »feurigen Pfuhls«[3], sei es der Ausgießung der vierten Gerichtsschale durch den Engel, die der Sonne die Macht gibt, die Menschen zu versengen mit Feuer[4] (s. *Abb. 58*).

Der Kontext von »Tod und Mädchen« also – so lesen wir die Botschaft dieses Bildes – ist die Sünde, die Hurerei, wie die Offenbarung es immer wieder formuliert, die Endzeit. Anders wird man das »entflammte« Paar kaum verstehen können.

---

1 Siehe Zehnder zu dem Bild »Godot schaut sich einen Menschenschädel an« (ebd.).
2 »Und der erste blies seine Posaune; und es kam Hagel und Feuer, mit Blut vermengt, und fiel auf die Erde; und der dritte Teil der Erde verbrannte [...]« (Offenbarung 8, 7; s. a. 8, 8-11)
3 »Und der Tod und sein Reich wurden geworfen in den feurigen Pfuhl. Und das ist der zweite Tod: der feurige Pfuhl. Und wenn jemand nicht gefunden wurde geschrieben in dem Buch des Lebens, der wurde geworfen in den feurigen Pfuhl.« (Offenbarung 20, 14-15)
4 Und die Menschen wurden versengt von der großen Hitze und lästerten den Namen Gottes, der Macht hat über diese Plagen, und bekehrten sich nicht, ihm die Ehre zu geben.« (Offenbarung 16, 9)

*

Helge Leiberg hat immer wieder mit Performances experimentiert, die ein möglichst enges Miteinander von Malerei, Musik, Tanz und Film versuchten. Seine Rollbilder des *Totentanzes zu Budapest* sind gemalter Tanz – und nutzen doch den medialen Vorteil der Malerei, zusätzliche Bedeutungsebenen sichtbar zu machen.[1]

Abb. 59: Helge Leiberg, *Totentanz zu Budapest TT1* (1991)

1 Leiberg, Jahrgang 1954, in Dresden geboren, Studium an der Hochschule für Bildende Künste in Dresden. Seit 1978 intensive Beschäftigung mit anderen Medien und deren multimedialer Verbindung. Zusammenarbeit u. a. mit A. R. Penck und Sascha Anderson. Seit 1980 Filme »mit gemalten, übermalten Realfilmsequenzen, die später auf eine Tänzerin projiziert wurden« (Katalog). Improvisationen zur Wechselwirkung Tanz – Bildende Kunst. Seit 1983 zahlreiche Einzelausstellungen, wobei seit 1989 das Thema »Totentanz« auftaucht. Literatur: Ausstellungskatalog Helge Leiberg 1992.

Das großformatige Bild *TT1* aus der Budapester Ausstellung zeigt offenbar eine rituelle Szene: Die Frau sitzt auf der Erde, ein Bein kniend, das andere aufgestellt. Die Todesgestalt scheint sie zu beschwören, bildet mit den Armen ein Dach über ihr und ergreift solcherart Besitz von der Frau.

Und doch ist das kein Vanitas-Bild im herkömmlichen Sinn. Der tanzende Tod wirft nämlich einen fleischfarbenen Schatten zum rechten Bildrand hin. Diese Tanzbeschwörung hat offenkundig eine weitere Bedeutung – wie der Phallos dieses Fleisch-Schattens zeigt. Die Stilisierung des Todes zu einfachen Linien erfährt so ein – im Sinne des Wortes – körperliches Komplement. Und dieses Komplement – nicht der Tod – nimmt die einst metaphorische Redeweise vom Tod als Liebhaber einmal mehr wörtlich. Formal ist dieser Schatten eine eher gelungene Befreiung vom starken Einfluß A. R. Pencks, mit dem Leiberg mehrfach zusammengearbeitet hat.

Zweifellos aber hat diese Vereinfachung zur tanzenden Linie, zum sich verrenkenden Strich eine größere Nähe zum tanzenden mittelalterlichen Totengerippe als all die sorgsam restaurierenden Totentänze der malenden und zeichnenden Archivare unserer Tage.

Der Zyklus, aus dem das Bild stammt, gehört zu einer Ausstellung in Budapest, bei welcher zugleich ein Totentanz-Film gedreht wurde. »Bereits 1991 erarbeitete Helge Leiberg in der alten Budapester Markthalle den Grundstock der Ausstellung, einen Zyklus von gut 25 Rollbildern auf Leinwand in unterschiedlichen Formaten. Der Regisseur Miklós Königer dokumentierte einerseits das Entstehen der Bilder von Eros und Tod und realisierte andererseits seinen eigenen Film als ein Tanzspiel zwischen tastbarem Elysium und Leere-Zeit« (Tannert 1992) – was immer das heißen mag.

*

Sehen wir die Beobachtungen zur bildenden Kunst der Gegenwart im Zusammenhang, so zeigt sich, daß der Tod und die schönen Frauen immer wieder Künstler finden, die sie nicht einsperren in den traditionellen Gehäusen der Vergänglichkeitsklischees. Das ist bei aller zum Teil extremen Verschiedenheit der Bildideen ein gemeinsames Merkmal von Jean Tinguely, Salvador Dalí, Joseph Beuys, Alfred Hrdlicka, Ernst Fuchs, Paul Wunderlich, Horst Janssen, Tomi Ungerer, Helge Leiberg und Herbert Falken. Bedeutsam freilich ist, daß die so unterschiedlichen künstlerischen Befreiungen des Themas aus den geläufigen Schemata des Memento mori meist wieder in den alten, wenn auch über weite Strecken unterirdischen Traditionsfluß einer erotischen oder sexuellen Anziehung zwischen Tod und Mädchen münden. Auch umgekehrt gibt es Sinn. Vermutlich ist es die geheime Zugehörigkeit unseres Motivs zu diesem Hintergrund, der es diesen Künstlern zuführt.

35
Die schönen Frauen und der Tod gehen öfter ins Museum

Immer wenn die Gegenwartskunst nur die traditionellen Inszenierungen des Themas aufgreift, werden die Bilder freundlich akademisch. Oft entsteht dann der Eindruck, als hätten sich die Künstler nur auf Totentanz-Ausstellungen ihre Inspirationen geholt.

Boris Fröhlich ist in seinen Traditionsaneignungen, seiner Verlebendigung der Mythologie, eine kreative Künstlergestalt von erheblichem Format. In der Sparte »Art about Art« gibt es bei ihm kaum Manierismen, statt dessen eine verblüffende

Abb. 60: Boris Fröhlich, *Tanz mit dem eigenen Spiegelbild*

Sicherheit, daß historische Kontinuitäten unsere ästhetische Wahrnehmung und unseren Gefühlshaushalt bestimmen. Aber beim Totentanz hat er lediglich seine Lektionen gut gelernt. Mädchen und Tod verhalten sich betulich-museal, wollen dem gebildeten Sammler seine Kenntnisse bestätigen. Pure Konventionalität ist der sogenannte *Tanz mit dem eigenen Spiegelbild*. Man vergleiche damit etwa das folgende Blatt aus dem Anfang des 16. Jahrhunderts, das die Spiegelmetaphorik gültig und vielleicht endgültig formuliert (s. *Abb. 61*).

Abb. 61: Monogrammist M, *Mortalia facta peribunt*

Das allegorische Miteinander von Mädchen und Tod ist in zahllosen Bildern der Moderne gleichsam in den Särgen der Hochkultur einbalsamiert. Und wenn alte Männer den Tod (als gesichtslose Gestalt) in die Jugend- und Pop-Kultur hineinzeichnen, dann bestätigt das den Sachverhalt eher, als daß es ihn widerlegt (s. *Abb. 62*).

Ein guter Beleg für den flauen Akademiestil sind viele der Künstler und Werke, die Friedrich W. Kasten kürzlich vorstellte (in Link 1993, S. 635-645). Das ist

Abb. 62: Georg Eisler, *Disco-Tod* (1986)

höhere und sehr bedeutungsschwere Sepulkralkunst, in den ärgerlichen Fällen intellektuelle Wichtigtuerei. Man will das »Wesen des Todes« sichtbar machen, will das »Motiv der Vergänglichkeit« in unserer »materialistischen Welt« demonstrieren, will immer wieder die sogenannte »Verdrängung des Todes« aus dem öffentlichen und individuellen Bewußtsein rückgängig machen. Ein Beispiel dafür ist der von Kasten hervorgehobene *Totentanz* (1982) von Franziska Megert.

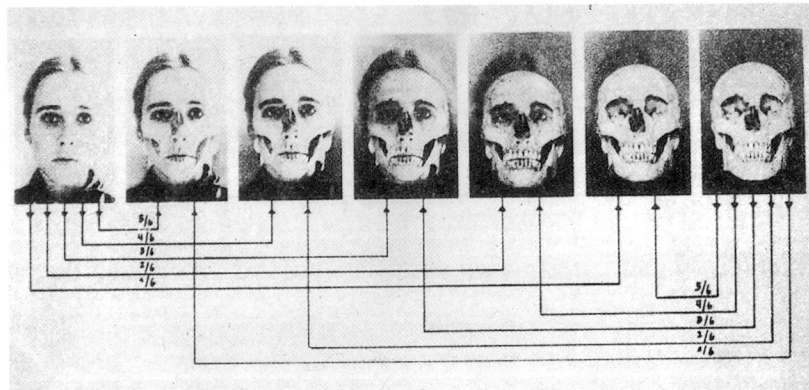

Abb. 63: Franziska Megert, *Totentanz* (1982)

Hier wird tatsächlich noch einmal das Motiv »Tod und Mädchen« inszeniert, aber in aller Konventionalität, ja Phantasielosigkeit, lediglich als Memento mori: Media vita in morte sumus. Das ist erbaulich. Mehr nicht – auch nicht, wenn es auf Video daherkommt.

36
Die schönen Frauen und der Tod erobern wieder die Volkskultur

Im Zeitalter der elektronischen Massenmedien sind der Tod und die schönen Frauen nicht mehr vorwiegend in der Hochkultur zu Hause. Sie erobern die Volkskultur *wieder*. Schließlich kommen sie ja aus der Sub- und Populärkultur der Totentänze, jedenfalls haben sie dort vor einem halben Jahrtausend ihre zeitlose motivliche Ausprägung gefunden. Von dort waren sie »aufgestiegen« zur Kultur der Gebildeten und haben ihren Part gespielt und ihren Platz behauptet im Konzert der kulturellen Traditionen. Dennoch: Die elementare anthropologische Dimension des Motivs brachte es mit sich, daß es seine eher ungebildete Herkunft aus einer Welt der Drastik und der Grellheit nicht vergessen machen konnte.

So wie das Motiv seinen »Aufstieg«, jedenfalls seine Sichtbarkeit, einem neuen Medium dankt, nämlich den öffentlichen Wandgemälden der Bettelorden und schließlich den »Comics« der neuen Gutenberg-Galaxis, den gedruckten Bilderbogen, so dankt es sein Wiedereintauchen in die Massenkultur den neuen elektronischen Bildmedien. Sie sind nicht mehr auf die traditionelle Inszenierung von »Tod und Mädchen« angewiesen. Sie holen das Motiv in eine neue Wirklichkeit, indem sie hochartifiziell eine Realität inszenieren, in der an die Stelle des gewalttätigen Todes der brutale Vergewaltiger oder der Lustmörder tritt.

Und doch bedeutet diese Entzauberung der Bilderwelt nicht, daß etwa die Begegnung der schönen Frauen mit dem Tode gänzlich in dieser elektronischen Inszenierung der Realität aufgegangen sei. Vor allem das heikle, oft burleske Thema der Erotik zwischen dem Tod und der schönen Frau ist lebendiger denn je. In der Massenkultur der Zombies und Vampire, der Untoten und Wiedergänger, ja des Horrorgenres allgemein, hat das Thema neue Bedeutsamkeit, hat es eine nie gehabte Breitenwirkung bekommen.

Francis Ford Coppolas Verfilmung von *Dracula* gehört in diesen neuen Kontext und ist die schon klassisch gewordene Adaption eines Klassikers. Hier wird aus den hintergründigen Andeutungen eines Bram Stoker eine dramatische Liebesgeschichte zwischen Mina Harker und dem »Untoten« Dracula.

Anders als im Original entspinnt sich im Film eine Art Fernliebe zwischen Dracula und Mina. Während Jonathan noch in Transsylvanien verschollen ist, trifft Mina in London Graf Dracula, der sich dort als verjüngter Prinz Vlad dem Mädchen genähert hat. Mina gerät in einen Zustand halbbewußter erotischer Ahnungen und beginnt ein halbes Verhältnis mit dem Prinzen. Man könnte meinen, Coppola habe die mittelalterliche Ikonographie des Motivs »Tod und Mädchen« studiert: In eben dem dramatischen Augenblick als es – nach dem Besuch eines Kinematographen (!) – zum ersten Vampirkuß zwischen Dracula-Vlad und Mina kommen soll, ist für einen Sekundenbruchteil Mina als Totengerippe eingeblendet – ganz in der Tradition der Totentänze. Auch bleibt eindrucksvoll und nahe der Blasphemie die bildliche Gleichzeitigkeit des Trinkens aus dem Abendmahlskelch bei Minas und Jonathans Vermählung in Rumänien und des Bluttrinkens bei Lucys Heimsuchung durch den Vampir in England.

Es entwickelt sich schließlich eine brünstig-blutige Liebe zwischen Mina und ihrem Prinzen Vlad, dessen Besonderheit sie früh geahnt hat. Die sogenannte »Bluttaufe« Minas – jene wilde Szene in Dr. Sewards Klinik, wo Mina das Blut Draculas trinkt – ist von pathetischer Erotik und Todesbereitschaft. Der Schluß in Transsylvanien hingegen ist amerikanisch-sentimental und unfreiwillig komisch, wenn Mina ihrem Vampir über seinen zweifachen Tod hinaus treu ist.

Entscheidend freilich ist: Die erotischen Begegnungen der Mädchen Lucy und schließlich und vor allem Mina mit dem Tod überlagern alle andere Handlung und machen den Film so zum Flagschiff einer ganzen Motivgattung.

Bei Stoker und auch bei Coppola sind die weiblichen Vampire in guter Bibeltradition nach dem Vorbild des Mannes geschaffen. Bei Stoker sind die Töchter Draculas getreue genetische Kopien ihres Vaters, bei Coppola sind sie stark sexualisiert und als ausschweifende erotische Männerträume dargestellt. Lucy und Mina hingegen sind Opfer des männlichen Vampirs und deshalb der Erlösung bedürftig. Alle sind sie männliche Derivate. Das konnte nicht lange hingenommen werden, zumal der weibliche Vampir seine Wurzeln schon im 18. Jahrhundert hat und schließlich eine gerade genealogische Linie zum Vamp des 20. Jahrhunderts ausgebildet hatte. So kennt die Literatur unseres Jahrhunderts eine Fülle genuiner weiblicher Vampire. Ich nehme als Beispiel eines der neuesten Produkte des Genres, den Roman der englischen Autorin Anne Billson *Biß für Biß* (1993; dt. 1994). Der weibliche Vampir hat seinen schrecklichen Reiz darin, daß in ihm die Motive »Tod und schöne Frau« in eine Gestalt verschmolzen sind.

Eine der erfolgreichsten Vampirserien der Gegenwart stammt von der amerikanischen Autorin Anne Rice, allen voran der Titel *Interview with an Vampire*

(1976).¹ Er ist zu einem Kultbuch einer Generation von Vampirkennern geworden. In distanzierter Selbstverständlichkeit schildert Rice die nächtlichen Verpflegungsbedürfnisse einer vampiresken Dreiergemeinschaft, deren Namen alle Chancen haben, zu den Klassikern gezählt zu werden: Lestat, der dominante Südstaaten-Vampir, der die zweite Hauptgestalt, den skrupelvollen Ich-Erzähler Lois, ebenso zum Vampir macht wie das zunächst unkomplizierte Vampir-Gör Claudia. Lois wird nicht zuletzt deshalb im Herzen kein richtiger Vampir, weil die Begegnung mit der schönen Südstaatlerin Babette zu viele menschlich-erotische Saiten in seinem Innern hat anklingen lassen.² Er bleibt dadurch so sehr geprägt, daß er allen Ernstes bisweilen Menschenhälse schont und sich vom Blut der Ratten nährt.

Aus der Dreiergemeinschaft Lestat, Lois und Claudia wird bald ein Dreiecksverhältnis³, und Lestat wird von seinen beiden Geschöpfen auf ausführlich-barbarische Weise umgebracht. Dann gehen die beiden, Lois und Claudia, in gut amerikanischer Manier auf eine Europareise, um die Orte ihrer Herkunft zu besichtigen. Über Transsylvanien, wo es nur sehr ungeschlachte Vampire gibt, gelangen sie

---

1 In deutscher Übersetzung unter dem Titel *Gespräch mit einem Vampir* in zweiter Auflage. Berlin/Frankfurt 1991.
2 »Es war Babette allein, die mit einer Lampe eintrat [...] Noch nie hatte ich sie so gesehen, wie sie jetzt war: Die Haare waren schon für die Nacht aufgelöst und bildeten eine Flut dunkler Wellen hinter ihrem weißen Nachtgewand, und ihr Gesicht war angespannt vor Furcht und Kummer und die großen braunen Augen noch größer in einem fiebrigen Glanz. Wie ich dir schon sagte, liebte ich ihre Stärke und Rechtschaffenheit und Seelengröße; ich fühlte keine sinnliche Leidenschaft, doch fand ich Babette verlockender als jede Frau, die ich in meinem sterblichen Dasein gesehen hatte. Auch in dem züchtigen Nachtgewand waren ihre Arme und Brüste rund und weich, und sie erschien mir wie eine faszinierende Seele, in geheimnisvolles Fleisch gehüllt. Ich, sonst hart und nüchtern und berechnend, fühlte mich unwiderstehlich zu ihr hingezogen; und da ich ja wußte, daß nur der Tod Erfüllung bringen konnte, wandte ich mich sofort ab – unsicher, ob sie meine Augen nicht tot und seelenlos finden würde, wenn ich sie hineinschauen ließe.« (Ebd., S. 64)
3 Über Claudia berichtet der Ich-Erzähler: »Aber nachdem es geschehen, war sie wieder meine Gefährtin, meine Schülerin, und verbrachte lange Stunden mit mir, verschlang rascher und rascher das Wissen, das ich ihr vermittelte, und ein stilles Einverständnis verband uns, von dem Lestat ausgeschlossen war. In der Dämmerung legte sie sich zu mir, ihr Herz schlug an meinem, und viele Male, wie ich sie anschaute – wenn sie am Klavier saß und nicht wußte, daß ich im Zimmer war –, dachte ich an das seltsame Erlebnis, das ich mit ihr und niemandem anderen teilte, daß ich sie getötet, ihr das Leben genommen und all ihr Lebensblut getrunken hatte, in jener schicksalhaften Umarmung, die ich seither an so viele verschwendet, welche nun in der Erde modern. Doch sie lebte, lebte, um mir die Arme um den Hals zu legen und ihren Knospenmund auf meine Lippen zu drücken und ihr leuchtendes Auge meinem Auge zu nähern, bis sich unsere Wimpern berührten und wir uns lachend im Zimmer drehten wie im ausgelassensten Walzer. Vater und Tochter – Liebhaber und Geliebte. Zum Glück neidete es uns Lestat nicht; er lächelte nur darüber und wartete, bis sie zu ihm kam. Dann nahm er sie mit auf die Straße, und sie winkten mir von unten zu, ehe sie sich gemeinsam auf den Weg machten, gemeinsam zu jagen, zu verführen, zu töten.« (Ebd., S. 96 f.)

nach Paris und finden dort eine richtige Vampir-Gemeinde, die ironischerweise das Pariser Publikum mit einem Vampir-Theater unterhält und zum Teil auch aussaugt. Natürlich entgeht das ungleiche Pärchen nicht seiner eigenen Geschichte und mörderischen Vergangenheit, und Claudia muß den Mordversuch an Lestat, denn er hat knapp überlebt, mit dem fachgerechten Vampirtod bezahlen.

Erstaunlich bleibt, daß eine sehr altmodische Erzählkultur – bisweilen an den Briefroman des 18. Jahrhunderts erinnernd – mit diesem Genre offenbar ein Millionenpublikum erreicht. Dazu gehört eine gänzlich neue Art der Kommunikation der Leser. In den sogenannten News-groups von Internet findet ein weltweites Gespräch statt, ein Gespräch, das durch keine Konventionen des wissenschaftlichen Argumentierens reguliert wird. Womöglich Hunderttausende von Internet-Benutzern beteiligen sich daran. Es ist zum Teil ein durchaus seriöser Diskurs, zum Teil nur dummes Geschwätz. Die Grenze zwischen Jux, Ernst und Starkult bleibt stets fließend. In der News-group »Vampyres« sind allein über die Weihnachtsfeiertage 1994 über sechshundert Mitteilungen, Fragen, selbstverfertigte Gedichte – aber auch immer wieder Shakespeare-Verse –, Hinweise auf Bars, Clubs und Kleidung, aber auch ernstklingende Hilferufe verzeichnet. Eine ganze Vampirkultur hat sich hier etabliert und kommuniziert jetzt stündlich rund um den Erdball.

Die Literaturdebatte hat hier ebenfalls ihren Platz. Es gibt eine eigene Newsgroup »Anne-Rice«. Auch hier haben die meisten Beiträge die künstliche Trennung zwischen »fact« und »fiction« längst hinter sich gelassen. In der zweiten Dezemberhälfte 1994 waren es 153 Beiträge. Die Diskussionen um Anne Rice's Bücher haben sich – wie von selbst – verschoben auf die Debatte um den im Spätherbst 1994 erschienenen Spielfilm mit Tom Cruise in der Hauptrolle. Diskutiert wird nach dem Motto: »Everyone is entitled to an opinion – here, let me give you mine«, so Eric aus Cleveland. Gegenwärtig stehen die Fragen im Vordergrund, ob Tom Cruise in dem Film *Interview with an Vampire* eine Perücke trug oder ob Lestat »gay« oder »bisexual« ist. Man wird die Entscheidungen abwarten.

Es ist eine Ironie eigener Art, daß das Motiv vom Tod und den schönen Frauen im Zeitalter des Films und der elektronischen Medien dadurch seine Unsterblichkeit belegt, daß es vor allem in der Welt der Vampire und Untoten weiterlebt. Es hat auf ungeahnte Weise wieder Kraft gewonnen, nachdem es die dünn gewordene Luft der Hochkultur verlassen hat. Seine Vitalität beweist sich nicht zuletzt in der Fülle der burlesken und parodistischen und natürlich auch obszönen Varianten der Vampirfilme und der Vampirszene. Die Produktion ist nicht mehr übersehbar, seit der Vampirfilm auch wieder der Vampirliteratur eine frische Blutzufuhr verschafft hat. In den Bücherregalen der großen amerikanischen Supermärkte gibt es für Vampire eigene Abteilungen neben der »gewöhnlichen« Horrorliteratur. Längst aber ist das Motiv über die Medien hinausgewachsen, es hat Lebensstile entstehen lassen, hat Moden erzeugt und damit wieder eine Lebenswirklichkeit gewonnen, die seine Erfinder auch nicht entfernt für möglich gehalten hätten.

Zahlreiche Beiträge in den elektronischen Netzen offenbaren eine solch konkrete Lebensbedeutsamkeit der Todeserscheinung in Vampirgestalt, daß wir einen Eindruck erhalten, wie es im 15. Jahrhundert vor den großen Totentanz-Wandgemälden zugegangen sein muß. Fern jeder Literarisierung wird das Motiv als Teil der eigenen Lebenswirklichkeit erfahren; der alte Gedanke der »hora incerta« ist dauernd präsent; die Diskussion um die Abwehr des Todesdämons findet auf einem sachkundigen Niveau statt; es fehlt nur noch der Gedanke einer rechtzeitigen Umkehr und Neugestaltung des Lebens.

Diese Diskussionen sind ein eher seltenes Zeugnis wirklicher Leser-Rezeption von Literatur und nicht nur der Rezeption durch die professionelle Literaturkritik, worauf die Rezeptionsforschung im Regelfalle angewiesen ist. Womöglich sind auch darin die Rezeptionen des 15. und des 20. Jahrhunderts so verschieden nicht, daß der Motivbezirk von Tod und schönen Frauen die fortdauernde Lust an Schauer, Grusel und wohl auch Horror kitzelt. Zugleich wären es hier wie dort notwendige, formgebende Rationalisierungen von heimlichen Neugierden und untergründigen Ahnungen über Tod, Sexualität und Gewalt. Vielleicht können wir nicht auf entlastende Bilder dieser Art verzichten und versuchen im Spiel der Phantasie demjenigen Form zu geben, was sonst nur namenlos, formlos und unberechenbar wäre.

So jedenfalls würde uns handfeste Psychologie mit einer Erklärung beistehen können.

Schluß

Die Wanderung durch eine große Motivlandschaft ist zu Ende. Die Begegnung der schönen Frauen mit dem Tod hat sich erwiesen als eines jener bio-kulturellen Motive, die zu unserer Innenausstattung gehören, als eines jener Motive, denen wir aufgrund unserer Körperlichkeit offenbar nicht entkommen können. Es mag der Sphäre der Lust- und Alpträume angehören – immer wieder drängt es zur Gestaltung, findet bisweilen anspruchsvollen, häufiger freilich ästhetisch trivialen Ausdruck.

Es ist kaum möglich, das Motiv einer bestimmten Epochenspezifik zuzuschreiben – etwa derart, daß romantisch-aufgeregte Epochen und Lebensalter dafür empfänglicher seien als klassisch-pragmatische. Die in der literarischen und musikalischen Romantik sich ausprägende Liebessehnsucht als Todessehnsucht ist ja etwas ganz anderes als die meist deutlich sexualisierte Begegnung von schöner Frau und Todesgestalt.

Einige der Begegnungen sind offenkundig ein Geschlechterkampf – und schon locken wieder Feminismus, Psychoanalyse und Strukturalismus zu weitergehender Deutung und Vereindeutigung. Doch das ist auch eine Erfahrung unserer Wanderung: Der feministische oder psychoanalytische oder auch strukturalistische Blick beschneidet gerade das Schillernde des Motivs und die Vielzahl seiner Wucherungen. Es wäre absurd, das Motiv »erklären« zu wollen; es läßt sich so wenig erklären wie die Liebe – es sei denn, man reduzierte sie auf den Trieb.

Ist es ein Motiv der Dekadenz? Das gehäufte Auftreten um die Jahrhundertwende könnte solche Kennzeichnung nahelegen. Gibt es eine besondere Nähe des Motivs zu einem Zeitgeist, der sich selber als Ende einer Epoche, als »fin de siècle« verstand? Oder ist es eine optische Verzerrung – die auch dieses Buch widerspiegelt –, weil sich um die Wende zu unserem Jahrhundert zahlreiche geglückte Darstellungen der Begegnung von Tod und schönen Frauen finden? Was aber heißt glücken, was heißt gelingen in dieser extremen Situation? So riskant die Begegnung selber ist, so ist sie es auch ästhetisch. Von Aberhunderten gelingen allenfalls ein paar Dutzend. Denn gelingen heißt hier offenhalten, heißt Ambivalenz, heißt Unentschiedenheit – so wie das Gegeneinander von Tod und Sexualität dauernd unentschieden bleibt.

Das epochale Ereignis freilich für unser Motiv, für das Zusammentreffen also von Tod und schöner Frau, vollzieht sich erst in unserem Jahrhundert. Es ist ein Medienereignis im Sinne des Wortes. Die filmischen und elektronischen Medien sind der eigentliche Glücksfall für das Motiv.

Gewiß, diese Medien vermögen das Motiv bis zur bösen Realität hin zu entzaubern. Die elektronische »Reportage« über den Vergewaltiger und Lustmörder läßt in ihrer barbarischen Eindeutigkeit und in der Eindeutigkeit der Barbarei nichts mehr übrig für Spielräume und Assoziationen. Aber davon wurde die zeichenhaft-künstlerische Darstellung des Motivs immer schon begleitet oder auch heimgesucht. Vor der Drastik der Gewalt-Realität war das Motiv immer schon hilflos – und ist es gleichermaßen vor der Drastik der elektronischen Realität.

Und doch öffnen die neuen Medien gänzlich neue Darstellungen und Wahrnehmungen – wie sie bisher vergleichbar nur die bilderlose Musik gewährte. Das Moment der Flüchtigkeit nämlich, des vergehenden – und eben nicht des festgehaltenen – Augenblicks, ist ja gleichsam eine Erlösung für das Prekäre der Begegnung von Tod und schöner Frau. In diesem Medium kann das Motiv wieder hinabtauchen ins Halbbewußte, kann am Rande oder auch im Schatten unserer Wahrnehmung sein träumerisches Wesen treiben, kann dauernd präsent, muß aber nicht dauernd sichtbar sein.

Die schönen Frauen und der Tod können in den Kunstwerken der neuen Medien zurückkehren in jene Sphäre der Zweideutigkeit und Flüchtigkeit, aus denen die bildenden Künste und die Literatur – nicht die Musik – sie hervorgeholt hatten.

Von dort werden sie uns wohl in Zukunft heimsuchen.

Abbildungsnachweis

Abb. 1 Edvard Munch, *Das Mädchen und der Tod* (1894) 12
Abb. 2 Edvard Munch, *Todeskuß* (1899) 13
Abb. 3 Edvard Munch, *Madonna*, Lithographie (1895) 14
Abb. 4 Basler Totentanz, *Jungfrau* 22
Abb. 5 Niklaus Manuel, *Dochter und der Tod* 24
Abb. 6 Niklaus Manuel, *Tod und Mädchen*, Einzelblatt (1517) 26
Abb. 7 Hans Baldung, *Der Tod und das Mädchen* (1517) 34
Abb. 8 Hans Baldung, *Die Frau und der Tod* 35
Abb. 9 Hans Sebald Beham, *Adam und Eva* 37
Abb. 10 Hans Sebald Beham, *Die Todesstunde oder Tod und Liebespaar* (1522) . . 38
Abb. 11 Hans Sebald Beham, *Der Tod und das schlafende Weib* (1548) 39
Abb. 12 Franz Schubert, *Der Tod und das Mädchen*, Partitur 47
Abb. 13 E. H. Langlois, Illustration zu *Essai historique, philosophique et pittoresque sur les danses des morts* 59
Abb. 14 Thomas Rowlandson, *The Waltz* 60
Abb. 15 Max Slevogt, *Tanz der Salome* (1895) 66
Abb. 16 Max Slevogt, *Totentanz* (1896) 67
Abb. 17 Basler Totentanz, *Tod und Wucherer* 68
Abb. 18 Basler Totentanz, *Tod und Bürgerin* 69
Abb. 19 Niklaus Manuel, *Kaiserin und Königin* 70
Abb. 20 Aubrey Beardsley, *Jochanaan und Salome* (1904) 75
Abb. 21 Aubrey Beardsley, *Salomes Tanz* (1904) 76
Abb. 22 Richard Strauss, *Salome*, Partiturauszug 77
Abb. 23 Aubrey Beardsley, *Salome mit Jochanaans Haupt auf der Schale* (1904) . . 78
Abb. 24 Aubrey Beardsley, *Salome küßt das Haupt des Jochanaan* (1904) 79
Abb. 25 Heinrich Knoblochtzer, *Totentanz* 96
Abb. 26 Arminius Hasemann, *Eros Thanatos*, Blatt 3 98
Abb. 27 Arminius Hasemann, *Eros Thanatos*, Blatt 2 99
Abb. 28 Arminius Hasemann, *Eros Thanatos*, Blatt 1 100
Abb. 29 *Miroir salutaire*, *Le sot* 108
Abb. 30 Merian, Basler Totentanz, *Narr* 109
Abb. 31 Hans Holbein, *Königin* 109
Abb. 32 Hans Sebald Beham, *Narr und Mädchen* 110
Abb. 33 Hans Sebald Beham, *Tod und Mädchen* 111
Abb. 34 Sebastian Brant, *Nit fursehen den dot*, Kapitelholzschnitt 112
Abb. 35 Basler Totentanz, *Herzogin* 121

Abbildungsnachweis

Abb. 36 Basler Totentanz, *Mutter und Kind* 122
Abb. 37 Salvador Dalí, *Der Tod und das Mädchen* (1967) 130
Abb. 38 Horst Janssen, *Tod und Mädchen*, Radierung (1974). 133
Abb. 39 Horst Janssen, *Postskriptum*, Blatt 1 (1985) 135
Abb. 40 Horst Janssen, *Postskriptum*, Blatt 2. 135
Abb. 41 Horst Janssen, *Brief an Mirjam* 137
Abb. 42 Tomi Ungerer, *Rigor Mortis*, Titelbild 139
Abb. 43 Tomi Ungerer, *Der Tod und das füllige Weib*. 140
Abb. 44 Tomi Ungerer, *Hagere mit offenem Unterleib* 141
Abb. 45 Tomi Ungerer, *Das dicke Mädchen und der Tod* 142
Abb. 46 Tomi Ungerer, *Frau und Tod im Ringkampf* 143
Abb. 47 Tomi Ungerer, *Frau mit den zwei Totenschädeln* 144
Abb. 48 Jean Tinguely, *Mengele* (1986) 145
Abb. 49 Jean Tinguely, *Detail aus Mengele* 146
Abb. 50 Jean Tinguely, *Plan einer »Totentanz-Oper«* 148
Abb. 51 Ernst Fuchs, *La mort cocue* 155
Abb. 52 Joseph Beuys, *Der Tod und das Mädchen* 156
Abb. 53 Paul Wunderlich, *Tod und Sphinx* (1978) 158
Abb. 54 Alfred Hrdlicka, *Tod im Showbusiness* (1978) 159
Abb. 55 Alfred Hrdlicka, *Tod und Mädchen* 160
Abb. 56 Anette Lemieux, *Courting Death* (1985) 161
Abb. 57 Herbert Falken, *Der Tod und das Mädchen* (1987). 165
Abb. 58 Herbert Falken, *Apokalypse 15* (1961) 166
Abb. 59 Helge Leiberg, *Totentanz zu Budapest TT1* (1991) 168
Abb. 60 Boris Fröhlich, *Tanz mit dem eigenen Spiegelbild* 170
Abb. 61 Monogrammist M, *Mortalia facta peribunt* 171
Abb. 62 Georg Eisler, *Disco-Tod* (1986). 172
Abb. 63 Franziska Megert, *Totentanz* (1982) 172

Weitere bildliche Darstellungen zum Thema Tod und Frau

Verzeichnet sind nur Künstler bzw. Werke, die nicht in diese Untersuchung aufgenommen wurden. Die häufigen Begegnungen von Tod und Frauen in den mittelalterlichen Totentänzen sind hier nicht berücksichtigt. Für die folgende Aufstellung danke ich Ralf Schilberg. Den Nachweis derjenigen Arbeiten, die sich in der Graphiksammlung »Mensch und Tod« der Heinrich Heine-Universität (HHU) befinden, danke ich Eva Schuster.

Amman, Jobst (1539 Zürich – 1591 Nürnberg): *Tod im Freudenhaus*, um 1579, Radierung, Düsseldorf, Graphiksammlung »Mensch und Tod« der Heinrich-Heine-Universität (im Folgenden zitiert als HHU)

Apoux, Joseph (tätig um 1880 in Paris): *L'absinthe*, 1889, Radierung, Düsseldorf, HHU

Assen, Benedictus Antonio van (tätig um 1817 in London): *Death and Juvenile Piety*, farbige Aquatintaradierung von Joshua Gleadah, aus der Folge »The British Dance of Death …«, 1822/23, Düsseldorf, HHU

Barth, Ferdinand (1842 Partenkirchen – 1892 Partenkirchen): *Die Arbeit des Todes. Ein Totentanz*, besonders: *Tod und junge Frau; Junge Frau und Tod mit Modejournal; Mädchen und Tod als Liebhaber*, 1866, Folge von 24 Blättern, Zeichnung im Holzschnitt, Ratingen, Privatsammlung

Beham, Barthel (1502 Nürnberg – 1540 in Italien): *Adam und Eva*, um 1527, Kupferstich, Düsseldorf, HHU

Beier, Ottohans (1892 Karlsruhe – Sterbedatum unbekannt): *Die Mutter*, Blatt 6 aus der Folge »Ein Totentanz in sechs Kupferstichen«, Kupferstich, Düsseldorf, HHU

Bella, Stefano della (1610 Florenz – 1664 Florenz): *Tod, eine junge Frau tragend*, Radierung von Melchior Küsel I., Blatt 4 aus der Folge »Le cinque morti«, 1848 oder 1860, Düsseldorf, HHU

Bernhardt, Sarah (1844 Paris – 1923 Paris); *La jeune fille et la mort*, 1880, Kupferstich von Leon Gaucherel, Düsseldorf, HHU

Brem, Rolf (1926 Luzern), *Der Tod und das Mädchen*, Brunnenfigur in Stans/Kanton Nidwalden

Brodwolf, Jürgen (1932 Dübendorf/Schweiz; lebt in Vogelbach/Kandern): *Tod und Mädchen*, 1961, Federzeichnung in Tusche, laviert, Düsseldorf, HHU; *Tod und Mädchen*, 1968, Kaltnadelradierung, Düsseldorf, HHU

Brömse, August (1873 Franzensbad – 1925 Prag): *Ein Totentanz* (Blatt 9, *Tod und Mädchen*), 1902, Radierung, Regensburg, Ostdeutsche Galerie

Brun, F. (Lebensdaten unbekannt): *La femme et la mort*, Kupferstich, in: Wirth 1979, Fig. 73; *La sorcière*, Kupferstich, in: ebd., Fig. 74

Budzinski, Robert (1876 Klein-Schäfken – Sterbedatum unbekannt): *Totentanz*, 1924, Mappe mit sechs Blättern nach Holzschnitten, Kassel, Arbeitsgemeinschaft Friedhof und Denkmal e. V.

Bürck, Paul (1878 Elberfeld – 1947 München): *Totentanz* (Blatt 10, *Mors Syphilitica*), 1909-14, Mappe mit 15 Radierungen, Darmstadt, Städtische Kunstsammlung

Burgkmair, Hans d. Ä. (1473 Augsburg – 1531 Augsburg): *Das Paar und der Tod*, 1510, Holzschnitt, in: Wirth 1979, Fig. 49

Cenni, Leopold (Lebensdaten unbekannt): *Vanitas*, 20. Jh., Feder- und Pinselzeichnung in Tusche, Düsseldorf, HHU

Chodowiecki, Daniel Nikolaus (1726 Danzig – 1801 Berlin): *Die Mutter; Das Freudenmädchen; Die Königin*, Radierungen aus der Folge »Totentanz«, 1791, Düsseldorf, HHU

Claesz, Allaert (1508 Amsterdam – Sterbedatum unbekannt): *Tod mit Sanduhr bei einem vornehmen Paar*, Kupferstich, Blatt 7 aus einer Totentanzfolge, 1562, Düsseldorf, HHU

Colavini, Arturo (Lebensdaten unbekannt): *Mädchen, Ritter und Tod*, 1920, Radierung, Düsseldorf, HHU

Corinth, Lovis (1858 Tapiau – 1925 Zandvoort): *Tod und Weib; Tod und Paar*, Radierungen, Blatt 2 und Blatt 3 aus der Folge »Totentanz«, 1922, Düsseldorf, HHU

Custos, Raphael (1590 Augsburg – 1651 Frankfurt a. M.): *Vertreibung aus dem Paradies*, um 1651, Kupferstich, Düsseldorf, HHU

Dagley, Richard (1765 London – 1841 London): *The Pilgrim; The Scroll; The Serenade; The Toilet; The Mother*, Radierungen aus der Folge »Death's Doing in Twenty-four Plates ...«, 1826, Düsseldorf, HHU

Degenhardt, Gertrude (1940 New York – lebt in Mainz-Gosenheim): *Totentanz*, 1967, Pinsel- und Federzeichnungen in Tusche, aquarelliert, Düsseldorf, HHU; *Totentanz II*, 1967, Pinsel- und Federzeichnung in Tusche, aquarelliert, ebd.; *Im Todesgriff*, 1967, Federzeichnung in Tusche, ebd.; *Dem Tod ein Schnippchen schlagen*, 1967, Pinsel- und Federzeichnung in Tusche, aquarelliert, ebd; *Tante und Tod*, 1970, Zinkaquatintaradierung, ebd.

Deppert, Karl (1897 Bensheim – lebt in Darmstadt?): *Der Sang vom Tode – ein Totentanz*, 1922, Mappe mit fünf Holzschnitten, Heidelberg, Privatbesitz

Dollerschell, Eduard (Lebensdaten unbekannt): *Ein Totentanz* (Blatt 7, Das Fest), 1919, in: *Thema Totentanz* 1986, S. 86

Draesner, Walter (1891 Leipzig – Sterbedatum unbekannt): *Im Tode vereint; Der Tod und die Marquise*, Drucke nach Scherenschnitten, Blatt 3 und Blatt 6 aus der Folge »Ein Totentanz«, 1922, Düsseldorf, HHU

Drechsler, Klaus (1940 Ober-Dammen; lebt in Dresden): *Zeugung, Eitelkeit, Tod; Hochmut und Tod; Schwangerschaft und Tod; Der Tod trägt den Lebensweg; Der Tod als Liebhaber, Eitelkeit; Der Tod in der Klemme; Wollust und Tod; Der Tod und das Mädchen; Ungleiches Tanzpaar; Ins Netz des Todes stürzende Frau; Mädchen mit Fächer und Tod*, Drucke nach Tuschzeichnungen, aus der Folge »Totentanz«, 1986, Düsseldorf, HHU

Dressler, August Wilhelm (Lebensdaten unbekannt): *Die Schwangere und der Tod*, 1926/27, Federlithographie, in: Hans Helmut Janssen (Hg.), *Der Tod in Dichtung, Philosophie und Kunst*, 2., neu bearb. und erw. Aufl., Darmstadt 1989, S. 103

Dürer, Albrecht (1471 Nürnberg – 1528 Nürnberg): *Erscheinung der Ahnen*, 1493, Holzschnitt, in: Wirth 1979, Fig. 15; *Der Spaziergang*, Kupferstich, in: ebd., Fig. 16; *Die Frau und der Tod*, Federzeichnung, Weimar, Graphische Sammlung; *Die Andächtige und der Tod*, Federzeichnung, Rotterdam, Musée Boymanns; *Musiciens et scène macabre*, Federzeichnung, London, British Museum

Ensor, James (1860 Ostende – 1949 Ostende): *Les vieux ... polissons*, oder *La visite des Medecins*, 1895, Radierung, aquarelliert, Düsseldorf, HHU

Filozof, Veronique (1904 Basel – 1977 Mülhausen): *Das Mädchen und der Tod/La jeune fille et la mort*, Druck nach Tuschfederzeichnung, aus der Folge »Totentanz/la danse mort«, 1976, Düsseldorf, HHU

Fröhlich, Boris (1947 Lohr/Main; lebt in Neuss): *Lieb Liebchen, leg's Händchen auf's Herze mein*, Lithographie, Blatt 5 aus der Folge »Der imaginären Geliebten« (mit Texten von Heinrich Heine und Texturen von Josef Anton Kruse), 1977, Düsseldorf, HHU; *Sündenfall, Vertreibung*, Lithographie, Blatt 3 aus der Folge »Steine des Alten Testaments«, 1979, ebd.;

Gaultier, Leonard (1561 Mainz – 1628? Paris): *Der Tod und die junge reiche Frau*, 1601, Kupferstich, Düsseldorf, HHU

Geiger, Willi (1878 Schönbrunn bei Landshut – 1971 München): *Ballnacht; Weiße Rosen; Die Mutter; Die Hure*, Drucke nach Tuschfederzeichnungen, aus der Folge »Der Tod. Ein Zyklus von 17 Bildern von Anna Croissant-Rust mit 17 Zeichnungen von Willi Geiger, 1913 (in Buchform München/Leipzig 1914), Düsseldorf, HHU

Geisberg-Wichmann, Renate (1898 Berlin – Sterbedatum unbekannt): *Alte und junge Frau; Die dunkle Straße*, Holzschnitte, Blatt 2 und Blatt 11 aus der Folge »Totentanz«, 1937, Düsseldorf, HHU

Grandville, Jean Ignace (1803 Nancy – 1847 Vanves bei Paris): *Voulez-vous monter chez moi, mon petit Monsieur ...*, Federlithographie koloriert, Blatt 6 aus der Folge »Voyage pour l'Eternité«, 1830, Düsseldorf, HHU

Greuter, Matthäus (1564/65 Straßburg? – 1638 Rom): *Die Jugend und das Alter*, Kupferstich, Düsseldorf, HHU

Grieshaber, HAP (1909 Rot a. d. Rot – 1981 Achalm bei Reutlingen): *Herzogin; Edelfrau; Jungfrau; Mutter*, Farbholzschnitte aus der Folge »Totentanz von Basel«, 1966, Düsseldorf, HHU

Groß, Hans (1893 Palhude – Sterbedatum unbekannt): *Ein Totentanz* (Blatt 6, *Tod und Frau*/Blatt 7, *Tod und junge Frau*), 1921, Gedichte und acht Holzschnitte, Eigenverlag

Grützke, Johannes (1937 Berlin; lebt in Berlin): *Der Tod, nach Hans Thoma (Tod und Liebespaar)*, 1967, Kreidelithographie, Düsseldorf, HHU

Grützner, Eduard von (1846 Großkarlowitz bei Neiße – 1925 München): *Schach mit dem Tod*, Federzeichnung in Tusche, Düsseldorf, HHU

Hammerstiel, Robert (1933 Werschetz/Jugosl.; lebt in Ternitz/Pottschach/NÖ): *Die Jungfrau*, Holzschnitt, Blatt 11 aus der Folge »Niederösterreichischer Totentanz. Vierzehn Holzschnitte zum Lübecker Totentanz von 1463«, 1983, Düsseldorf, HHU

Hegenbarth, Josef (1884 Böhm.-Kamnitz – 1962 Dresden): *Totentanz*, 1921, Kaltnadelradierung, Blatt 5 aus der Folge »August Strindberg, Phantasien«, 1924, Düsseldorf, HHU

Hessel, Christoph: *Wiener Walzer*, 1978, Farbradierung

Hopfer, Daniel (1470-1536): *Die Frau, der Teufel und der Tod*, Kupferstich, in: Wirth 1979, Fig. 75

Hrdlicka, Alfred (1928 Wien; lebt in Wien): *Doktor, Tod und Teufel*, Radierung, Blatt 20 aus der Folge »Randolectil«, 1968, Düsseldorf, HHU; *Tod und Mädchen*, 1972, Radierung, ebd.

Jentzsch, Hans Gabriel (1862 Dresden – Sterbedatum unbekannt): *Der Tänzer*, Holzschnitt, Blatt 14 aus der Folge »Ein neuer Totentanz«, 1904, Düsseldorf, HHU

Kiesselbach, Marianne (1913 Köln – lebt in Krefeld-Linn): *Mädchen mit Schädel*, 1963, Bronze-Plakette, Düsseldorf, HHU

Klemm, Walter (1883 Karlsbad – 1957 Weimar): *Tod und Mädchen*, um 1935?; Holzschnitt, Düsseldorf, HHU

Klinger, Max (1857 Leipzig – 1920 Großjena bei Naumburg): *Liebespaar, Amor und Tod*, Federzeichnung in Tusche, Düsseldorf, HHU; *Ende vom Lied*, um 1880?, Federzeichnung in Tusche, ebd.

Kösslinger, Ernst (1926 München; lebt in Martinsried bei München): *Röntgenarzt, Tod, Mädchen*, 1968, Aquatintaradierung, Düsseldorf, HHU

Weitere bildliche Darstellungen zum Thema Tod und Frau 185

Kolb, Alois (1875 Wien – 1942 Leipzig): *Im Vollmond (Tod und Liebespaar)*, 1913, Radierung und Aquatinta, Düsseldorf, HHU

Kolbe, Georg (1877 Waldheim i. Sa. – 1947 Berlin): *Tod zu Pferd, einer Menschenmenge aus dem Meer erscheinend*, 1899, Lithographie, Düsseldorf, HHU

Kollwitz, Käthe (1867 Königsberg – 1945 Moritzburg bei Dresden): *Tod und Frau*, 1910, Radierung und Schmirgeldurchdruckverfahren, Düsseldorf, HHU; *Tod hält Mädchen im Schoß; Tod packt eine Frau*, Lithographien, Blatt 2 und Blatt 4 aus der Folge »Tod«, 1918, ebd.; *Ruf des Todes*, Lithographie, Blatt 8 aus der Folge »Tod«, 1934/35, ebd.

Kubin, Alfred (1877 Leitmeritz – 1959 Wernstein am Inn): *Im Keller; Das Ballgespenst; Das Weib*, Strichätzungen nach Tuschfederzeichnungen, aus der Folge »Ein Totentanz/Die Blätter mit dem Tod«, 1918, Düsseldorf, HHU; *Die Versuchung des heiligen Antonius*, 1922, Federlithographie, ebd.; *Tod als Pierrot*, 1922, Federlithographie, ebd., *Geiger, Dirne*, Strichätzungen nach Tuschfederzeichnungen, aus der Folge »Ein neuer Totentanz«, 1947, Düsseldorf, HHU

Langhans, Carl Gottfried (1732 Landeshut/Schles. – 1808 Grüneiche bei Breslau): *Tod mit Pfeil und Mädchen*, Federzeichnung in Tusche, Düsseldorf, HHU

Legrand, Louis (1863 Dijon – 1951 Livry-Gargan): *Umarmung (Liebespaar mit Tod als Frau)*, 1914?, Kaltnadelradierung, Düsseldorf, HHU

Lendecke, Otto Friedrich Carl (1886 Lemberg – 1918 Wien): *Danse macabre*, 1909; sowie: *Ihr letzter Tänzer*, in: *Jugend* Jg. 1911/1, S. 198

Leu, Hans d. J. (1490 Zürich – 1531 gefallen): *Die Frau und der Tod*, Clairobscurschnitt, Wien, Albertina

Liebaug, Elke: *Der Todeskuß auf dem Totenschiff*, 1987, Radierung, in: *Jahresausstellung Düsseldorfer Künstler* (Katalog zur Ausstellung vom 14. Juni bis 12. August 1987)

Maitre de Marie de Bourgogne, (Lebensdaten unbekannt): *Les trois Vifs et les trois Morts*, Illumination aus »Livre d'Heures de Marie de Bourgogne«, Berlin, Cabinet des estampes

Marcks, Gerhard (1889 Berlin – 1981 Burgbrohl): *Schwangere und Tod*, 1959, Holzschnitt, Düsseldorf, HU

Merkel, Carl Gottlieb (1817 Leipzig – 1979 Wehleiden bei Kassel): *Jungfrau; Eitelkeit; Tanzen; Kuppelei*, Holzschnitte von Johann Gottfried Flegel aus der Folge »Bilder des Todes oder Todtentanz für alle Stände«, 1850, Düsseldorf, HHU

Meyer, Hans (1846 Berlin – 1919 Berlin): *Mädchen; Braut*, Lichtdrucke nach Zeichnungen und Radierungen, aus der Folge »Ein Totentanz«, 1911, Düsseldorf, HHU

Meyer, Rudolf (1605 Zürich – 1638 Zürich) / Meyer, Conrad (1618 Zürich – 1689 Zürich): *Kaiserin; Königin; Die Liebenden*, 1650, Radierungen, aus der Folge »Die menschliche Sterblichkeit unter dem Titel Todten-Tanz ...«, Hamburg/Berlin 1759 (2. Aufl.), Düsseldorf, HHU

Möser, Fritz (1932 Bensen/CSSR – lebt in Memmingen): *Der Tod und das Mädchen*, Linolschnitt aus der Folge »Totentanz«, 1965, Düsseldorf, HHU

Monogrammist GLH (Lebensdaten unbekannt): *Die Todesstunde*, 17. Jh.?, Radierung, Düsseldorf, HHU

Morgner, Wilhelm (1891 Soest – 1917 in den Kämpfen bei Langemarck): *Totentanz (Frau auf dem Sonnenball und tanzende Gerippe)*, 1913, Kohlezeichnung, Düsseldorf, HHU

Munzlinger, Tony (1934 Wittlich/Mosel – lebt in Köln?): *Zwei Totenliebespaare*, 1963, Federzeichnung in Tusche, Düsseldorf, HHU

Nägeli, Harald: *Kölner Totentanz*, hg. von Betty Grünberg und Hubert Maessen, Einl. von Louis Peters, Köln 1982, S. 93

Ohlmann, Aloys (1938 im Saarland; lebt in Badenweiler): *Die Jungfrau*, Seriegraphie, Blatt 10 aus der Folge »Kirchzartener Totentanz zum Lübecker Totentanz von Hugo Distler«, 1983, Düsseldorf, HHU

Pocci, Franz Graf von (1807 München – 1876 München): *Liebespaar mit Tod als Ruderer*, Holzschnitt, Blatt 3 aus der Folge »Todtentanz in Bildern und Sprüchen«, o. J. (1862), Düsseldorf, HHU

Quellinus II., Erasmus (1607 Antwerpen – 1678 Antwerpen): *Adam und Eva und Tod im Paradies*, Kupferstich von Conrad Waumanns, Düsseldorf, HHU

Redon, Odilon (1840 Bordeaux – 1916 Paris): *La Mort: C'est moi qui te rends sérieuse; enlancons-nous!*, Lithographie, Blatt 20 aus der Folge »La Tentation de Saint-Antoine (3e série). Texte de Gustave Flaubert«, 1896, Düsseldorf, HHU

Reinhardt, Franz (1881 Helmstedt – Sterbedatum unbekannt): *Die Frau und der Tod; Totentanz (Adam und Eva im Baum); Die kurzsichtige Dirne*, Pinselzeichnungen in Tusche, aquarelliert, aus einer Totentanzfolge, 1919, Düsseldorf, HHU

Rembrandt Harmensz van Rijn (1606 Leiden – 1669 Amsterdam): *Das Liebespaar und der Tod oder Der Tod, einem Brautpaar am offenen Grab erscheinend*, 1639, Radierung, Düsseldorf, HHU

Rentz, Michael (1701 Nürnberg – 1758 Kukus oder Prag): *Die Königin; Die Gräfin*, Kupferstiche aus der Folge »Geistliche Todtsgedancken Bey allerhand Gemaehleden und Schildereyen …«, 1753, Düsseldorf, HHU

Richter, Fritz (1904 Salzburg – 1981 Berchtesgaden): *Totentanzgroteske*, 20er Jahre, Holzschnitt; *Totentanz (Tod und Mädchen); Beim Kammerfensterln*, Holzschnitte aus der Folge »Der Bauerntotentanz«, 1936, Düsseldorf, HHU; *Das Saxophon spielt der Tod*, 1965?, ebd.

Rink, Arno (1940 Schlotheim/Thüringen): *Versuchung*, 1980, Öl auf Leinwand und Holz

Ritzenhofen, Walter (1920 Düsseldorf, lebt in Düsseldorf): *Der Tod und die Jugend; Der Tod und die Trennung; Der Tod und das Ungewollte*, Bleistift- und Federzeichnungen in Tusche, zweifarbig, aus der Folge »Totentanz 1984«, 1984, Düsseldorf, HHU

Rops, Félicien (1833 Namur – 1898 Essones bei Paris): *La Mort qui danse (Tod als Dirne)*, 1865? Kaltnadelradierung, Düsseldorf, HHU; *Le vice suprême*, Radierung und Aquatinta, Buchillustration aus: Pealdan, J., *Le vice suprême …* 1884, ebd.; *Mors syphilitica*, o. J., Radierung, ebd.

Rosanowski, Klaus (1934 in Berlin – lebt in Berlin): *Callgirl und der Tod; Der letzte Walzer*, Farblinolschnitte aus der Folge »Auch ein Totentanz«, 1973/74, Düsseldorf, HHU

Rossenbusch, Werner (1924 Ulm – lebt in Ulm): *Tanz in der »Moulin rouge«; Vanitas (Tod und Mädchen); Tod und Mädchen*, Holzschnitte aus der Folge »Totentanz«, 1956-65, Düsseldorf, HHU

Sadeler I., Jan (1550 Brüssel – 1600 Venedig): *Landschaft mit ungleichem Liebespaar, Amor und Tod*, Kupferstich, teilweise nach Peeter Stevens, Blatt 6 der Folge von sechs Illustrationen zu Emblemen des Andrea Alciat, um 1599, Düsseldorf, HHU

Saliger, Ivo (1894 Königsberg – 1986 Wien): *Chirurg und Tod im Kampf um eine junge Frau*, um 1921, Radierung, Düsseldorf, HHU; *Arzt und Tod im Kampf um eine junge Frau*, um 1921, Radierung, ebd.

Schäufelein, Hans (1480/85 Nördlingen – 1538/40 Nördlingen): *Die Frau und der Tod*, Federzeichnung, Frankfurt am Main, Institut Städel

Scheib, Hans: *Tod und Mädchen*, 1933, Holz, bemalt

Schellenberg, Johann Rudolf (1740 Basel – 1806 Winterthur): *Gestörte Liebe; Toiletten-Besuch; Getäuschte Erwartung; Wienerin und Römerin*, Kupferstiche aus der Folge »Freund Heins Erscheinungen in Holbeins Manier« (mit Text von Karl August Musäus), 1785, Düsseldorf, HHU

Schiestl, Rudolf (1878 Würzburg – 1931 Nürnberg): *Unseliges Paar*, 1928, Radierung, Düsseldorf, HHU

Schmitz, Elisabeth (1886 Kestenholz bei Schlettstadt/Elsaß – 1954 Witten): *Tod und Mädchen*, 1928/30?, Holzschnitt in Braun, Düsseldorf, HHU

Schönleber, Hans Otto (1899 Karlsruhe – 1930 Stuttgart): *Mutter und Kind*, Kupferstich, Blatt 5 aus der Folge »Ein Totentanz«, 1921/22, Düsseldorf, HHU

Schwarz, Hans (1492, Augsburg – 1532? Augsburg): *Der Tod und das Mädchen*, Buchsbaum-Medaillon, Berlin, Staatliches Museum

Schwind, Moritz von (1804 Wien – 1871 München): Freund Hein als Freier auf dem Kirchhof, Holzschnitt von Heinrich Neuer, Blatt 3 aus: Duller, E., *Freund Hein. Grotesken und Phantasmagorien*, Stuttgart 1833, Düsseldorf, HHU

Seitz, Josef Ferdinand (1942, Mittenwald; lebt in Düren): *Tod und Mädchen*, 1981, Linolschnitt in Schwarz und Silber, Düsseldorf, HHU

Silberbauer, Fritz (1883 Leibnitz bei Graz – Sterbedatum unbekannt): *Fiedelnder Tod und Mädchen; Liebespaar*, Radierungen aus der Folge »Zehn Radierungen zu der Tor und der Tod v. Hugo von Hofmannsthal, o. J.« (1926), Düsseldorf, HHU

Stelzmann, Volker: *Tod und Mädchen*, 1974, Tempera und Öl

Strang, William (1859 Dumbarton – 1921 Bournemouth): *Death and the Dancers; Death and the Lover*, Clairobscurschnitte, aus der Folge »The Doing of Death«, 1901, Düsseldorf, HHU

Süß von Kulmbach, Hans (1480 Kulmbach – 1522 Nürnberg): *Das Paar und der Tod*, Paris, Louvre

Thoma, Hans (1839 Bernau – 1924 Karlsruhe): *Alter und Tod*, 1915, Radierung, Düsseldorf, HHU; *Memento mori (Tod und junge Frau mit Spiegel)*, 1916, Radierung, ebd.; *Schnitter Tod (Paar mit Amor und Tod)*, 1919, Radierung, ebd.

Ungerer, Tomi (1931 Straßburg; lebt in New York): *La Mort en espagnole*, 1973, Offsetlithographie, Düsseldorf, HHU

Victor, Winand (1918 Schaesberg/Niederl.; lebt in Reutlingen): *Tod und Frau*, 1954, Monotypie, Düsseldorf, HHU

Vinckeboons, David (1576 Mecheln – 1629 Amsterdam): *Alter Mann, ein Mädchen liebkosend, während der Tod auf ihn zielt*, Kupferstich von Boetius Adams Bolswert, Düsseldorf, HHU

Vogel, Hermann (1856 Flensburg – 1918 Paris): *Jusqu' á la lie; La Marchande de Plaisir; Le Vitriol, Farbtafeln*, Photogravuren nach Pastellzeichnungen, im Heft: »Danse macabre par Vogel«, Heft Nr. 64 der Zeitschrift *L'Assiette au Beurre* vom 21. Juni 1902, Düsseldorf, HHU

Voigt, Elisabeth (1898 Leipzig – 1977 Leipzig): *Tod und Liebespaar*, 1937/38, Holzschnitt, Düsseldorf, HHU

Vos, Martens de (1532 Antwerpen – 1603 Antwerpen): *Sündenfall, Tod und Erlösung*, Kupferstich von Crispin van de Passe I. d. Ä., Düsseldorf, HHU

Wellenstein, Walter (1898 Dortmund – 1970 Berlin): *Verliebter Tod*, 1952, Federzeichnung in Tusche, Düsseldorf, HHU; *Im Treppenhaus*, 1956, Federzeichnung in Tusche, ebd.; *Später Kavalier*, 1956, Federzeichnung in Tusche, ebd.; *Vereintes Liebespaar – Tanztruppe*, 1967, Federzeichnung in Tusche, ebd.

Weiss, Tobias (1840 Krottenbach – 1929 Nürnberg): *Tod und schönes Fräulein beim Maskenball; Selbstmord aus Liebesgram (Tod und Liebespaar)*, Drucke nach Radierungen, aus der Folge »Ein moderner Totentanz, Zwanzig Blätter aus dem Bilderbuche des Todes«, 1895, Düsseldorf, HHU

Wierix, Hieronymus (1553 Antwerpen – 1619 Antwerpen): *Liebespaar, dem der Tod auflauert*, Kupferstich, Düsseldorf, HHU

Anonym: *Neujahrswunschblatt mit Kupferstich-Vanitasdarstellung* (Figur, halb blühende Frau, halb Skelett), Nürnberg 1700, Düsseldorf, HHU

Anonym: *Tod und Braut*, 18. Jh.?; Federzeichnung in Tusche, laviert, Düsseldorf, HHU

Quellen und Literatur

Danièle Alexandre-Bidon/Cécile Treffort, *A Réveiller les morts, La mort quotidien dans l'Occident médiéval*, Lyon 1993.
Margaret Alexion/Peter Dronke, »The lament of Jephtha's daughter: themes, traditions, originality«, in: *Stvdi Medievali* 1971, S. 819-863.
Herbert Anton, *Der Raub der Proserpina, Literarische Traditionen eines erotischen Sinnbildes und mythischen Symbols*, Heidelberg 1967.
Philippe Ariès, *Studien zur Geschichte des Todes im Abendland*, München/Wien 1976.

Georges Bataille, *Der heilige Eros*, Frankfurt 1986.
H. Behrendt, *R. M. Rilkes Neue Gedichte*, Bonn 1957.
Renate Berger/Inge Stephan (Hg.), *Weiblichkeit und Tod in der Literatur*, Köln/Wien 1987.
Joseph Beuys, Arbeiten aus Münchener Sammlungen; Ausstellungskatalog zur Joseph-Beuys-Ausstellung in d. Städt. Galerie im Lenbach-Haus, München 1981.
Das Bild vom Tod, Graphiksammlung der Heinrich-Heine-Universität Düsseldorf, hg. v. Eva Schuster, Recklinghausen 1992 (= Ausstellung im Ministerium für Bundesangelegenheiten des Landes Nordrhein-Westfalen, Bonn, vom 23. 9.-22. 10. 1992).
Anne Bilson, *Biß für Biß*, München 1994.
Sebastian Brant, *Das Narrenschiff*. Nach der Erstausgabe (Basel 1494) mit den Zusätzen der Ausgaben von 1495 und 1499 sowie den Holzschnitten der deutschen Originalausgaben, hg. von Manfred Lemmer, 2., erw. Aufl., Tübingen 1968.
Georg Britting, *Gesammelte Werke in Einzelbänden, Gedichte 1940-1951*, München 1994.
Elisabeth Bronfen, *Die schöne Leiche*, in: Berger/Stephan 1987, S. 87-115.
Elisabeth Bronfen, *Nur über ihre Leiche. Tod, Weiblichkeit und Ästhetik*, München 1994.
J. Bruneau, *Les débuts littéraires de G. Flaubert, 1831-1845*, Paris 1962.
Georg Büchner, *Woyzeck*, in: Sämtliche Werke und Briefe. Historisch-kritische Ausgabe, hg. von Werner R. Lehmann, Hamburg 1967, Bd. 1.

Miguel de Cervantes Saavedra, *Don Quijote*. Übertragen von Ludwig Braunfels, München 1956.
Matthias Claudius, *Asmus omnia sua secum portans* oder *Sämtliche Werke des Wandsbecker Boten*, 1. u. 2. Teil, Hamburg 1775.
Basil Copper, *Der Vampir in Legende, Kunst und Wirklichkeit*, München 1974.

Die religiösen Dichtungen des 11. und 12. Jahrhunderts, nach ihren Formen besprochen und hg. von Friedrich Maurer, Band III, Tübingen 1970.
Peter Dinzelbacher »Mittelalterliche Sexualität – die Quellen«, in: Daniela Erlach/Markus Rei-

senleitner/Karl Vocelka (Hg.); *Privatisierung der Triebe? Sexualität in der Frühen Neuzeit*, Frankfurt am Main u. a. 1994, S. 47-110.

Ariel Dorfman, *Der Tod und das Mädchen*, Frankfurt am Main 1992.

Arne Eggum, »Madonna«, in: *Ausstellungskatalog Edvard Munch*, Kunsthalle Bielefeld 1980, S. 31-34.

Tony Faivre, *Les Vampires. Essai historique, critique et littéraire*, Paris 1962.

Gustave Flaubert, *Madame Bovary*. Revidierte Übersetzung von Arthur Schurig, Frankfurt am Main 1986.

Gustave Flaubert, »La danse des morts«, in: Œuvres complètes de Gustave Flaubert, Bd. VI, Paris 1885.

Eric Forssmann, »Tanz und Tod im Werk Edvard Munchs«, in: Link 1993, S. 299-315.

Michel Foucault, *Sexualität und Wahrheit*, Bd. I: *Der Wille zum Wissen*, Frankfurt 1983.

Sarah Webster Goodwin, »Emma Bovary's Dance of Death«, in: *Novel* 19 (1985) S. 197-215.

Sarah Webster Goodwin, *Kitsch and Culture. The Dance of Death in the Nineteenth-Century Literature and Graphic Arts*, New York/London 1988.

Edvard Gronau, *Franz Schubert und seine Zeit*, Regensburg 1991, S. 206-212.

Johannes Guthmann, *Scherz und Laune. Max Slevogt und seine Gelegenheitsarbeiten*, Berlin 1920.

Reinhold Hammerstein, *Tanz und Musik des Todes. Die mittelalterlichen Totentänze und ihr Nachleben*, Bern/München 1980.

J. J. Hanush, »Die Vampyre«, in: *Zeitschrift für deutsche Mythologie und Sittenkunde* 4 (1859), S. 198-201.

Hartmann von Aue, *Erec*, hg. v. Albert Leitzmann und Ludwig Wolff, 6.Aufl., besorgt von Christoph Cormeau und Kurt Gärtner, Tübingen 1985.

Hartmann von Aue, *Erec*, Mittelhochdeutscher Text und Übertragung von Thomas Cramer, Frankfurt am Main 1972.

Eckhard Heftrich, »Der Totentanz in Thomas Manns Roman *Der Zauberberg*«, in: Link 1993, S. 335-350.

Heilberufe und Totentanz, Grafische Blätter und Zeichnungen von Dürer bis Dalí aus der Totentanzsammlung der Universität Düsseldorf und aus der Sammlung des A.-Paul-Weber-Hauses, Ratzeburg, Düsseldorf 1986 (= Ausstellung in Düsseldorf vom 22. 8.-19. 9. 1986).

L'homme et la mort, Danses macabres de Dürer à Dalí, Collection de danses macabres de l'Université de Düsseldorf, hg. v. Eva Schuster (= Ausstellung im Goethe-Institut Centre Culturel Allemand Paris vom 9. 10.-8. 11. 1985).

Pontus Hulten, *A Magic stronger than Death, Jean Tinguely*, Ausstellung Palazzo Grassi, Venedig 1987, *Katalog* Mailand 1987.

Pontus Hulten, *Tinguely*, Ausstellung Cenre Georges Pompidou, Paris, vom 8. 12. 1988-27. 3. 1989, *Katalog* Mailand 1987.

Ulrich Irion, *Eros und Thanatos in der Moderne. Nietzsche und Freud als Vollender eines antichristlichen Grundzugs im europäischen Denken*, Würzburg 1992.

Horst Janssen, *An und für mich. Selbstisches, Briefliches, Poetisches, Hämisches, Deklamatorisches, Gesprochenes und alles Gedruckte 1981-1986*, München 1986.

Horst Janssen, *Eros, Tod, Maske*, Werkübersicht, Hamburg 1989.

Peter Jezler (Hg.), *Himmel Hölle Fegefeuer. Das Jenseits im Mittelalter*. Ausstellungskatalog, 2. Auflage Zürich 1994.

Gert Kaiser, *Der tanzende Tod. Mittelalterliche Totentänze*, hg., eingeleitet und übersetzt, 3. Auflage, Frankfurt 1993; zit. als Kaiser 1993 a.
Gert Kaiser, »Totentanz und verkehrte Welt«, in: Link 1993, S. 93-118, zit. als Kaiser 1993 b.
Friedrich W. Kasten, »Gründerzeit, Kaiserreich und Weimarer Republik – Totentanzdarstellungen zwischen 1871 und 1933«, in: *Thema Totentanz* 1986, S. 43-229.
G. Kastner, *Les danses des morts*. Dissertations et recherches historiques, philosophiques, littéraires et musicales sur les divers monuments de ce genre qui existent ou qui ont existé tant en France qu'à l'étranger, Paris 1852.
Karl Kerényi, *Die Mythologie der Griechen*, Band 1: *Die Götter- und Menschheitsgeschichten*, München 1966.
Stephen King, *Danse macabre*, München 1988.
Friedrich Kittler, »Draculas Vermächtnis«, in: ders., *Draculas Vermächtnis. Technische Schriften*, Leipzig 1993, S. 11-56 (zuerst 1982).
Dietgard Kramer-Lauff, *Tanz und Tänzerisches in Rilkes Lyrik*, München 1969.
Wolfgang Krebs, *Der Wille zum Rausch. Aspekte der musikalischen Dramaturgie von Richard Strauss' ›Salome‹*, München 1991.
Urban Küsters, »Maria Magdalena und die Legitimität der Trauer. Zu den mittelhochdeutschen Magdalenenklagen« (im Druck).

Eustache Hyacinth Langlois, *Essai historique, philosophique et pittoresque sur les danses des morts*, Rouen 1852.
Clive Leatherdale, *Dracula, the Novel and the Legend. A Study of Bram Stoker's Gothic Masterpiece*, Wellingborough 1986.
Helge Leiberg, *Totentanz zu Budapest*. Katalog der Ausstellung in der Hauptstädtischen Gemäldegalerie, Historisches Museum der Stadt, Budapest 1992.
Anette Lemieux, *Katalog* mit einem Vorwort von Eva Meyer-Hermann, Krefeld 1994 (Krefelder Kunstmuseum).
Klaus Ley, »Tanz und Tod in *Madame Bovary*. Kompositionstechnik und Sinnkonstitution bei Flaubert«, in: Link 1993, S. 227-264.
Franz Link (Hg.), *Tanz und Tod in Kunst und Literatur*, Berlin 1993.

Thomas Mann, *Gesammelte Werke in Einzelbänden*, Frankfurter Ausgabe, hg. von Peter de Mendelssohn, Frankfurt 1981.
Thomas Mann, *Sämtliche Erzählungen in zwei Bänden*, Frankfurt 1966.
»Niklaus Manuel«, in: Paul Zinsli, *Der Berner Totentanz des Niklaus Manuel*, 2. Auflage, Bern 1979.
Niklaus Manuel, hg. von Jakob Baechtold, Frauenfeld 1878.
Raymond T. McNally/Radu Florescu, *In search of Dracula: a true history of Dracula and vampire legends*, New York 1972.
Mensch und Tod. Graphiksammlung der Universität Düsseldorf, Bestandskatalog, bearb. v. Eva Schuster, Düsseldorf 1989.
Werner Mezger, *Narrenidee und Fastnachtsbrauch. Studien zum Fortleben des Mittelalters in der europäischen Festkultur*, Konstanz 1991.
Edvard Munch, Ausstellungskatalog Museum Folkwang Essen, Kunsthaus, Zürich 1987/88.

Friedrich Nietzsche, *Die Geburt der Tragödie aus dem Geiste der Musik*, München 1984.

Werner Oehlmann, *Oper in vier Jahrhunderten*, Darmstadt 1983.
Ossenfelder, *Der Vampir*, 1748.
Mechthild Ostermann, *Herbert Falken – Werkprinzipien*, Diss. Essen 1989.

Camille Paglia, *Die Maske der Sexualität*, Berlin 1992.
Edgar Allan Poe, *Die Maske des roten Todes*, in: Erzählungen, München 1959.
Helga Pohl, »Die Gruselgeschichte – ein Beitrag zur Psychoanalyse von Horrorliteratur«, in: *Zeitschrift für psychosomatische Medizin* 31 (1985), S. 187-199.
Mario Praz, *Liebe, Tod und Teufel. Die schwarze Romantik*, 3. Auflage München 1988 (zuerst Florenz 1930).

Wolfdietrich Rasch, »Tanz als Lebenssymbol im Drama um 1900«, in: ders., *Zur deutschen Literatur der Jahrhundertwende. Gesammelte Aufsätze*, Stuttgart 1967, S. 58-77.
Walter und Paula Rehberg, *Franz Schubert. Sein Leben und Werk*, Zürich 1946, 2. Auflage 1947.
Walther Rehm, *Der Todesgedanke in der deutschen Dichtung vom Mittelalter bis zur Romantik*, Halle/Saale 1928.
Francois Ribadeau-Dumas, *A la recherche des Vampires*, Verviers 1976.
Hellmut Rosenfeld, *Der mittelalterliche Totentanz. Entstehung – Entwicklung – Bedeutung*, 3. Aufl. Köln/Graz 1974.
Jacques Ruffié, *Lieben und Sterben. Zur Evolution von Sexualität und Tod*, Hamburg 1990.

Joel Saugnieux, *Les danses macabres de France et d'Espagne et leurs prolongements littéraires*, Lyon 1972.
Arthur Schnitzler, *Reigen und andere Dramen*, Frankfurt am Main 1978.
Aribert Schroeder, *Vampirismus, Seine Entwicklung vom Thema zum Motiv*, Frankfurt am Main 1973.
Hubertus Schulte Herbrüggen, »Der Totentanz in der englischen Karikatur«, in: Link 1993, S. 161-187.
Thomas Schwarz, »Der Tod im Gewande des Narren. Zur Verbindung von Narrenidee und Vanitas-Thematik in Wort- und Bildzeugnissen des 15. bis 17. Jahrhunderts«, in: *Narren, Schellen und Marotten. Elf Beiträge zur Narrenidee*, hg. von Werner Mezger, 2. Aufl., Remscheid 1984.
Bram Stoker, *Dracula*. Aus dem Englischen übersetzt von Wulf H. Bergner, München 1979.
August Strindberg, *Totentanz*, Verdeutscht von Emil Schering, München 1920.
Dieter Sturm/Klaus Völker, *Von den Vampiren oder Menschensaugern. Dichtungen und Dokumente*, 2 Bde., München 1968.
Montague Summers, *The Vampire in Europe*, New York 1929.

Christoph Tannert, »Tanz die Blutspur«, in: Ausstellungskatalog *Helge Leiberg, Totentanz zu Budapest*, Budapest 1992.
Heinrich Theissing, »Tanzen. Zu einem Bildmotiv um 1900«, in: *Aachener Kunstblätter* 41 (1971), S. 289-301.
Thema Totentanz, Kontinuität und Wandel einer Bildidee vom Mittelalter bis Heute, Ausstellungskatalog des Mannheimer Kunstvereins (Ausstellung vom 5. Oktober bis 9. November 1986).
Jean Tinguely, Ausstellung Galerie Beyeler, Basel, vom 28.2.-16.5.1987, *Katalog* Basel 1987.
James B. Twitchell, *The living dead: a study of the vampire in Romantic literature*, Durham/N.C. 1981.

Tomi Ungerer, *Rigor Mortis*, Zürich 1983.

Erika Wäcker, *Die Darstellung der tanzenden Salome in der bildenden Kunst zwischen 1870 und 1920*, Diss. FU Berlin 1993.
Peter Wapnewski, *Der traurige Gott. Richard Wagner in seinen Helden*, München 1978.

Christoph Martin Wieland, *Geschichte des Agathon*, hg. von Klaus Manger, Frankfurt 1986.
Oscar Wilde, *Salome*. Mit Bildern von Aubrey Beardsley, Frankfurt, 15. Auflage 1993.
Manfred Windfuhr, »Der schwarze Romantiker«, in: *Merian* 1974, Heft 7, S. 68 ff.
Jean Wirth, *La jeune fille et la mort. Recherches sur les thèmes macabres dans l'art germaniques de la Renaissance*, Genf 1979.
Chr. Wolff, »Schubert's ›Der Tod und das Mädchen‹: analytical and exploratory notes on the song D 531 and the quartet D 810, in: *Schubert Studies*, Cambridge 1982, S. 143-171.
Wolf Wondratschek, »Abschiedsstück«, in: *art* (September 1994), S. 48.

Frank Günter Zehnder, *Herbert Falken, Aus der Dunkelheit für das Licht*, Köln 1993.